ファイナンス論 I

桂　眞一
菅原周一 ［著］
結城　淳

創 成 社

はじめに

　本書は,「(基礎から学ぶ) 資本市場論Ⅰ」,「(基礎から学ぶ) 資本市場論Ⅱ」の姉妹書です。資本市場論Ⅰ, Ⅱでは, 投資の基礎概念, 債券・株式投資に関する基礎的な理論, さらに金融派生商品についての基礎的な事項を取り上げました。「ファイナンス論Ⅰ」では, 金融市場の概要, 特徴, 役割や金融政策, 金融機関等, ファイナンス, 金融論におけるさらに基礎的な事項を整理しています。

　対象とする読者は, 金融機関を就職先と考えている人や, FPや証券アナリスト資格の取得を目指す人たちで大学生1〜2年生を想定していますが, ファイナンスに興味のある一般社会人向けの初学用としても構成しています。

　近年, 日本の金融はグローバル化にさらされており, また, 金融市場はサブプライムローン問題以降ますますその変動が大きくなってきています。仮想通貨のような従来からは想像できないような金融の仕組みや, ゼロ金利など過去には経験したことのないような経済環境にも遭遇しています。本書ではこのような新しいトピックにも積極的にその解説を試みています。

　本書は, 大学の講義に合わせて作られています。特に, 大学2年生の春セメスタで学ぶことを想定しています。日本の大学の講義では, 講義15回＋定期試験となっている場合が大半と考えられますが, 本書は, そのうち12回分の講義に相当する分量です。1回分にあたる各節は15枚程度のプレゼンテーションとその説明用のノートから構成されています。基本的には, 独学を想定していますが, 関係教育機関で教員の方々の補助資料として利用していただければ幸いです。

　本書は4つの章, 12の節から編成されています。第1章「金融市場」では, まず第1節で, 金融とはどういうものかについて解説し, その重要性を明らかにします。さらに, 金融市場を分類し, それぞれの役割を

整理します。

　第1.2節では，より詳しく金融市場を解説します。短期金融市場と長期金融市場に分類し，それぞれについて解説します。特に，短期金融市場は第2章の金融政策と密接に関係しますので，よく理解しておいてください。

　第1.3節では，株式市場と債券市場を取り上げます。株式，債券の基本的な事項をていねいに説明します。また，株式市場，債券市場の概要にも触れます。本節は資本市場の本質を理解するための必要事項を整理していますので，じっくり取り組んでください。

　第1.4節では，外国為替市場と金融派生商品市場について，その概要と特徴について整理します。外国為替市場については，外国為替レートの仕組みと特徴に始まり，通貨当局の役割や円／ドル為替相場の歴史へと展開します。金融派生商品（デリバティブ）市場については，デリバティブの商品特性や利用目的，デリバティブの主要商品である先物取引，オプション取引，スワップ取引について解説します。本来，非常に複雑であるデリバティブについてできる限り平易な解説を試みました。

　第2章「金融政策」では，まず第2.1節で貨幣を取り上げました。貨幣とは何か，貨幣需要にはどういうものがあるのか，さらに流通している貨幣の種類について解説しています。また，次節以降で説明する金融政策の運営目標とされることが多いマネーストック等統計指標についても詳しく解説します。

　第2.2節では金融政策を行う主体である日本銀行について，使命，役割について整理します。また，日本銀行の貸借対照表を分析することを通してその業務内容を確認します。さらに，ほかの国の中央銀行についても，日本銀行との違いを明確にし，その役割を整理します。

　第2.3節では，第2章の主要なテーマである金融政策について解説します。「公開市場操作」をはじめとする伝統的な金融政策について詳しく解説します。さらに金融政策の運営方法やその問題点を整理します。

　第2章の終わりの節では，金融政策が過去のさまざまな局面においてどのように実施されてきたかを振り返ります。さらにアベノミクスにつ

いて金融政策の観点から論じます。最後に，金融政策と両輪である財政政策の現状と問題点について整理します。

　第3章「金融機関」では，まず第3.1節で，国内で活動している金融機関の存在意義，種類および役割について銀行を中心に概観し，次に日本の金融システムの特徴であった5つの「分離政策」について解説します。そして，最後に，（普通）銀行，信託銀行，インターネット銀行について概説します。

　第3.2節では，公的金融機関の期待役割と財政投融資の関係，政府系金融機関の統合，役割と問題点について確認し，次に非預金取扱金融機関として，証券会社，生命保険会社等の概要について解説し，さらに郵政の役割と民営化の流れについて解説し，最後に，これまでの金融自由化の流れを説明します。

　第4章「バブルと金融危機」では，まず第4.1節で，過去に発生した代表的なバブルを概観し，これらのバブルが発生した共通の要因を確認するとともに，これからもバブルは発生するかについて検討しています。

　そして，最後の第4.2節では，代表的な金融危機の概要を解説し，金融危機発生の共通要因は何かを確認します。さらに，市場原理主義の考え方の合理性，問題点，さらに限界を明らかにして，最後に金融危機からの教訓と金融危機再来はあるのかについて解説します。

　本書の執筆にあたり，創成社の西田さんには，初期の企画段階から支援を受け，原稿の整理や校正などで大変お世話になりました。著者たちの執筆が遅延しながらも，2016年度の大学テキストとして何とか間に合うように出版することができました。粘り強く協力していただいた創成社出版部のスタッフの方々に心からお礼申し上げます。

　最後に，この執筆活動を一貫して強く支えはげましてくれた家族に心から感謝したいと思います。

2016年9月

桂　眞一・菅原周一・結城　淳

目　次

はじめに

第1章　金融市場 ——————————— 1
　1.1節　金融市場の役割と分類 ……………………2
　1.2節　金融市場の概要と特性 ……………………17
　1.3節　株式市場と債券市場 ………………………32
　1.4節　外国為替市場と金融派生商品（デリバティブ）市場
　　　　　………………………………………………51

第2章　金融政策 ——————————— 67
　2.1節　貨幣とは ……………………………………68
　2.2節　日本銀行 ……………………………………84
　2.3節　金融政策 ……………………………………100
　2.4節　金融政策の実際と財政 ……………………115

第3章　金融機関 ——————————— 133
　3.1節　金融機関（1）………………………………134
　3.2節　金融機関（2）………………………………151

第4章　バブルと金融危機 ——————— 167
　4.1節　バブルの歴史 ………………………………168
　4.2節　金融危機 ……………………………………184

引用および参考文献　201
索　　引　203

第1章

金融市場

1.1 節　金融市場の役割と分類

― 本節の概要 ―

　1.1 節「金融市場の役割と分類」では，資金の流れの中心的役割を担っている金融市場について，その役割を解説し，多様に分かれている市場を分類，整理します。

　まず，金融とはどのようなものかということと，その重要性を明らかにします。次に，金融取引がどのように行われているか，またその主たる目的は何かを解説します。そして，さまざまに分かれている金融市場を相互の関連性を明らかにしつつ特性を整理します。また，金融市場の根幹になる金利がどのように決まるかを見ていきます。

　本節は本書の基本事項に当たりますので，しっかり理解してください。

― ポイント ―

1. 金融とは
2. 金融取引とは
3. 金融市場の役割
4. 金融市場の分類

金融の意味

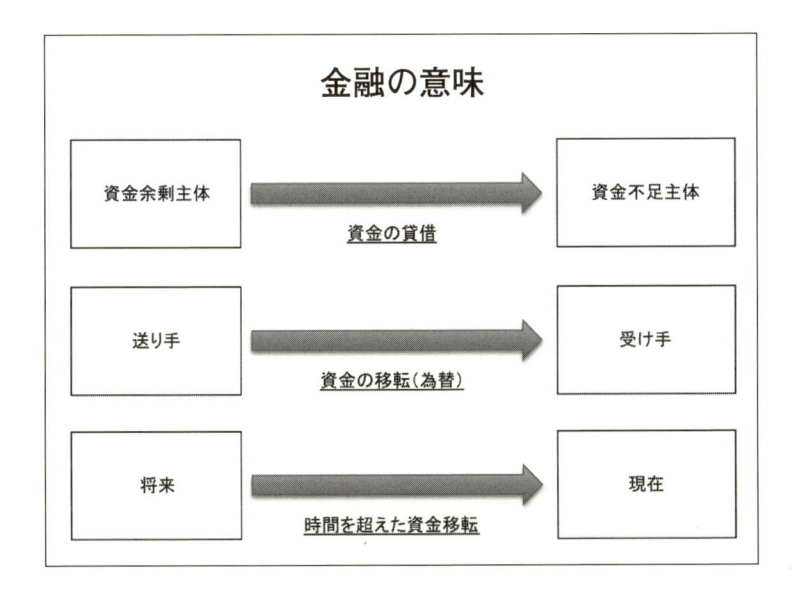

資金余剰主体	→資金の貸借→	資金不足主体
送り手	→資金の移転（為替）→	受け手
将来	→時間を超えた資金移転→	現在

　世の中には，余剰資金を持ち資金の活用先を探している経済主体がいる一方で，ビジネスを行う等何らかの都合で資金が不足していて資金調達する必要がある経済主体がいます。そこで，資金余剰の経済主体から資金不足の経済主体に資金を貸し付けることができれば，資金が有効に活用されることになります。「金融」とは，文字通り「お金を融通すること」を意味し，上記のような資金の貸借を総称して，金融取引といいます。

　また，「金融」は視点を変えると，異なる場所の間での資金移転を速やかに行うこと（これを「為替」といいます）や，将来入手するであろうと予想される資金を現時点で借りることができると，時間を超えた資金の移転を実現することになります。企業や人々の経済的行動において資金の過不足によって制限されていた自由やビジネスが「金融」の存在によって，効率性が高まり，経済全体の成長を促す大きな要因となるのです。

　資金の循環が活発になることによって，経済活動を促進させます。そのため，金融は「経済の潤滑油」とも呼ばれており，経済の発展には必要不可欠なものです。

　そして，市場のニーズに応じて，短期・長期，間接・直接などのさまざまな種類の金融の仕組みが提供されています。

金融が存在しない世界

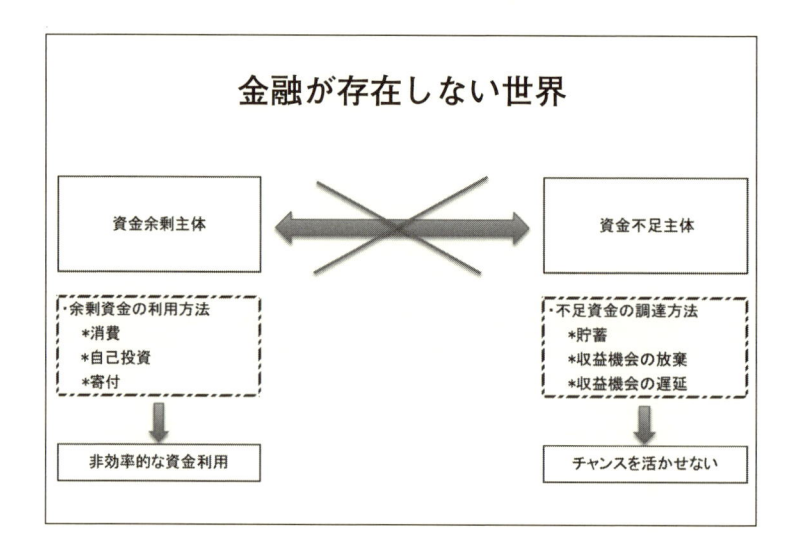

```
資金余剰主体 ⇔ 資金不足主体

・余剰資金の利用方法          ・不足資金の調達方法
  *消費                       *貯蓄
  *自己投資                   *収益機会の放棄
  *寄付                       *収益機会の遅延
      ↓                           ↓
非効率的な資金利用           チャンスを活かせない
```

　金融が存在しない世界を考えてみましょう。例えば，ある企業が将来有望なビジネスを発見したとします。成功すれば，投下資金に対して何倍もの収益を得られる可能性があります。しかし，資金が不足しているため，そのビジネスを実現することができません。若しくは，資金を目標額まで積み立てるまで待たなくてはならないということになります。そのため，有望で経済効果の高いビッグビジネスであってもチャンスを活かすことができないのです。

　一方，資金余剰となっている主体では，資金をどのように利用して殖やすかということが命題になりますが，その術はなく，直接貸し付けるか，自己消費，将来の資金用途のための貯蓄，社会貢献のための寄付などにとどまります。これは，資金が滞留する域を脱しているとはいえず，せっかくの資金を有効に活用できない状態といえます。

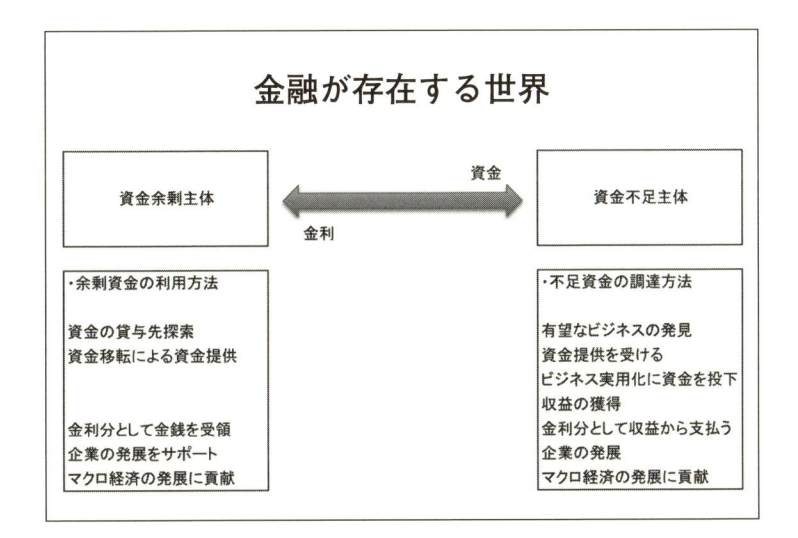

```
┌─────────────────────────────────────────────────┐
│              金融が存在する世界                   │
│                                                 │
│  ┌──────────────┐      資金      ┌──────────────┐│
│  │  資金余剰主体 │ ◄──────────► │ 資金不足主体 ││
│  └──────────────┘      金利      └──────────────┘│
│                                                 │
│  ・余剰資金の利用方法           ・不足資金の調達方法│
│                                                 │
│  資金の貸与先探索                有望なビジネスの発見│
│  資金移転による資金提供          資金提供を受ける │
│                                  ビジネス実用化に資金を投下│
│                                  収益の獲得       │
│  金利分として金銭を受領          金利分として収益から支払う│
│  企業の発展をサポート            企業の発展       │
│  マクロ経済の発展に貢献          マクロ経済の発展に貢献│
└─────────────────────────────────────────────────┘
```

「金融」が存在すると，経済活動のチャンスは広範囲にわたります。なぜなら，余剰資金を持つ経済主体から，資金が不足している経済主体に資金を移転することが可能になるからです。そのため，有望なビジネス・シーズがあれば，資金を調達することによって，そのビジネスを実現することができ，その果実としての収益を得ることができる可能性を得るのです。資金の貸し手にとっては，借り手が得た収益の中から貸与した金額の金利分として還元されることになります。

したがって，「金融」の存在によって，資金の借り手，貸し手ともにメリットを享受できる関係になります。

つまり，資金はより有効に使われることになります。それによって，経済活動が活発化，発展し，企業の成長を支援することになり，「金融」は有効な手段であるということがいえます。

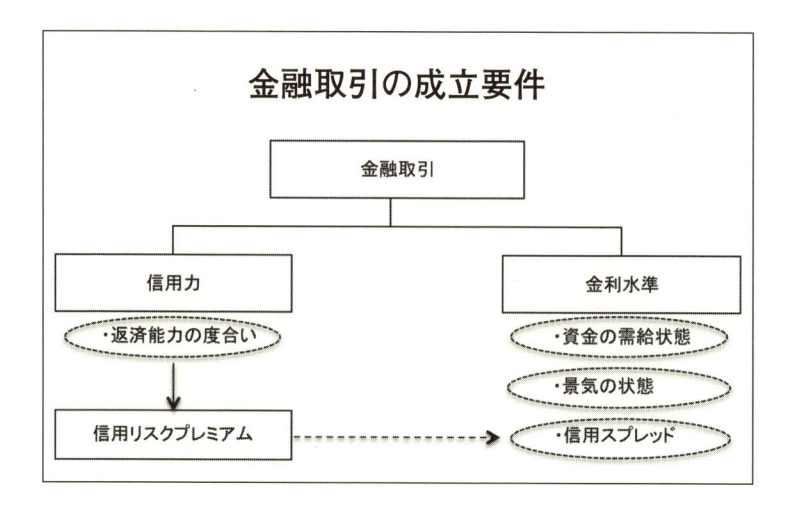

```
           金融取引の成立要件

                  ┌──────────┐
                  │  金融取引  │
                  └──────────┘
                   ／        ＼
          ┌──────────┐   ┌──────────┐
          │   信用力   │   │  金利水準  │
          └──────────┘   └──────────┘
            ・返済能力の度合い      ・資金の需給状態
                  │              ・景気の状態
                  ↓
          ┌──────────────┐  -----→  ・信用スプレッド
          │ 信用リスクプレミアム │
          └──────────────┘
```

「金融」は経済を活性化させる役割を持ちますが，その仕組みが実行されるためには，「金融取引」としての要件を満たす必要があります。その要件とは，「信用力」と「金利水準」が機能することです。

まず「信用力」ですが，「金融取引」における「信用力」とは，資金の借り手が貸し手に対して返済の約束をし，それを確実に履行することです。この契約が確実に守られることが金融という仕組みを成り立たせる根幹になります。ただし，その「信用力」の差については取引主体によって異なりますから，その差は「金利水準」に反映されます。つまり，信用力が高ければ金利水準は相対的に低く，信用力が低ければ金利水準は低くなります（これを信用リスクプレミアムといいます）。

そして，「金利水準」とは，資金の貸借が行われた場合に，その資金の使用料として借り手から貸し手に支払われる率の大きさをいいます。金利水準を決める要因としては，一般の商品取引と同様に，資金需要が多い場合は金利が上がり，資金需要が少なければ下がる傾向にあります。また，前述しましたように，信用力によって金利水準に差が生じます。さらに，「金利水準」は景気にも依存するということを認識しておく必要があります。つまり，景気が低迷していると，一般に資金需要は少なくなりますから，金利は下がる傾向にあります。逆に，景気が拡大基調にあると，設備投資等で資金需要が活発になるため，金利水準は上昇する傾向にあるということです。

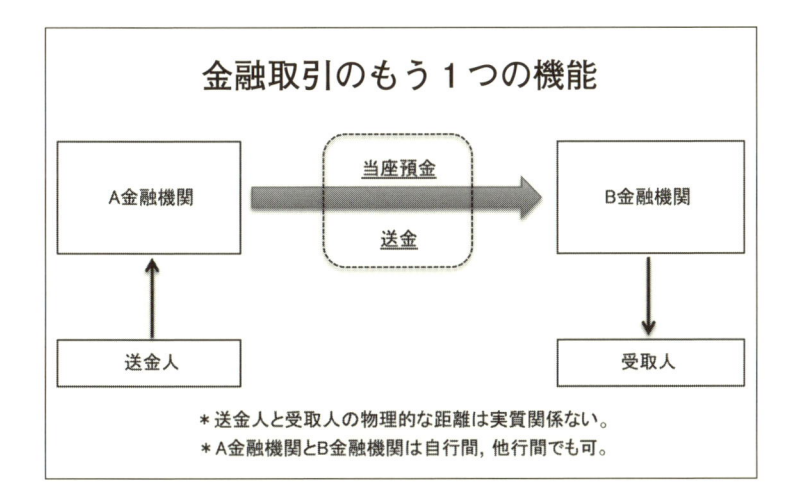

```
┌─────────────────────────────────────────────────┐
│              金融取引のもう1つの機能              │
│                                                 │
│   ┌─────────┐      当座預金       ┌─────────┐   │
│   │ A金融機関│   ━━━━━━━━━━━▶   │ B金融機関│   │
│   └─────────┘       送金          └─────────┘   │
│        ▲                                ▼       │
│   ┌─────────┐                     ┌─────────┐   │
│   │  送金人 │                     │  受取人 │   │
│   └─────────┘                     └─────────┘   │
│                                                 │
│   ＊送金人と受取人の物理的な距離は実質関係ない。  │
│   ＊A金融機関とB金融機関は自行間，他行間でも可。  │
└─────────────────────────────────────────────────┘
```

　金融取引というと，前述した資金の貸借に伴う「金利」収入が中心と見られますが，もう1つの「為替」も重要な機能になります。

　「為替」とは，直接，現金の受け渡しをすることなく，金融機関経由で「送金」することで，資金移動を行う仕組みです。「金融」は資金移転を可能にすることから，その仕組みが収益機会となりますが，それ以外の「送金」という機能に必要な資金の貸借では，立替などを行うことになり，これがビジネスとして成立するのです。

　国内での資金移動については「内国為替」といい，外国との資金移動（異なる通貨間の交換を含む）を「外国為替」といいます。送金の事務処理を行うことで手数料を得るビジネスとなり，それが金融取引としての収益の1つとなります。

　「為替」は，遠隔地間での資金のやり取りだけでなく，近距離間でも異なる金融機関の間での資金移動にも利用されており，送金相手先との物理的な距離間の不便さを解消する用途だけに限った利用ではありません。

金融取引を行う目的

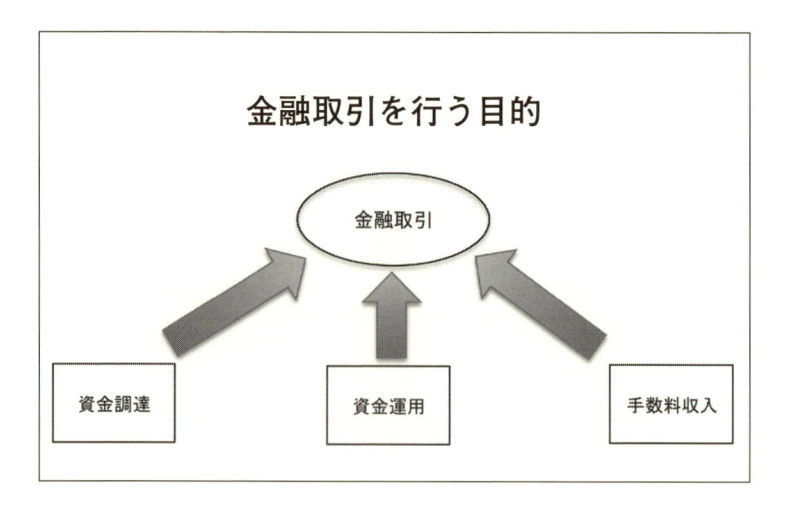

```
          金融取引
         ↗   ↑   ↖
   資金調達  資金運用  手数料収入
```

　資金移転を効率良く実施できる「金融取引」には，さまざまな目的を持った主体が参入し，ビジネスを行っています。以下では，主だった3つの目的について述べておきましょう。
　① 商取引のための資金調達を目的とするケース
　これは前述したように，新規ビジネス等を行うために不足する資金を調達するための取引で，金融機関から融資を受ける，債券を発行する，株式を発行するなどの方法があります。
　② 資金運用を行うことを目的とするケース
　余剰資金を持つ主体が「金利」収入を目的に資金を貸し出す，あるいは株式や債券を市場から購入し配当やクーポンを得るほか，値上がりによる利益（キャピタルゲイン）の獲得という目的で参入します。
　③ 金融取引の手数料収入を目的とするケース
　金融取引を行うに当たっての事務面での煩雑な仕事を支援することで手数料を得るというものです。為替業務はこの手数料収入に当たり，金融機関の主要なビジネスの1つとなっています。

金融市場とは

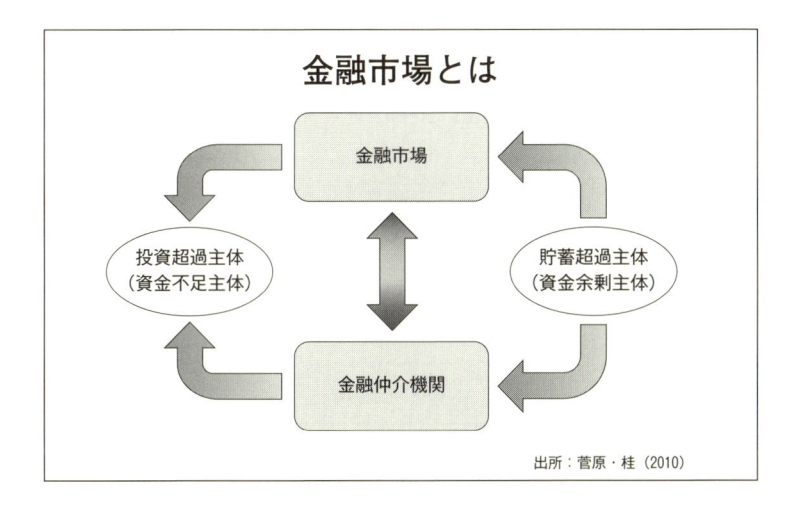

```
         ┌─────────┐
         │ 金融市場 │
         └─────────┘
    ↗         ↕         ↖
┌──────────┐       ┌──────────┐
│投資超過主体│       │貯蓄超過主体│
│(資金不足主体)│     │(資金余剰主体)│
└──────────┘       └──────────┘
    ↘                   ↙
         ┌──────────────┐
         │ 金融仲介機関 │
         └──────────────┘
```

出所：菅原・桂（2010）

　金融市場とは，資金の貸し手（供給者）である資金余剰主体と資金の借り手（需要者）である資金不足主体が集って「金融取引」を行う場をいいます。金融市場には多くの参加者が集まってくるため，金融取引が成立しやすくなります。また，参加者が多いということで，金利は適正水準に落ち着きます。金利水準が高過ぎる（低過ぎる）場合，借り手は少なく（多く）なることで下方（上方）に修正されるからです。それゆえ，金融市場で示される金利は市場の指標となります。

　このように，金融市場は，金融取引を容易に成立させることと，適正な金利水準をもたらす役割を担っています。

　金融市場への参加者は，①個人，②企業，③政府，④金融機関等です。これらの参加者はそれぞれの目的を持って金融市場に参入します。そして，取引は一定のルールに基づき，市場参加者の属性に応じた取引条件の下で行われます。

　金融市場は，製造業やほかのサービス業と同様にグローバル化が進んでいます。ヒト，モノ，情報だけでなく，「オカネ」も地球規模で行き来するようになっているのです。世界中の金融市場が結びつき，利便性が飛躍的に高まっています。その反面，世界中のどこかで金融不安のリスクが生じると，その影響も世界中に広まるということになります。

　しかし，金融市場にはリスクをヘッジ（軽減，回避すること）する手段も生まれており，金融の対応力の高さを知ることができます。

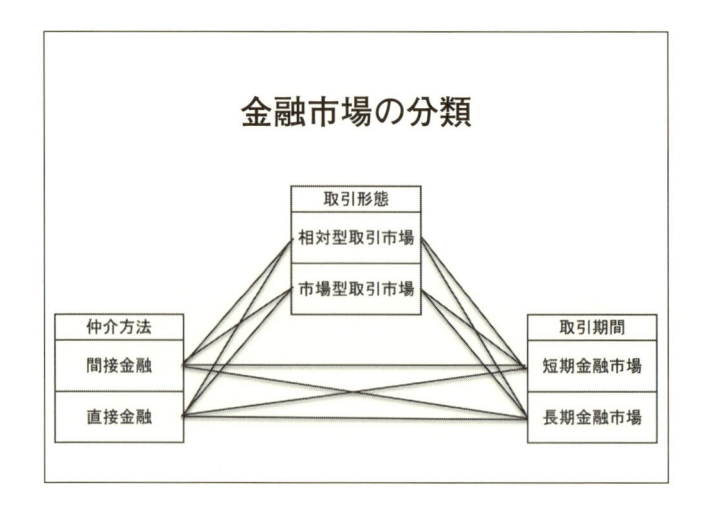

金融市場の分類

```
            取引形態
          相対型取引市場
          市場型取引市場

仲介方法                    取引期間
間接金融                    短期金融市場

直接金融                    長期金融市場
```

　金融市場を取引形態で分類する場合，市場型取引市場と相対型取引市場に分けられます。市場型取引市場とは不特定多数の参加者間での取引を行う市場であり，相対型取引市場とは特定の相手と1対1で取引を行うことです。貸出市場，預貯金市場がその代表となります。後者は広義の意味で金融市場に属しますが，本来不特定多数の参加者による取引を行う場が金融市場であるという考え方からすれば，市場型取引市場が(狭義の意味での)金融市場といえます。

　また，金融市場は「間接金融」と「直接金融」に分けられます。これは，金融市場の参加者が資金移動をどのような方法で仲介するかで区別したものです。

　さらに，金融市場を取引期間の長さで分類すると，1年以下の取引が行われる市場が「短期金融市場」で，1年超の取引が行われる市場が「長期金融市場（資本市場)」となります。

　上記の金融市場の3つの分類方法は，それぞれ独立したものではなく，互いに関連しています。

間接金融と直接金融

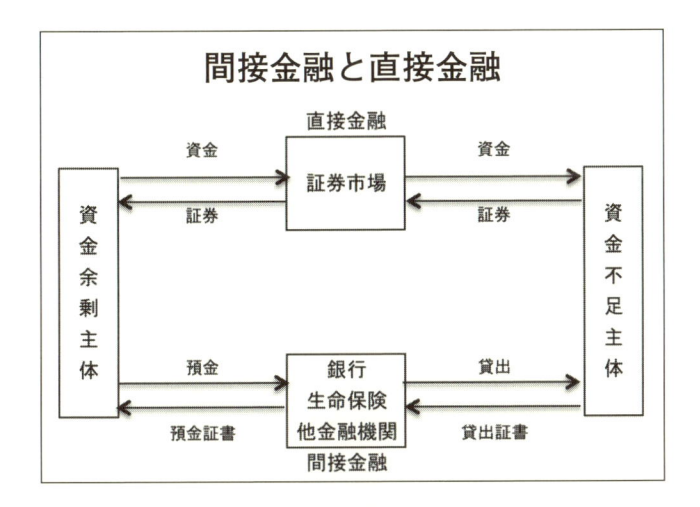

```
            直接金融
   資金 →  ┌──────┐  ← 資金
 資        │証券市場│        資
 金        └──────┘        金
 余  ← 証券         証券 →  不
 剰                          足
 主                          主
 体  預金 →  ┌──────┐ ← 貸出  体
           │ 銀行  │
           │生命保険│
   ← 預金証書│他金融機関│貸出証書→
           └──────┘
            間接金融
```

　「間接金融」とは，資金不足主体が銀行や生命保険会社等の金融機関から借入で資金を調達することをいいます。借り入れる側としては中小企業を含め多くの利用者がいます。つまり，信用力に応じた金利水準を受け入れることができれば，多くの資金不足主体で利用できるため，資金調達の一般的な方法といえるのです。

　一方，「直接金融」とは，株式や債券の発行によって資金を調達することをいいます。株式や債券を発行できるのは一定以上の信用力を持っている限られた企業です。そのため，低コストでの資金調達が可能となり，事業を展開する上では規模の拡大や収益力の向上を見込めるというメリットをもたらします。また，株式を発行する場合，調達資金の返済義務がないということも優位な点です（しかし，株主に対しては安定した配当を支払う努力義務があります）。

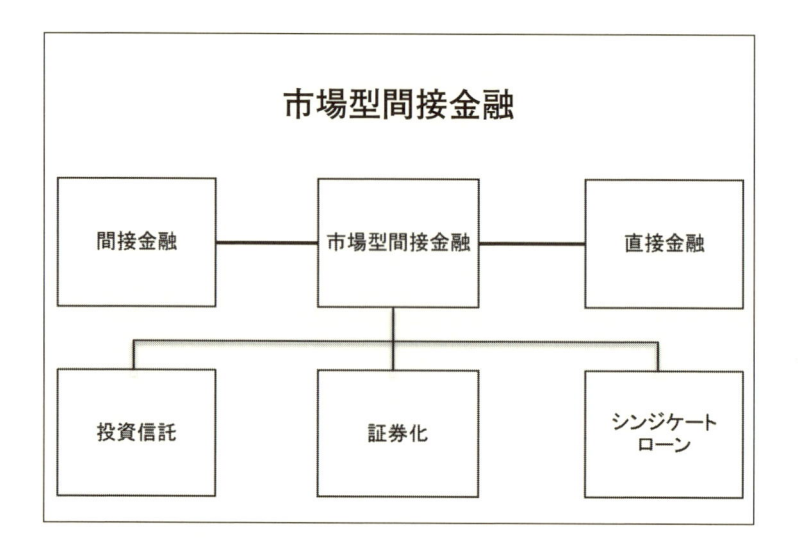

市場型間接金融

```
                    市場型間接金融

    ┌──────────┐   ┌──────────┐   ┌──────────┐
    │ 間接金融  │───│市場型間接金融│───│ 直接金融  │
    └──────────┘   └──────────┘   └──────────┘
                         │
          ┌──────────────┼──────────────┐
    ┌──────────┐   ┌──────────┐   ┌──────────┐
    │ 投資信託  │   │  証券化   │   │シンジケート│
    │          │   │          │   │  ローン   │
    └──────────┘   └──────────┘   └──────────┘
```

　市場型間接金融とは，特定の金融取引だけを表わす用語ではなく，投資信託，証券化，シンジケートローンなど，直接金融と間接金融の双方の性格を併せ持つ金融取引の総称をいいます。

① 投資信託

　　個人は小額の元手で多数の銘柄から構成されるポートフォリオを購入することができます。

　　銀行の窓口で購入すれば，購入ルートは間接金融ですが，保有する投資信託は，投資信託に含まれる複数の証券を保有することになるため，直接金融にアクセスしていることになります。

② 証券化

　　複数の貸出し債権をポートフォリオとしたものを証券化して，投資家に売却するものです。間接金融の方式で貸し出した債権を受益権や，社債などにして直接金融の方式で売却します。

③ シンジケートローン

　　借り手に対して，複数の金融機関でグループを組んで貸出を行う方法をいいます。

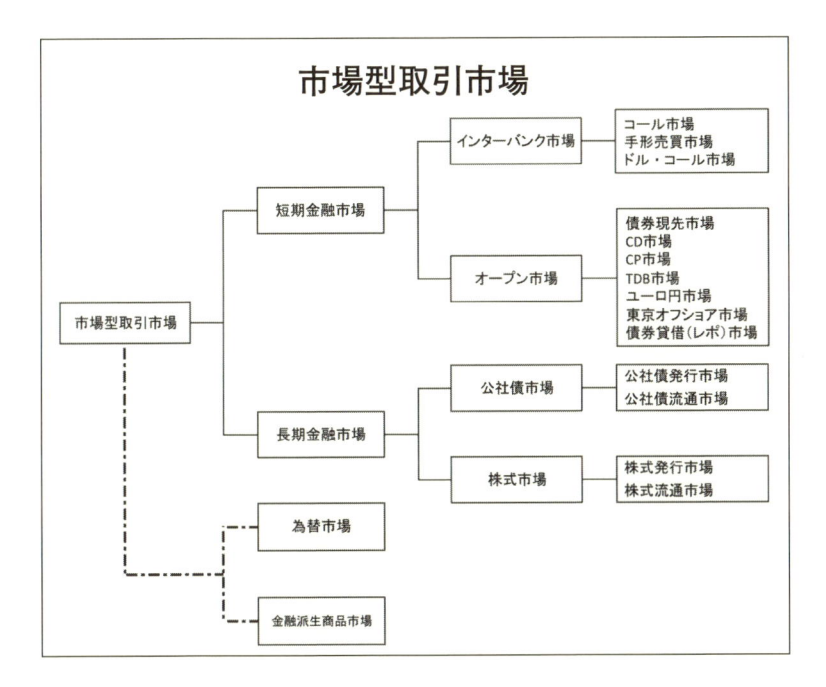

市場型取引市場

```
市場型取引市場 ─┬─ 短期金融市場 ─┬─ インターバンク市場 ─┬─ コール市場
                │                │                      ├─ 手形売買市場
                │                │                      └─ ドル・コール市場
                │                │
                │                └─ オープン市場 ─┬─ 債券現先市場
                │                                ├─ CD市場
                │                                ├─ CP市場
                │                                ├─ TDB市場
                │                                ├─ ユーロ円市場
                │                                ├─ 東京オフショア市場
                │                                └─ 債券貸借(レポ)市場
                │
                ├─ 長期金融市場 ─┬─ 公社債市場 ─┬─ 公社債発行市場
                │                │              └─ 公社債流通市場
                │                │
                │                └─ 株式市場 ─┬─ 株式発行市場
                │                              └─ 株式流通市場
                │
                ├┄ 為替市場
                │
                └┄ 金融派生商品市場
```

　金融市場の分類の仕方に相対型取引市場と市場型取引市場に分ける方法がありますが，ここでは市場型取引市場について見ていきます。

　市場型取引市場は，まず，1年以内の資金の貸し借りを行う「短期金融市場（money market）」と，1年を超える資金の貸し借りを行う「長期金融市場（資本市場，capital market）」に分類できます。

　そして，「短期金融市場」は「インターバンク市場」と「オープン市場」に分けられ，「長期金融市場」には「公社債市場」と「株式市場」があります。

　また，金融市場には，国内外の「為替市場」や「金融派生商品市場」が含まれます。

　このように，金融市場はさまざまな市場があり，それぞれの市場に特有の役割とニーズがあります。市場参加者は利用目的に応じて市場を選択することになります。

金融市場と経済環境

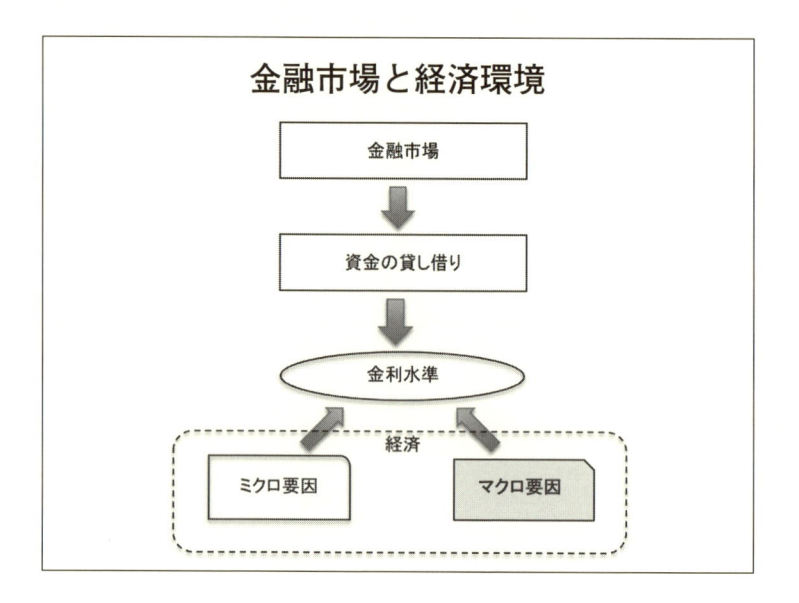

```
金融市場
  ↓
資金の貸し借り
  ↓
金利水準
  ↑      ↑
 経済
ミクロ要因  マクロ要因
```

　金融市場は，すでに述べたように，資金余剰主体と資金不足主体との間で貸借取引が行われる場です。資金の貸借が取引として行われる見返りとして，金利相当分が借り手側から貸し手側に支払われます。

　金利水準は，ミクロ要因とマクロ要因に依存します。ミクロ要因とは，個々の借り手の信用力です。信用力が低ければ金利は高くなり，信用力が高ければ金利は低くなります。

　一方，マクロ要因とは，個々の借り手の信用力ではなく，経済全体の景気状況や，借り手の属する業界が景気から受ける影響度合い，あるいは地政学的なリスクなどをいい，それらに応じて金利水準が変化するというものです。景気低迷期は低金利，景気拡張期は高金利となります。また，地政学的リスクが高まれば，金利は上昇し，安定すれば金利は低下します。

　このように，金利水準はさまざまな要因で決定されるのです。

金利とマクロ要因（景気）の関係

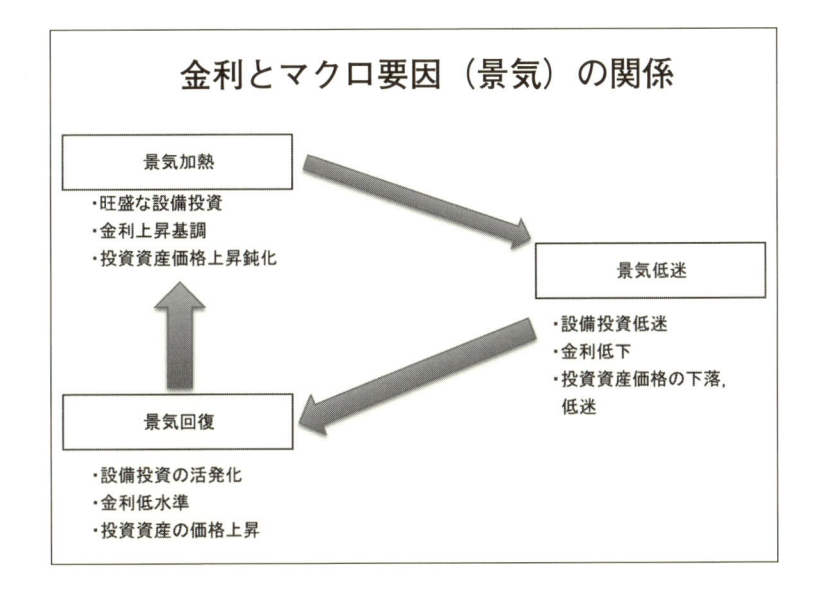

景気加熱
・旺盛な設備投資
・金利上昇基調
・投資資産価格上昇鈍化

景気低迷
・設備投資低迷
・金利低下
・投資資産価格の下落，低迷

景気回復
・設備投資の活発化
・金利低水準
・投資資産の価格上昇

　ここでは，マクロ要因によって金利水準がどう変わるか，中長期の投資資産がどう変わっていくかを見ておきます。

　まず，経済環境として景気が底を打ち回復の兆しが見える場合，先行して株式等の資産市場が上昇します。そして金利は低水準にあるため，企業の設備投資が徐々に活発化してきます。

　次に，景気が過熱してくると，旺盛な資金需要により金利も上昇してきます。それによって，設備投資が頭打ちになり，企業収益に影響します。投資資産の価格上昇にも翳りが見え始め，価格下落も始まります。すると，景気が後退・低迷局面に入るため，景気回復を狙った金融緩和が行われ，市場金利は低めに誘導され，景気を刺激することになります。

　2016年に入ってから日本銀行が行ったマイナス金利は景気刺激政策の一環です。

マイナス金利と金融市場

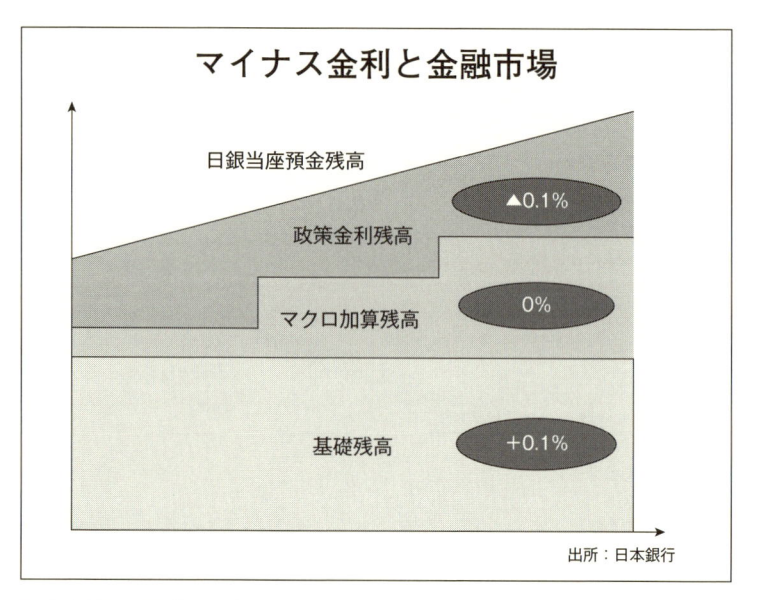

```
                                    日銀当座預金残高
                                              ▲0.1%
                        政策金利残高
                    マクロ加算残高        0%

               基礎残高              +0.1%

                                          出所：日本銀行
```

　日本銀行は平成28年1月29日にマイナス金利▲0.1％の導入を決定しました。このマイナス金利は，当座預金残高に適用されるものです。当座預金に適用されると，銀行は当座預金に預けているよりも貸出に資金を向けた方が優位であるため，貸出が増え，市場金利は競争原理が働いて低下し，景気上昇に寄与すると考えられます。

　しかし，当座預金残高（約260兆円）は，基礎残高（約210兆円），マクロ加算残高（約40兆円），政策金利残高（約10兆円）から構成されており，実際にマイナス金利が適用になるのは政策金利残高部分です。そのため，金融市場への直接のインパクトはそれほど大きくないのですが，すでに国債利回りでマイナスの利回りを付けるなど，アナウンスメント効果が非常に大きいといえます。

　マイナス金利の評価についてはさまざまであり，金融市場はやや混乱の様相を呈しています。しかし，日本銀行としては，景気拡大のために行った大胆な金融緩和措置であり，当然のことながら混乱を起こす意図で実施したわけではありません。

1.2 節　金融市場の概要と特性

本節の概要

　1.2節「金融市場の概要と特性」では，より詳しく金融市場について解説します。

　まず，短期金融市場については，その目的と概要に触れ，短期金融市場を構成するインターバンク市場とオープン市場の種類と特性を見ていきます。インターバンク市場についてはコール市場を，オープン市場については債券現先市場を詳細に取り上げます。

　次に，長期金融市場（資本市場）については，短期金融市場との違いを示すとともに，その特性について解説します。また，長期金融市場で重要となる「資産」について，その本質的な意味から評価の仕方を明らかにします。

ポイント

1. 短期金融市場の概要
2. インターバンク市場とオープン市場の特性
3. 長期金融市場（資本市場）の概要
4. 資本市場の特性

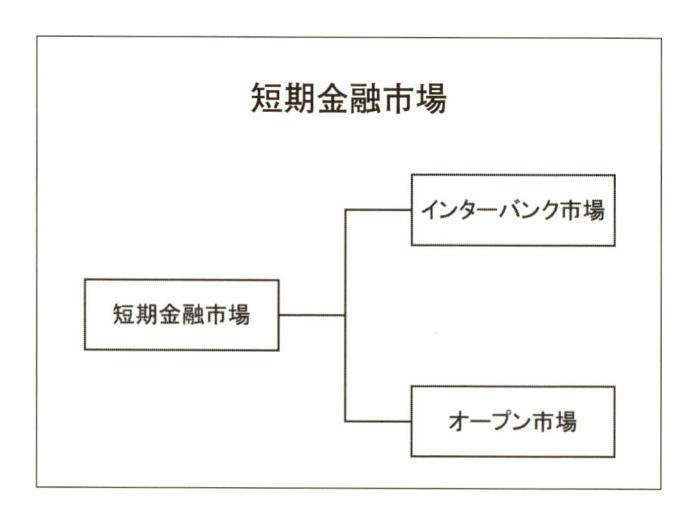

```
                    短期金融市場
                    
         ┌──── インターバンク市場
短期金融市場 ──┤
         └──── オープン市場
```

　短期金融市場とは，期間が1年以内の金融取引を行う市場であり，短期の資金繰りを調整するための資金を融通し合うことを目的としているため，マネーマーケットとも呼ばれます。長期金融市場が長期的な事業用資金を調達することを目的としているのと，資金用途が本質的に異なっています。

　短期金融市場は，金融機関や一般事業会社等が短期資金の調達や運用を行う市場ですが，日本銀行が公開市場操作や貸出等の金融調節を行うことによって，市場の短期資金の過不足をコントロールする場でもあります。

　短期金融市場には，銀行，証券会社，生命保険会社，損害保険会社，短資会社等の金融機関が取引に参加できるインターバンク市場と，一般事業会社等も加わって取引が行われるオープン市場があります。

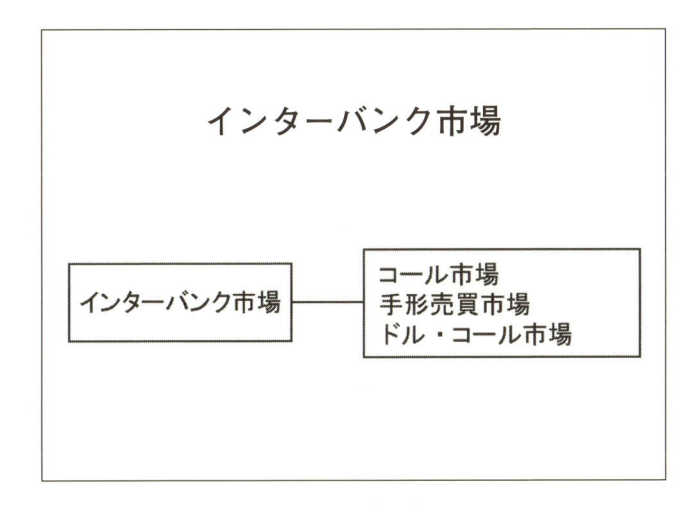

```
┌─────────────────────────────────────────────┐
│              インターバンク市場              │
│                                             │
│                          ┌──────────────┐   │
│   ┌──────────────┐       │ コール市場   │   │
│   │インターバンク市場├───┤ 手形売買市場 │   │
│   └──────────────┘       │ ドル・コール市場│ │
│                          └──────────────┘   │
└─────────────────────────────────────────────┘
```

インターバンク市場とは,金融機関(銀行,信用金庫,証券会社,保険会社,短資会社など)の間でお金を融通する市場をいい,その中心がコール市場で,ほかにドル・コール市場,手形売買市場があります。

短資会社については,短期金融市場において金融機関の間で行われる資金の貸借取引を仲介する役割を担っています。

インターバンク市場は,原則として午前8時30分から17時までが取引時間となっています。

ドル・コール市場とは,金融機関の短期的な外貨資金の過不足を調整する市場です。日本の為替銀行の外貨資金取引が増加するのに対応して,1972年に東京で設立されました。通貨名が「ドル」となっていますが,他通貨の取引も行われます。しかし,オフショア市場の創設,国内金融機関の国際業務縮小などにより,市場は低迷しています。

手形売買市場とは,満期前の手形を割引き,それを売買することで資金の運用・調達を行うものです。近年は企業間の資金決済に手形そのものの利用が少なくなり,ほとんどが日本銀行の金融調節(手形オペ)が取引の主体になっています。

コール市場については次頁で説明します。

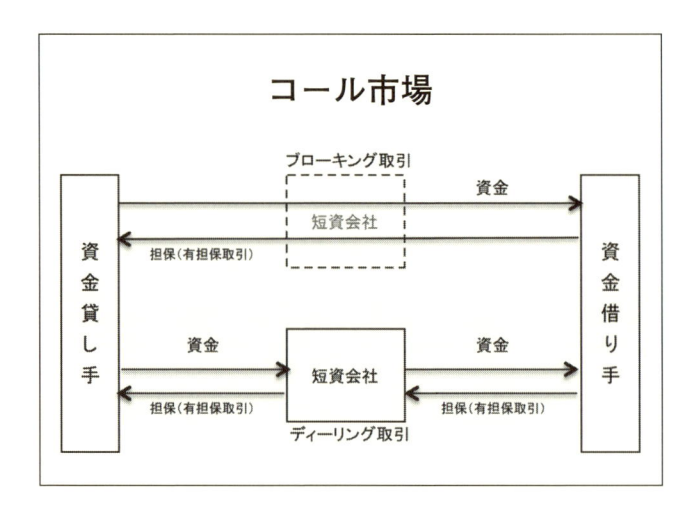

```
┌─────────────────────────────────────────────┐
│              コール市場                      │
│                                             │
│            ブローキング取引                  │
│         ┌ ─ ─ ─ ─ ─ ─ ─ ┐   資金            │
│    ─────┤               ├──────────→        │
│  資    │   短資会社    │           資      │
│  金    └ ─ ─ ─ ─ ─ ─ ─ ┘           金      │
│  貸   担保(有担保取引)              借      │
│  し   ←──────────────────────────  り      │
│  手                                 手      │
│        資金      ┌──────┐   資金           │
│    ←──────────  │      │ ←──────────        │
│                 │短資会社│                  │
│    ──────────→  │      │ ──────────→        │
│       担保(有担保取引) └──┘ 担保(有担保取引)│
│              ディーリング取引               │
└─────────────────────────────────────────────┘
```

　コール市場とは，金融機関が短期的に資金に過不足が生じた場合の調整役としての市場をいい，呼べばすぐに戻る（money at call）という意味で名付けられたともいわれています。

　コール市場は無担保コール市場と有担保コール市場に分けられ，コール取引を円滑に成立させる役割を担うのが短資会社です。

　無担保コール取引は無担保の資金貸借取引であり，資金の貸し手は資金の借り手の信用リスクを負います。短資会社は双方の取引を仲介します（ブローキング取引）。

　有担保コール取引は，国債，地方債，社債などを担保として差し入れることで資金の貸借取引を行うというものです。短資会社は，ブローキング取引のほか，自己で資金を調達して短資会社のリスクで借り手に貸し付ける取引（ディーリング取引）を行います。

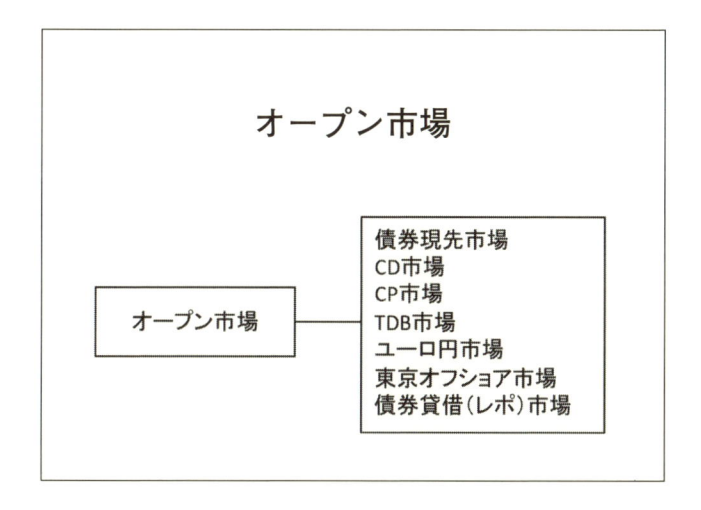

```
┌─────────────────────────────────────────────┐
│                                             │
│              オープン市場                    │
│                                             │
│                    ┌──────────────────┐     │
│                    │ 債券現先市場      │     │
│                    │ CD市場           │     │
│   ┌──────────┐     │ CP市場           │     │
│   │オープン市場│─────│ TDB市場          │     │
│   └──────────┘     │ ユーロ円市場      │     │
│                    │ 東京オフショア市場 │     │
│                    │ 債券貸借（レポ）市場│    │
│                    └──────────────────┘     │
│                                             │
└─────────────────────────────────────────────┘
```

　オープン市場とは，金融機関だけでなく，一般事業会社や地方自治体なども参加できる短期金融市場です。そのため，金利水準は市場の実勢を表わします。オープン市場には，債券現先市場，譲渡性預金（CD）市場，コマーシャルペーパー（CP）市場，国庫短期証券（TDB）市場，債券現先市場，債券貸借（レポ）市場などがあります。

　CD市場とは，CD（Certificate of Deposit；譲渡性預金証書）を第三者と取引する市場です。CDの法的性格は預金であるため，CDの発行は預金取扱金融機関に限定されていますが，売買の仲介は短資会社や証券会社も行うことができます。取引方法には，無条件売買（買切りまたは売切り）と条件付売買（CD現先）があり，取引はCD現先が主流です。

　CP市場とは，CP（Commercial Paper），すなわち信用力のある優良企業が割引方式で発行する無担保の約束手形を売買する市場です。

　TDB市場とは，TDB（Treasury Discount Bills），すなわち国庫短期証券（償還期限が1年以内の割引債（短期国債））を売買する市場です。

　ユーロ円市場とは，ユーロ円（日本国内以外で預け入れされたもしくは取引される円建て金融資産）を取引する市場で，ロンドンが中心的な市場です。

　東京オフショア市場とは，国内金融市場と切り離し，金融，租税，為替の制約を緩和した非居住者間の金融取引を行う東京の市場です。

　債券貸借（レポ）市場とは，「現金担保付き債券貸借市場」といい，現金を担保として国債を貸し借りする取引を行う市場です。

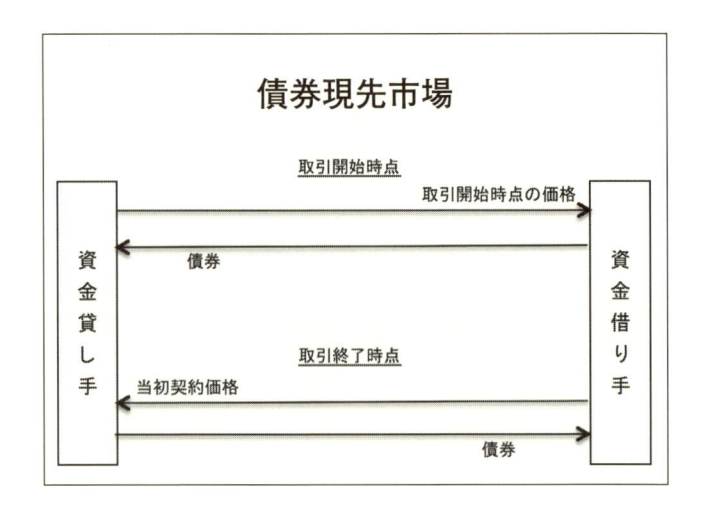

```
┌─────────────────────────────────────────────┐
│              債券現先市場                     │
│                                             │
│              取引開始時点                     │
│          ──────────────────→                │
│         取引開始時点の価格                    │
│  資   ←──────────────────                   │  資
│  金        債券                              │  金
│  貸   ←──────────────────                   │  借
│  し                                          │  り
│  手        取引終了時点                      │  手
│       ──────────────────→                   │
│        当初契約価格                          │
│  ──────────────────→                        │
│            債券                              │
│  ←──────────────────                        │
└─────────────────────────────────────────────┘
```

　債券現先市場とは，現時点で，一定期間経過後にあらかじめ決定された価格で債券を買い戻す（売り戻す）こと（反対売買）を約束して債券を売却（購入）する取引が行われる市場をいいます。現時点での価格と反対売買する価格との差を元に算出する金利を現先レートといいます。現先レートはほかの短期金融市場と大きく異なるレートにはなりません。なぜなら，高過ぎたり低過ぎたりすると，裁定が働くため，金利水準は平準化されるからです。

　債券現先取引は債券売買を行いますが，見方によっては債券を担保とした短期資金の貸借取引（債券レポ取引）ととらえることができます。

　債券現先市場は，もともと証券会社の資金調達手段としてオープン市場で発展した取引です。証券会社が手持ち債券を元に，売り現先を行うことで，資金を調達する方法が広まったことで市場が形成されたといわれています。

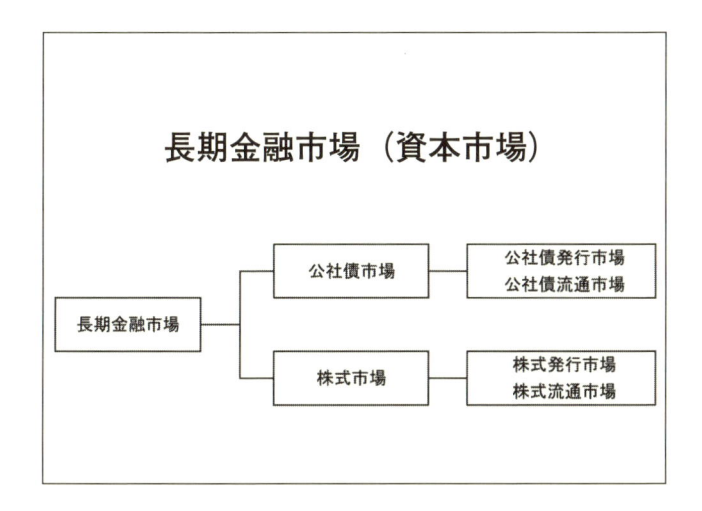

```
長期金融市場(資本市場)

長期金融市場 ─┬─ 公社債市場 ─── 公社債発行市場
              │                  公社債流通市場
              └─ 株式市場   ─── 株式発行市場
                                 株式流通市場
```

　長期金融市場とは，期間が1年超の金融取引を行う市場のことをいいます。長期金融市場では，短期の資金繰りのための資金の融通ということではなく，長期的な事業用資金の調達，言い換えれば安定した資本の充実が主な目的となります。このことから，資本市場（capital market）とも呼ばれます。資本市場の具体的な市場として，債券，株式などの証券市場があります。

　長期金融市場には，新規の証券を発行する発行市場（primary market）と，既発証券の売買を行う流通市場（secondary market）があります。発行市場は，企業等が資金を調達するために証券を発行し，投資家が取得する市場です。それに対して，流通市場とは既発の証券を投資家間で売買する市場をいいます。

　企業価値が高まれば，流通市場で売買される証券価格は高まり，企業が将来資金調達をする際に，株式では時価発行でより多くの資金を調達することができ，債券では低利率（すなわち低コスト）での発行が可能となります。そのため，企業は経営努力を行い，成長性，収益性を高めようとしているのです。

資本市場と資金の流れ

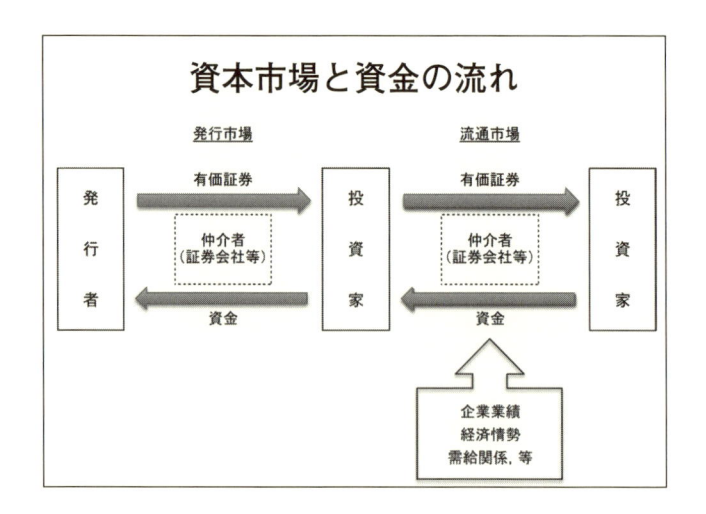

```
        発行市場                    流通市場
      有価証券                    有価証券
発  ──────────→  投   ──────────→  投
行    仲介者       資     仲介者       資
者   (証券会社等)   家    (証券会社等)   家
    ←──────────      ←──────────
      資金                      資金
                               ↑
                          企業業績
                          経済情勢
                          需給関係,等
```

　資本市場は発行市場と流通市場があることはすでに述べたとおりですが，それらについてやや詳しく見ていきます。
　まず，発行市場では，企業や自治体などの発行者が長期資金を調達するために有価証券を発行し，投資家がその有価証券を購入します。有価証券の価値は発行体企業のファンダメンタルズに依存し，予想されるキャッシュフローとリスクプレミアムを考慮した理論価値に納得した投資家が購入します。
　発行者は調達した資金を使って，設備投資や研究開発などを進めます。その成果を事業化することで収益を上げ，投資家に配当や利息を投資収益分として配分します。
　流通市場においては，不特定多数の市場参加者同士が証券を売買します。売買する証券価格は，企業の業績や経済情勢の動向，または短期的な需給関係によって決まりますが，原則として価格は変動します。

資本市場の役割

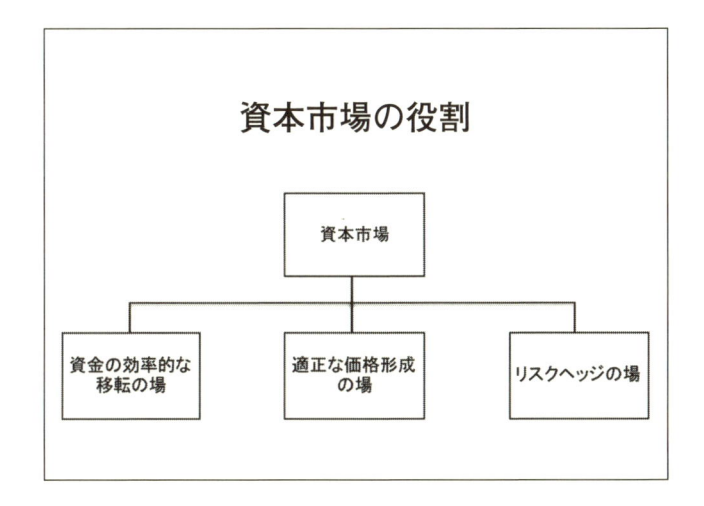

```
            資本市場
    ┌─────────┼─────────┐
資金の効率的な  適正な価格形成  リスクヘッジの場
 移転の場       の場
```

　資本市場の役割は，大別すると，①資金を効率的に移転する場，②適正な利回り（価格）形成の場，③リスクヘッジになります。
　①　資金を効率的に移転する場としての役割
　資本市場は，資金が不足している主体に余剰資金を効率的に移転する場です。例えば，企業が資金調達を行う場合，収益力の高い企業や著しい成長性がある企業ならば，市場から良い評価を受けるため高い価格（または低い利率）で証券を発行することが可能になるため，より多くの資金を調達することができます。そして，有効な投資が可能になります。
　②　適正な価格形成の場としての役割
　市場での証券価格は需要と供給が一致したとき（需給バランスが取れた時）に決定します。つまり，需要が多ければ価格は上昇し，供給が多ければ価格は下落します。市場参加者の見方を反映するように「市場メカニズム」が働き，適正かつ公正な価格が形成されます。
　③　リスクヘッジの場としての役割
　リスクとは「不確実性」です。例えば，海外での収益を上げる企業でも円ベースの収益は為替変動によって確定できません。また，変動金利の借入で資金調達を行う場合，支払金利は不確実になります。こうしたリスクの低減もしくは消去をヘッジといい，金融派生商品を用います。その商品を売買する場が金融派生商品市場で，株式，債券，外国為替，コモディティ等の商品があります。

資本市場の意味

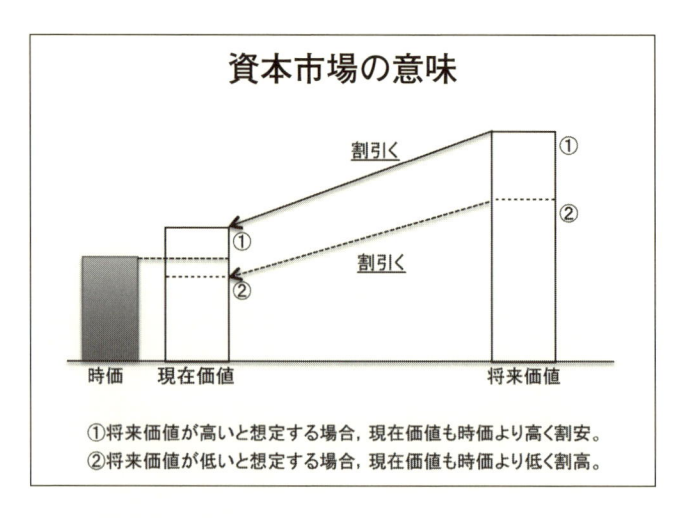

①将来価値が高いと想定する場合、現在価値も時価より高く割安。
②将来価値が低いと想定する場合、現在価値も時価より低く割高。

　「資本」は事業活動の元手であり、その資本の一部またはすべては有価証券の発行によって行われます。そして、有価証券の購入者は多様な投資家となります。さらに、投資家は有価証券、すなわち「資本」を売買することができます。その「資本」を売買する場が「資本市場」になります。

　投資家は有価証券の価格（時価）が現在価値と比較して割安（割高）と判断すると、購入（売却）行動を取ります。個々の投資家の判断はさまざまですが、売りと買いが一致した価格が市場における公正な価格として取引されます。現在価値とは、将来発生すると見込まれるキャッシュフローを現在に換算した（割引いた）価値であり、これを時価と比較することで投資判断が行われます。ただ、将来のキャッシュフローは現時点では不確実である（つまり、リスクがある）ため、投資家によって判断が分かれるのです。

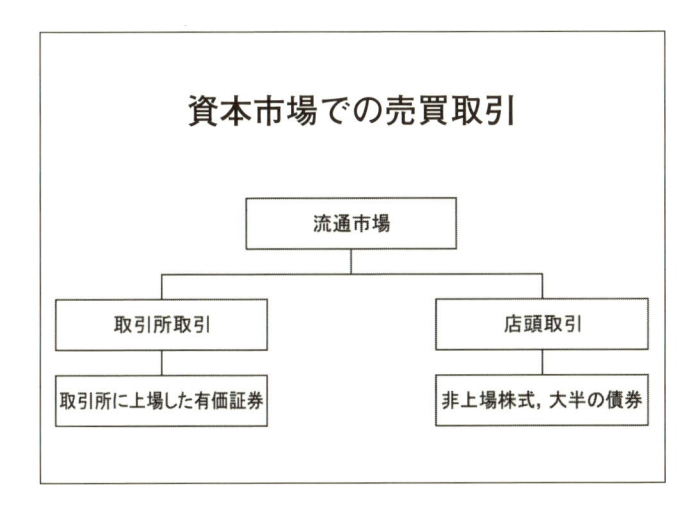

```
┌─────────────────────────────────────────────┐
│            資本市場での売買取引               │
│                                             │
│                ┌──────────┐                 │
│                │ 流通市場  │                 │
│                └─────┬────┘                 │
│          ┌───────────┴───────────┐          │
│     ┌────┴─────┐            ┌────┴─────┐    │
│     │ 取引所取引│            │ 店頭取引 │    │
│     └──────────┘            └──────────┘    │
│ ┌──────────────────┐   ┌──────────────────┐ │
│ │取引所に上場した有価証券│ │非上場株式，大半の債券│ │
│ └──────────────────┘   └──────────────────┘ │
└─────────────────────────────────────────────┘
```

　有価証券の売買取引は，証券取引所か証券会社の店頭で行われます。前者を取引所取引，後者を店頭取引といいます。

　証券取引所で売買取引を行う（取引所取引）ためには，有価証券が上場されている必要があります。上場するためには上場審査基準があり，それを満たした有価証券のみが上場を承認されますが，投資家保護という観点から情報公開を含めたさまざまな基準が課せられています。したがって，上場された有価証券は一定の信用力があるものとして投資家から見られ，取引も活発に行われるのです。

　一方，非上場の株式や，債券のほとんどは，証券会社の店頭で売買されます。これを店頭取引といいます。株式の場合，日本証券業協会の店頭登録制度で店頭登録された銘柄についてはマーケットメーカー制度の導入もあって，飛躍的に流動性が高まっており，店頭取引の拡大に繋がっています。

金融における資産とは

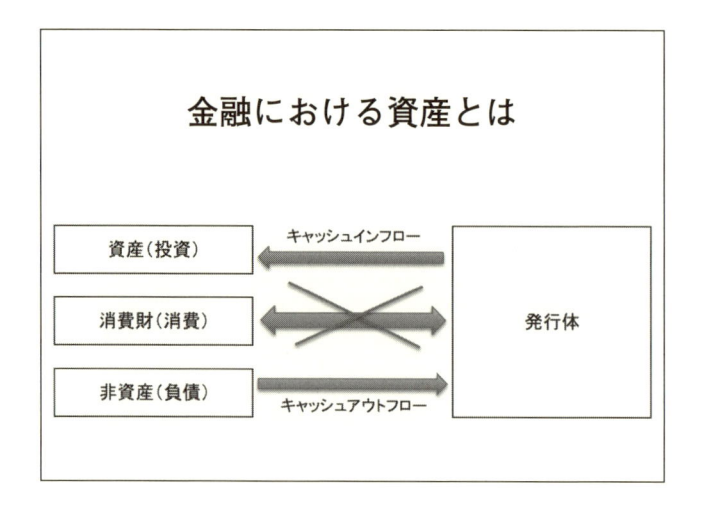

```
資産（投資）    ← キャッシュインフロー
消費財（消費）   ←→                    発行体
非資産（負債）   → キャッシュアウトフロー
```

　「資産」とは，保有することによって将来キャッシュフローを受け取ることの可能性があるものをいいます。したがって，「資産」を購入するということは，「投資」をすることと同義であり，投資をすることでキャッシュフローというリターンを得るのです。

　キャッシュフローを生まない財を保有しても，その財は資産とはいいません。利用することを目的にするものは「消費財」であり，保有することでキャッシュが流出していくようなものは「負債」となります。したがって，「消費財」や「負債」を購入することは，投資にはならないのです。

　金融における「資産」とは，その代表的なものに株式や債券などの有価証券があります。いずれも受取キャッシュフローがあり，株式の配当，債券の利息がそれに当たります。

　それに対して，各種ローン商品を購入することは目先の満足度を満たしますが，返済という負のキャッシュフローが発生するため，資産とはいいません。

資産の将来価値と現在価値

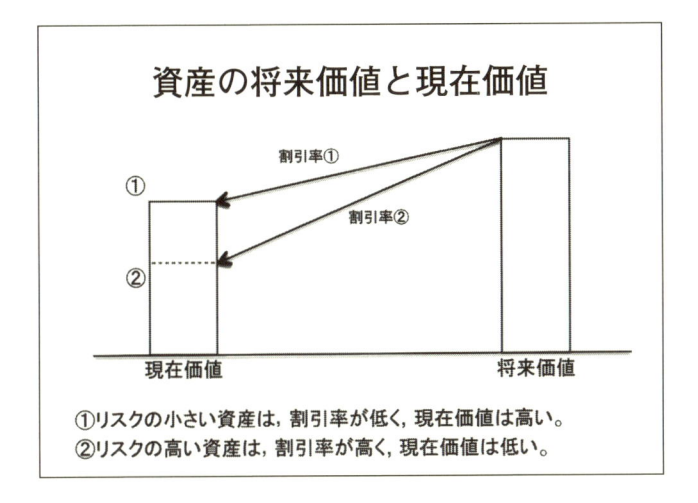

①リスクの小さい資産は，割引率が低く，現在価値は高い。
②リスクの高い資産は，割引率が高く，現在価値は低い。

　資産の価値はキャッシュの価値と同様な考え方をとります。理論的に考えると，キャッシュの価値は現在価値と将来価値とでは異なります。それは将来時点までの金利分が現在価値に上乗せされるため，将来価値は高くなるということです。将来価値を現在価値に割り引く利率は「割引率」といい，現在価値は将来価値を割引率で割引いた価値となります。資産の現在価値も将来価値を「割引率」で割引いた価値となります。

　「割引率」については，キャッシュであれば経済情勢等で決まる市場金利と同等になりますが，資産の性質によってその水準は変わってきます。将来価値の不確実性が高い（リスクが高い）資産ほど「割引率」は大きくなります。割引率の市場金利の上乗せ分はリスクプレミアムといいます。

資産価値の考え方

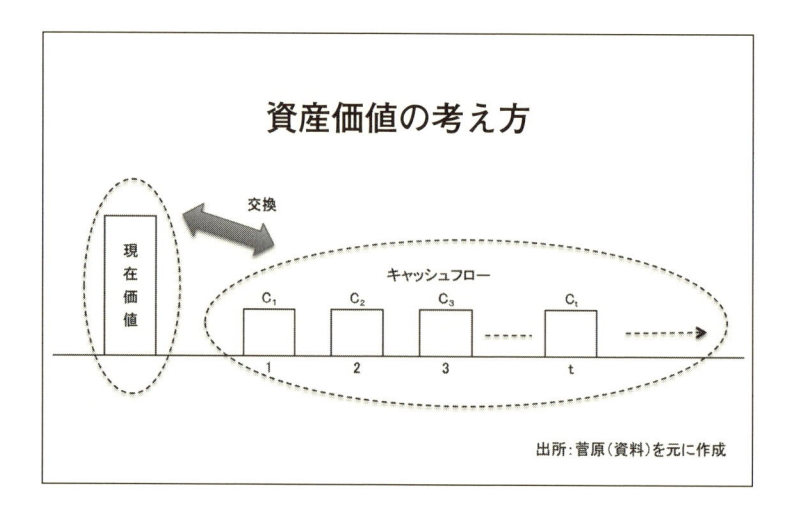

出所:菅原(資料)を元に作成

　一般に資産価値を考える場合，将来発生しうるキャッシュフローを現在価値に割引き，そのすべてを合計したものが資産価値となります。資産によって将来のキャッシュフローは満期のある債券のように有限であったり，満期のない株式のように永久であることが想定される場合もあります。上図は永久にキャッシュフローが発生するケースを示したものです。また，将来のキャッシュフローということで，確定した金額でない可能性が高く，現在価値も将来の見通しによって変わります。

　資産の売買は，理論的には現在価値での売買になります。そのため，資産を購入する場合は，現在価値分のお金を払って将来発生しうるキャッシュフローを受け取ることになります。つまり，現在と将来のキャッシュフローを交換するということを意味するわけです。

資産収益率の考え方

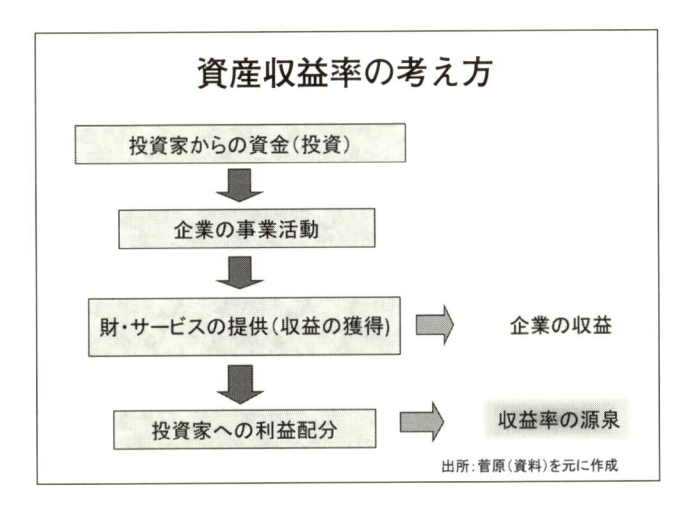

```
投資家からの資金（投資）
    ↓
企業の事業活動
    ↓
財・サービスの提供（収益の獲得） ⇒ 企業の収益
    ↓
投資家への利益配分 ⇒ 収益率の源泉
```

出所：菅原（資料）を元に作成

　資金余剰主体である投資家が企業の株式や債券に投資することは，発行体である企業にとってみると資金を調達することになります。そして，調達した資金は，主に企業の事業活動に使用されます。企業は事業活動を行うことで売上に繋がる財やサービスの提供を行います。それによって，企業が収益を得ることになれば，資金提供者である投資家に利益の中から，利息や配当を支払うことになります。

　したがって，企業が獲得する利益が証券の収益率の源泉ということになるわけです。そうすると，収益率は比較的安定するようにも思われますが，短期的に見れば，利益だけでなく，それ以外のさまざまな要因（経済情勢，地政学的情勢，市場の需給関係など）によって変動します。しかし，長期的に見ると，収益率の源泉は本質的な部分，すなわち企業が上げる利益に収斂していくと考えられます。

1.3 節　株式市場と債券市場

--- **本節の概要** ---

　1.3 節では,「株式市場と債券市場」を取り上げます。

　株式市場については，株式の意味，上場，増資といった基本事項を説明します。そして，日本の株式市場の概要と特徴を確認します。最後に，株式の評価方法の考え方について解説します。

　債券市場については，債券の意味，債券の種類，債券の分類について説明します。そして，債券市場の概要と特徴，債券価格の評価方法，金利や信用リスクと債券価格との関係について解説します。

　本節は金融市場の一部である資本市場の基本事項を取り上げています。資本市場の本質を理解するためには必要不可欠な項目ばかりですので，じっくり取り組みましょう。

ポイント

1. 株式と株式市場の特性
2. 株式評価
3. 債券と債券市場の特性
4. 債券評価

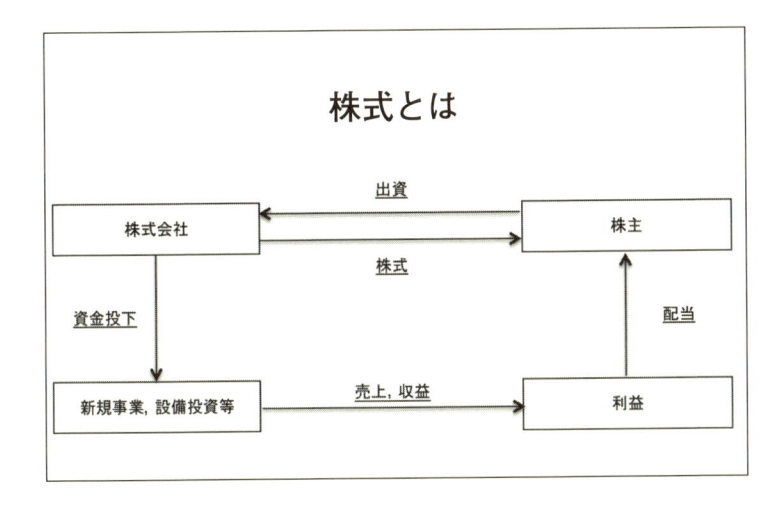

```
                株式とは

                    出資
    ┌─────────┐ ←──────── ┌─────────┐
    │ 株式会社 │           │  株主   │
    └─────────┘ ────────→ └─────────┘
         │          株式         ↑
    資金投下                    配当
         │                       │
         ↓        売上, 収益      │
    ┌─────────────┐ ──────→ ┌─────────┐
    │新規事業,設備投資等│     │  利益   │
    └─────────────┘         └─────────┘
```

　株式とは，会社を設立する場合や事業活動を行うために必要な資金を出資という形で調達することを目的として発行されるものです。発行された株式を購入する出資者を株主といい，そして株主のいる（すなわち株式を発行している）会社を株式会社といいます。

　株主が企業の株式を保有する動機は，株式を発行した企業が資金を使って事業を行うことで利益を獲得して，「配当」という形で利益の一部を受け取ることができる見込みがあるからです。そうした見込みがなければ，株主がその企業の株式投資を行っていく理由はなくなるため，売却することになります。ただ，株主には安定株主もいて，株式を長期間保有して経営状況を監視し，収益性の改善を求める等で企業価値を高めることによって，受取配当の向上を狙うケースもあります。

　したがって，株主にとっての株式価値とは，配当という受取キャッシュフローの流列に基づいて算出される現在における価値ということになります。この具体的な株式価値の算出方法については後述することにします。

株式市場と上場

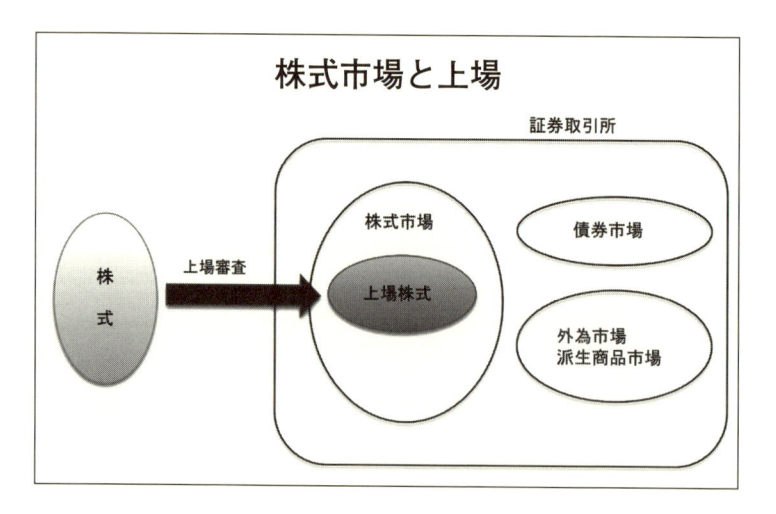

証券取引所
- 株式市場
  - 上場株式
- 債券市場
- 外為市場 派生商品市場

株式 → 上場審査 → 上場株式

　株式の発行や売買を円滑に行う場が株式市場です。株式市場は証券取引所に置かれています。

　証券取引所で売買される株式は，不特定多数の投資家が売買に参加するため，投資家保護の観点から審査が行われ，一定基準を満たしたものが取引対象となります。そのような基準を満たすことを「上場」といいます。

　一定基準とは，対象企業に関する経営状態の健全性，事業内容の安定性・発展性，利益成長性等で，投資家が株式投資を行うに値する企業であることを判定するものです。

　したがって，「上場」株式は投資をする上での最低基準を満たすものとなり，投資家が投資対象銘柄を選定する手助けになるとともに，市場での売買も円滑にできることになります。

「上場」による効果

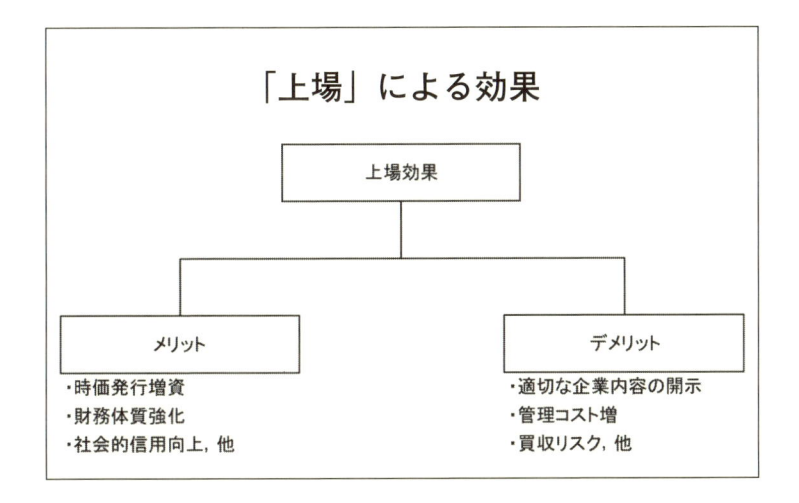

```
            上場効果
           ┌──┴──┐
         メリット    デメリット
```

メリット
・時価発行増資
・財務体質強化
・社会的信用向上, 他

デメリット
・適切な企業内容の開示
・管理コスト増
・買収リスク, 他

　未上場の株式会社（企業）が，株式を一般投資家に売却するために，証券取引所に新規「上場」することを新規公開（IPO：Initial Public Offering）といいます。

　株式を上場するメリットとしては，まず株式市場から時価発行増資などによる資金調達の機会を容易に得られることになるため，財務面での企業体質を強化・改善することが可能になることです。そして，上場することによって企業の知名度が向上するとともに，取引先や金融機関との社会的な信用が向上し，営業面，採用面でも好影響が期待できることです。

　一方，上場すると，上記のようなメリットを享受できる反面，デメリットもあります。まず，上場会社の株式は，不特定多数の投資家の取引対象になるため，投資家保護の観点から，決算発表，企業内容の適時適切な開示等が必要になるなどの事務負担が生じます。また，内部管理体制を整備するための管理部門のコストが増えます。さらに，株式を上場することで自由な売買が可能になり，買収されるリスクもあります。そして，上場することで一層の社会的責任や義務が生じることになります。

　外部からの資金を導入するのですから当然の義務であり，社会的責任を全うすることが株式市場の信用と発展をもたらすことになるのですが，企業経営者の中にはその煩雑さをデメリットととらえる向きもないわけではなく，非上場化を選択するケースも散見されます。

株式の発行（増資）について

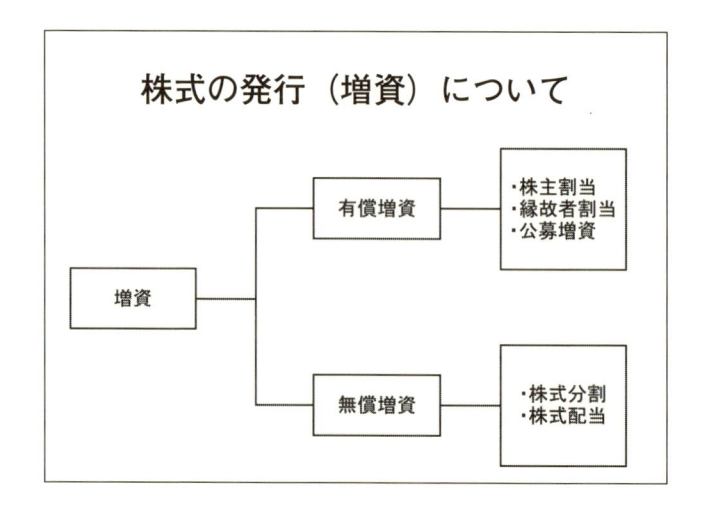

```
                    ┌─ 有償増資 ──┬─ 株主割当
                    │            ├─ 縁故者割当
        増資 ───────┤            └─ 公募増資
                    │
                    └─ 無償増資 ──┬─ 株式分割
                                 └─ 株式配当
```

　増資とは，資本金または発行済株数を増加させることです。増資には，新株を発行する際に株主が一定の金額を払込む有償増資と，払込みのない無償増資があります。

　有償増資とは，事業資金の調達や資本の増強を目的とした新株発行のことをいいます。募集形態により，①既存の株主に新株を割り当てる「株主割当」，②取引先の会社・取引銀行・親会社などの発行会社と縁故のある金融機関や企業に発行する「縁故者割当（第三者割当）」，③広く一般投資家に新株購入を募集し発行する「公募増資」に分けられます。公募増資の場合，時価発行が主流となっています。

　また，無償増資とは，資金調達を伴わない新株発行のことで，株式分割や株式配当等の方法があります。

　株式分割は，例えば１株を２株に分割するということで，その場合株価も半分になります。時価総額は変わりませんが，株価が安くなって売買単位の金額が低くなることで，売買が行われやすくなることから，株主が増える可能性があります。さらに，売買しやすくなることで流動性が高まり，企業の実態がより株価に反映されやすくなります。

　株式配当とは，株主に対して，配当のすべてもしくは一部を株式で交付することをいいます。しかし，平成３年の改正商法が施行された後は株式分割と規定されています。

株式市場の分類

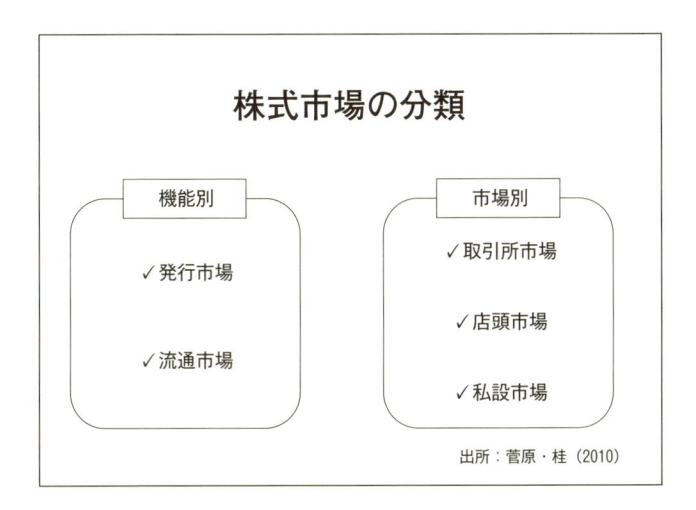

機能別
- ✓ 発行市場
- ✓ 流通市場

市場別
- ✓ 取引所市場
- ✓ 店頭市場
- ✓ 私設市場

出所：菅原・桂 (2010)

　株式市場を機能別に分類しますと，発行市場と流通市場に分けられます。発行市場とは，新たに証券を発行して，資金調達者が資金運用者から資金を受け取る市場のことです。また，発行済みの証券が売買される市場を流通市場といいます。

　証券業者は発行市場で証券の発行を請け負う引受（アンダーライティング）と募集・販売（セリング）機能を持っています。流通市場では，顧客の注文に基づく委託売買（ブローカレッジ）と自己の勘定で行う自己売買（ディーリング）の業務を担っています。

　市場別分類としては，取引所取引市場，店頭取引市場，私設取引市場に分けられます。株式の売買は，東京証券取引所などの証券取引所や，証券会社の店頭などで行われます。前者での取引を証券市場取引，後者の株式の取引を店頭取引といいます。また，取引所集中義務の撤廃により，私設取引所が開設されました。2003年に日本証券代行がシステムの管理・運営を行う成長企業の株式を対象とした私設取引所を設け，インターネットを通じた取引所としては，マネックス証券が私設取引所を設けています。こうした立会時間外取引や取引所外取引の増大により，従来の取引所取引だけでなく，多様な取引方法にシフトしていく可能性があります。

日本の主要な株式市場

取引所	場部	特徴
東京証券取引所	第一部	大企業
	第二部	中堅企業
	マザーズ	ベンチャー企業
	外国部	外国企業
大阪証券取引所	第一部	大企業
	第二部	中堅企業
	ヘラクレス	ベンチャー企業
名古屋証券取引所	第一部	大企業
	第二部	中堅企業
	セントレックス	ベンチャー企業

　日本の株式市場は，東京，大阪，名古屋，福岡，札幌の5つの証券取引所と，旧店頭市場にあたる「ジャスダック市場」があります。その中で主要な取引所は，東京，大阪，名古屋の3つになります。それぞれの取引所には「第一部」，「第二部」，「新興市場」（東京は「マザーズ」，大阪は「ヘラクレス」，名古屋は「セントレックス」と呼ばれる）があります。

　株式は各証券取引所に上場されているものだけがその取引所で売買できます。したがって，仮に大阪証券取引所に上場されていても，東京証券取引所に上場されていなければ東京証券取引所ではその株券を売買することはできないことになります。ただし，複数の市場に上場する企業もあり，その場合はそれぞれで売買が可能です。

　第一部，第二部に上場した企業は経営内容について一定の基準を満たしていることになりますが，このことは安定した経営が維持される成熟した企業に偏りがちになります。その結果，上場基準をクリアした企業のみが資本市場で優位に資金調達ができることになり，新興企業は資金調達が難しくなってしまいます。新興市場は上場基準が緩やかになっていて，将来の成長が期待される企業に資金調達の機会を提供しています。

株式の理論価値

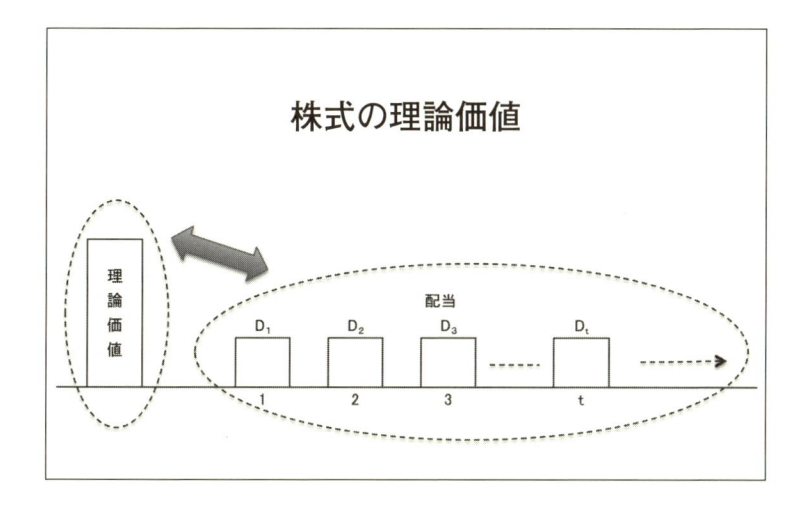

上場した企業の株式は取引所で売買されます。売る側，買う側ともにおのおのが株価を評価し，その価格での取引を望みます。そして，売値と買値が一致したときに取引が成立することになります。

そこで，株価の収益率 r は，(1) 式で表わされます。ただし，P_0 は現在（0時点）の株価，P_1 は1時点の株価，D_1 は1時点での配当額とします。

$$r = \frac{P_1 + D_1}{P_0} - 1 \qquad (1)$$

そして，株価 P_0 を表わす式は (2) 式に変形されます。

$$P_0 = \frac{D_1 + P_1}{(1+r)} = \frac{D_1}{(1+r)} + \frac{D_2}{(1+r)^2} + \cdots + \frac{D_t}{(1+r)^t} + \cdots \qquad (2)$$

資産価値は将来発生するキャッシュフローを現在価値に割引いた合計でしたが，(2) 式はまさにそれを表わしています。株式の場合，特に配当割引モデル（DDM：Dividend Discount Model）といいます。

そして，$D_t = D$（一定）とすると，(3) 式のように変形できます。

$$P_0 = \frac{D}{r} \qquad (3)$$

株式価値の評価方法

```
               株式価値評価方法
        ┌───────────┼───────────┐
    CF割引法       マルチプル法      資産価値評価法

   配当割引モデル      PER           解散価値
   収益割引モデル      PBR           再取得価値
    ほか           ほか           ほか
```

出所：菅原・桂（2010）

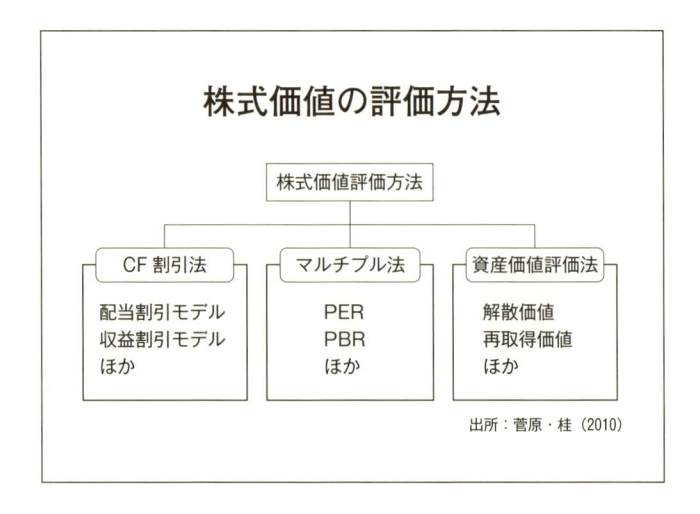

　公正で流動性の高い流通市場で取引される株価は，その時点での適正価格となるのは市場の効率性を前提にすれば否定するものではありませんが，市場参加者はそれぞれの判断によって株式の価値を評価します。ここでは，どのような考え方に基づいて株価を評価するのかを論じることにします。

　株式を評価する方法としては，①キャッシュフロー（CF）割引法，②マルチプル法（株価指標倍率法），③資産価値評価法に大別されます。

　まず，キャッシュフロー割引法ですが，これは将来投資家が得られる可能性のあるキャッシュフローをその時点から現在に割引いたものを合計する方法で，最も理論的な意味を持つ算出方法です。将来キャッシュフローには，配当，企業収益，フリーキャッシュフローなどが用いられます。

　次の評価方法としてはマルチプル法（株価指標倍率法）があります。これは1株当たり株価と1株当たり利益の比である株価収益率（PER），1株当たり株価と1株当たり純資産の比である株価純資産倍率（PBR），1株当たり配当と1株当たり株価の比である配当利回りなどで，株価の割高，割安を判定することに利用されます。

　そして，3番目の資産価値評価法は，該当企業が現時点で解散した時，あるいは該当企業と同じ設備等を取得した時に要する金額から企業価値，すなわち株式価値を求めるものです。

債券とは

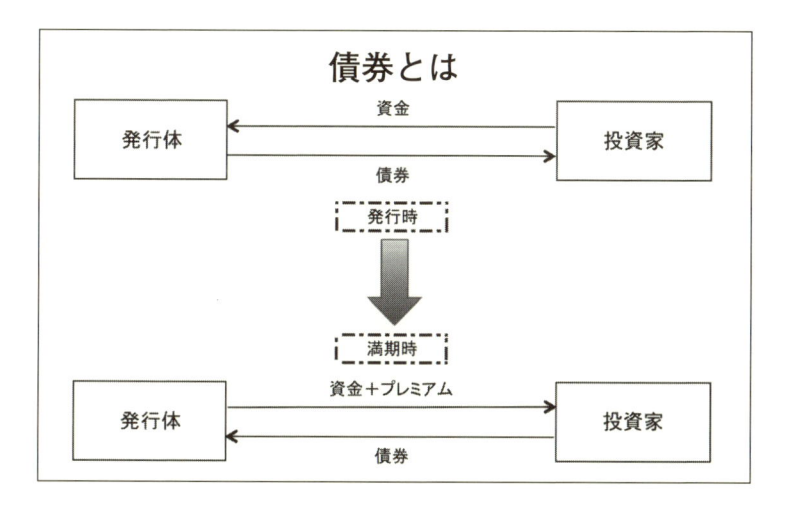

```
発行体 ←──資金──── 投資家
      ────債券───→
         発行時
           ↓
         満期時
発行体 ────資金＋プレミアム──→ 投資家
      ←───債券────
```

　債券（公社債ともいう）とは，国，地方公共団体，独立行政法人，企業，国際機関，外国の政府や企業などの発行体が資金を調達する際に発行する「借用証書」です。原則として一定期間借りた資金は，満期に全額（元本または額面金額ともいう）を返済することになります。また，資金の借用に対する見返りとして，発行体の信用度に応じた利息などのプレミアムを付けて返済します。

　債券は，発行体が資金を必要とする期間に応じて，償還までの期間がさまざまなものが発行されています。短期債は償還までの期限が3年未満の債券をいい，中期債は償還までの期限が3年以上7年未満の債券，長期債は償還までの期限が7年以上11年未満の債券，そして超長期債は償還までの期限が11年以上の債券と分類されるのが一般的です。

　債券は発行後時間が経過するにつれて満期までの期間が短くなるため，長期債である10年債として発行された債券でも，発行後3年以上を過ぎると中期債に分類されます。

債券の種類

債券の種類（利息と償還額を基準）

種類	利息（クーポン） 固定	利息（クーポン） 可変	償還額 固定	償還額 可変
利付債	○		○	
割引債（ゼロクーポン債）	なし		○	
永久債（コンソール債）	○		なし	
変動利付債		○	○	
インフレ連動債	(○)		(○)	

出所：菅原・桂（2010）

　債券の種類には，利息（クーポン）と償還額を基準に分類する方法があります。

　まず，代表的な債券としては利付債です。この債券は一定期日に利息（クーポン）が支払われ，償還日に額面価格が支払われます。

　そして，償還までの期中に利息が支払われない代わりに額面を割り引いた価格で発行され，満期に額面価格が支払われる割引債があります。割引債はゼロクーポン債とも呼ばれます。

　さらに，最近ではあまり発行されていませんが，満期（すなわち，償還日）がなく，額面価格もない債券があります。これは，永久に一定期日に利息が支払われ続けるため，永久債（コンソール債）と呼ばれます。また，利息が市場金利に連動して可変となり，償還額が固定されている変動利付債，利息あるいは元本がインフレの状況で変わるインフレ連動債もあります。

債券の分類

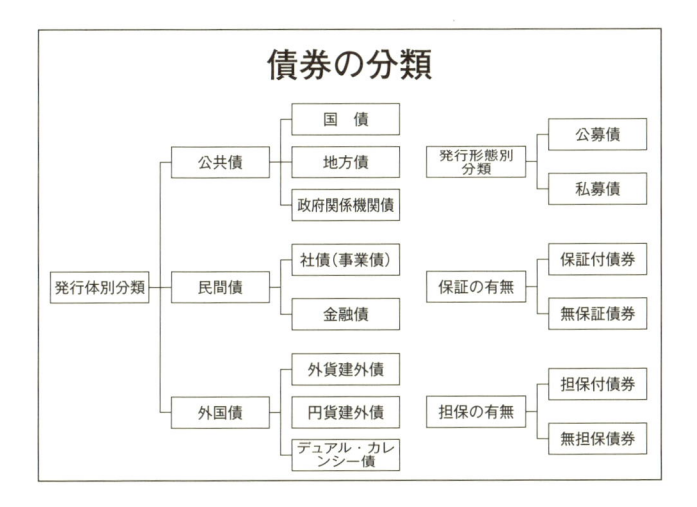

```
発行体別分類 ─┬─ 公共債 ─┬─ 国債
              │          ├─ 地方債
              │          └─ 政府関係機関債
              ├─ 民間債 ─┬─ 社債(事業債)
              │          └─ 金融債
              └─ 外国債 ─┬─ 外貨建外債
                         ├─ 円貨建外債
                         └─ デュアル・カレンシー債

発行形態別分類 ─┬─ 公募債
                └─ 私募債

保証の有無 ─┬─ 保証付債券
            └─ 無保証債券

担保の有無 ─┬─ 担保付債券
            └─ 無担保債券
```

債券は発行体ごとで分類すると，公共債，民間債，外国債になります。

公共債は，国や地方公共団体（都道府県，および市）が発行する債券であり，①国が発行する国債，②地方公共団体が発行する地方債，③公団・公庫などの特殊法人（政府関係機関）が発行する政府関係機関債（政府保証債，財投機関債）に分けられます。

民間債は，株式会社が発行する債券をいい，一般の株式会社が発行する社債（事業債）と，特定の金融機関が発行する金融債があります。

外国債は，外国政府や法人が発行する債券で，①払込み，利払い，償還が外貨で行われる外貨建外債，②払込み，利払い，償還が円貨で行われる円貨建外債，そして③払込み・利払い・償還が異なる2種類の通貨で行われる二重通貨建債（デュアル・カレンシー債）があります。

上記以外にも，債券はいろいろな基準で分類することができます。例えば，債券の発行形態により公募債（不特定多数の投資家を対象として売り出すこと）と私募債（少数の特定の投資家を対象として売り出すこと）に分けられます。

公募債発行には，①発行者が条件を決めて販売する募集発行，②発行者は発行額を決めて利率や発行価格を入札して決定する入札発行，③発行総額を決めずに販売する売出発行があります。私募発行は縁故者に発行することであり，市場規模は大きくありません。

また，保証の有無で保証付債券と無保証債券に，担保の有無で担保付債券と無担保債券に分けることができます。

債券発行市場の特徴

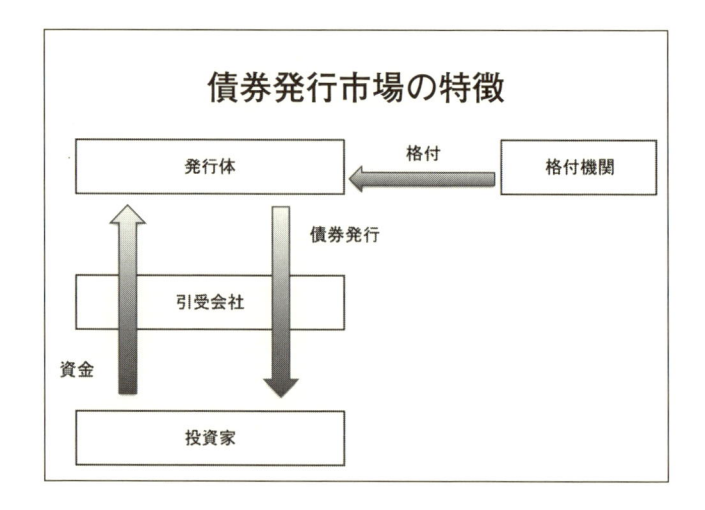

```
発行体 ←―格付― 格付機関
  ↑  ↓
  |  債券発行
引受会社
  |
資金
  ↓
投資家
```

　債券市場には，新しい債券が発行され，それを取引する発行市場と，すでに発行されている債券を償還日前までに取引する流通市場の2つの市場があります。

　債券の発行市場は，発行体，格付機関，引受会社（銀行，証券会社等），そして債券を購入する投資家で成り立っています。

　引受会社は，新規発行の債券を投資家に売ることを目的にして，債券の全額もしくは一部を引き受ける会社でアンダーライターともいいます。国債のように発行額が大きくなると，数社が集まって合同で引受けます。この集団を引受シンジケート団（引受シ団）といいます。引受会社は，投資家の需要を調査した上で，発行総額，クーポンレート，発行価格などを決定します。

　格付機関は，債券の元本と利子を支払う能力が発行者にどれほどあるのか（信用リスク）を中立的な立場で評価する会社です。代表的な格付会社には，Moody's，Standard and Poor's（S&P），Fitch Ratings，格付投資情報センター（R&I），日本格付研究所（JCR）があります。信用リスクの度合いは，「AAA」，「BB」などの記号で表わされます。

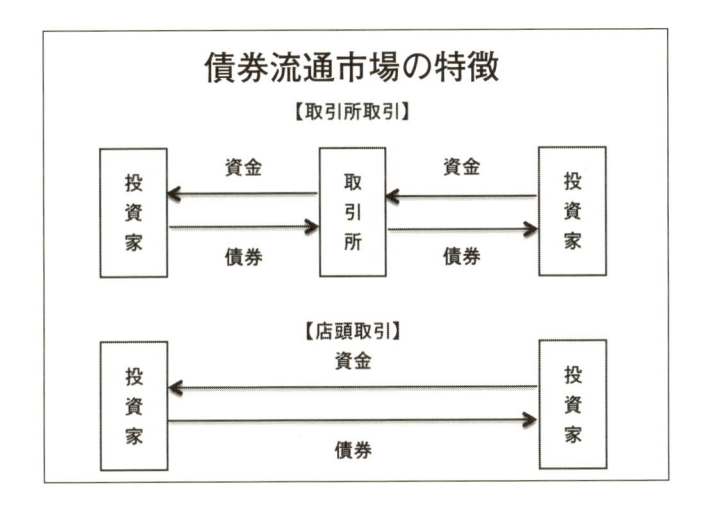

```
┌─────────────────────────────────────┐
│          債券流通市場の特徴            │
│             【取引所取引】             │
│                                     │
│   ┌──┐   資金   ┌──┐   資金   ┌──┐   │
│   │投│ ←────── │取│ ←────── │投│   │
│   │資│         │引│         │資│   │
│   │家│ ──────→ │所│ ──────→ │家│   │
│   └──┘   債券   └──┘   債券   └──┘   │
│                                     │
│             【店頭取引】              │
│                    資金              │
│   ┌──┐ ←──────────────────── ┌──┐   │
│   │投│                        │投│   │
│   │資│                        │資│   │
│   │家│ ──────────────────→    │家│   │
│   └──┘          債券           └──┘   │
└─────────────────────────────────────┘
```

　流通市場とは，発行済みの債券（既発債という）を売買する市場をいいます。流通市場には，証券取引所で行われる取引所取引と，売買当事者（証券会社と投資家，銀行と投資家，投資家相互，証券会社と銀行等）が取引所以外で相対取引を行う店頭取引があります。

　債券の取引は店頭取引がその大部分を占めており，取引所取引は取引全体の高々1％程度となっています。その要因は発行される債券の銘柄数の多さにあります。既発債の銘柄数は数万以上にものぼり，その一部は償還などにより市場から外れる一方で，新規銘柄が次々に発行され，常に新陳代謝が行われています。そのため，証券取引所で売買することは実質的に難しく，店頭取引に頼らざるを得ないという面があるのです。一方で，取引所取引は，公正に形成された価格を公示し，店頭取引の参考価格となるといった重要な機能を持っています。

　店頭取引は相対取引であるため，基本的には発行されているすべての債券を売買することができます。なお，店頭取引での売買価格については，日本証券業協会が選定銘柄と指定したものに関して，店頭取引の公正・円滑化や投資家保護の観点から，公社債店頭売買参考統計値を公表しています。売買参考統計値は同協会の指定報告会員である証券会社から，実勢価格を反映した気配値報告に基づき，同協会が統計処理を行って算出するものです。

（日本証券業協会資料を元に作成）

債券の評価方法（１）

・単利方式

$$債券価格 = \frac{(額面価格 + 額面価格 \times クーポン率 \times 残存期間) \times 100}{100 + 市場金利 \times 残存期間}$$

債券価格を評価する場合，償還までの期間，償還価格（額面価格），支払われる利息（額面金額に対するクーポン分），市場金利，信用リスク等を考慮して算定されます。そして，キャッシュフローが生じた時期から償還までの期間による価値を考慮しないかするかで評価式が変わります。前者は単利方式といい，後者は複利方式といいます。

① 単利方式

単利方式の考え方は，既発債券の発生するキャッシュフローの総額（額面価格と利息総額との合計）と，償還までの期間が同一である債券を発行した場合の債券価格と市場金利に基づく利息総額とが等しくなるというものです。このことを式で表わすと，次式のようになります。

額面価格 ＋ 額面価格 ×（クーポン率÷100）× 残存期間
　＝債券価格 ＋ 債券価格 ×（市場金利÷100）× 残存期間

この式を変形することで債券価格が求められますが，それが図中で表わした関係式です。

債券の評価方法（2）

・複利方式

$$債券価格 = \sum_{t=1}^{T} \frac{利息}{(1+市場金利)^t} + \frac{元本}{(1+市場金利)^T}$$

---

② 複利方式

以下では，複利方式の考え方で債券価格を評価します。現時点（第0時点）の債券価格 P_0 が次の第1時点では利率 r 分が増えるとすると，その金額は第1時点での債券価格 P_1 と利息 C_1 の合計額に等しくなります。

$$P_0(1+r) = P_1 + C_1$$
$$\therefore P_0 = \frac{C_1 + P_1}{(1+r)}$$

上記式は第1時点と第2時点，第 T-1 時点と満期時点（第T時点）でも成立するため，債券価格は次のように表わすことができます。

$$P_0 = \frac{C_1}{(1+r)} + \frac{C_2 + P_2}{(1+r)^2}$$
$$= \frac{C_1}{(1+r)} + \frac{C_2}{(1+r)^2} + \cdots + \frac{C_{T-1}}{(1+r)^{T-1}} + \frac{C_T}{(1+r)^T} + \frac{P_T}{(1+r)^T}$$

この式は元本だけでなく発生した利息自体にも利率 r が影響するということに注目し，将来時点で発生するキャッシュフローを現在価値に換算するために期間分の利率で割引きます（そのため，r を割引率とも呼びます）。債券価格は理論的にはその合計として評価されます（図中の式）。

金利と債券価格の関係

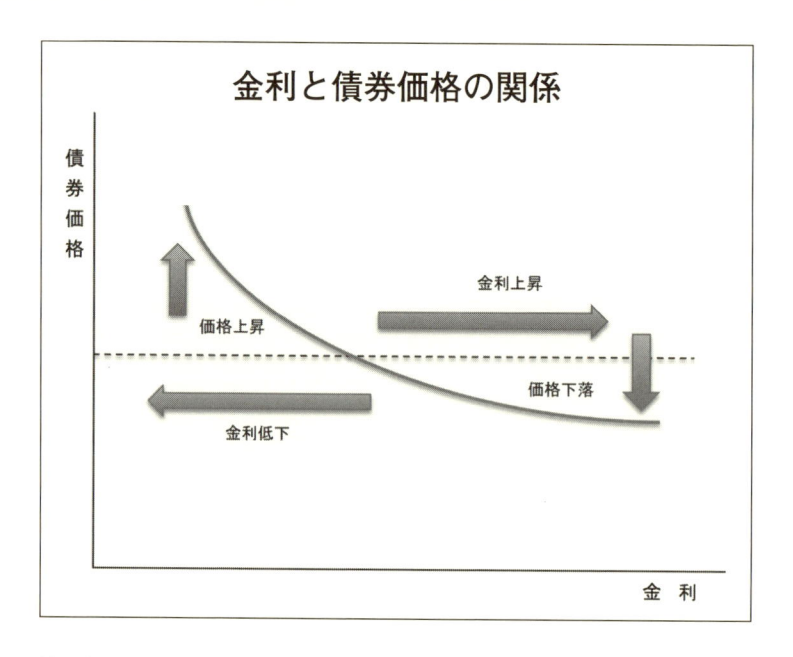

（図：金利が上昇すると価格下落、金利低下で価格上昇を示す右下がりの曲線）

　債券価格の評価式には，単利方式と複利方式とがありました。そのため，同じ金利水準であっても，評価方法によって債券価格が異なった値となります。

　しかしながら，金利と価格との動きが逆になることは，単利方式と複利方式のいずれにおいても同様であることが債券価格評価式からわかります。即ち，債券価格は金利が上昇すれば下がり，金利が下落すれば上昇するということです。

　その一方で，償還までの残存期間が少なくなるにつれ，金利変動に対する債券価格の変化は鈍くなり，償還価格に収斂していくという性質を持ちます。このことも債券価格評価式から示すことができます。

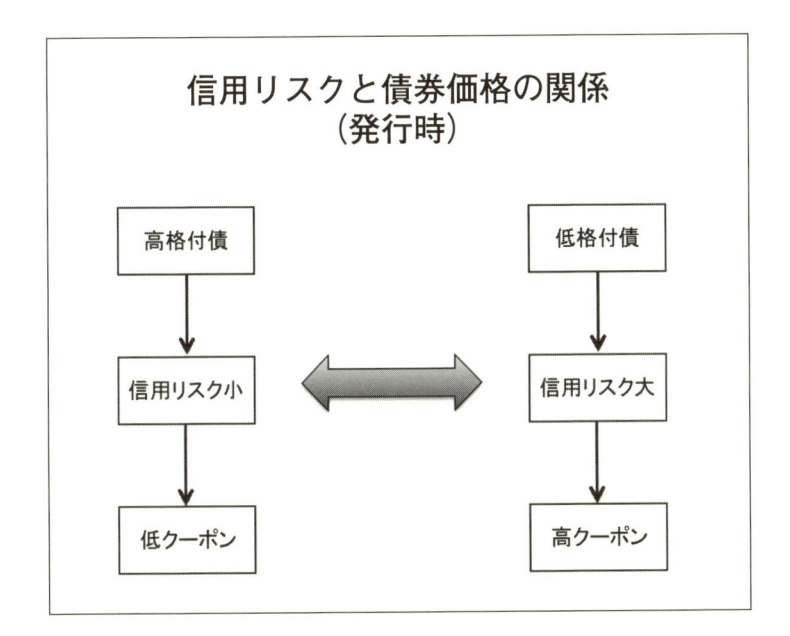

```
┌─────────────────────────────────────────────┐
│          信用リスクと債券価格の関係           │
│                （発行時）                   │
│                                             │
│     ┌──────────┐          ┌──────────┐      │
│     │  高格付債 │          │  低格付債 │      │
│     └────┬─────┘          └────┬─────┘      │
│          ↓                     ↓            │
│     ┌──────────┐   ⇔    ┌──────────┐        │
│     │信用リスク小│         │信用リスク大│      │
│     └────┬─────┘          └────┬─────┘      │
│          ↓                     ↓            │
│     ┌──────────┐          ┌──────────┐      │
│     │ 低クーポン│          │ 高クーポン│      │
│     └──────────┘          └──────────┘      │
└─────────────────────────────────────────────┘
```

　債券価格に大きな影響を与えるものとして，金利はもちろんですが，それ以外に債券発行体の信用リスクがあります。

　信用リスクとは，債券発行体の財務状況の悪化，破綻などにより元本や利息の支払いが行われなくなる（デフォルト（債務不履行））リスクのことをいいます。

　新規に発行される債券については，格付機関等が実施する発行体格付が信用リスクを表わすことになり，信用リスクに応じて支払い利息のクーポン率の高さが決まります。つまり，一般に信用リスクが大きい（格付が低い）発行体の債券はクーポン率が高いということになります。

　投資家にとっては，信用リスクが大きい債券は，そのリスクを負担する見返りとして，相対的に高い利息を受け取ることになります。

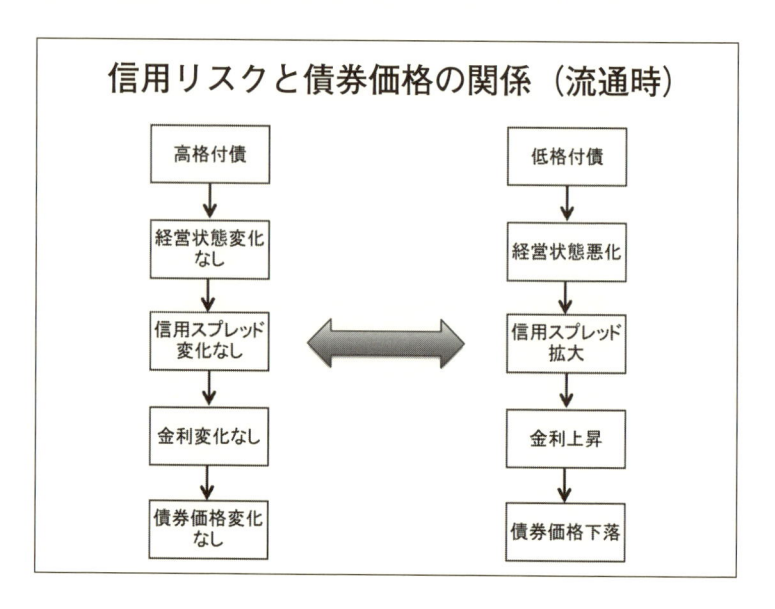

```
┌─────────────────────────────────────────────┐
│      信用リスクと債券価格の関係（流通時）        │
│                                             │
│     ┌────────┐              ┌────────┐      │
│     │ 高格付債 │              │ 低格付債 │      │
│     └───┬────┘              └───┬────┘      │
│         ↓                       ↓           │
│    ┌─────────┐             ┌─────────┐      │
│    │経営状態変化│             │経営状態悪化│      │
│    │  なし   │             │         │      │
│    └────┬────┘             └────┬────┘      │
│         ↓                       ↓           │
│    ┌─────────┐             ┌─────────┐      │
│    │信用スプレッド│    ⇔      │信用スプレッド│      │
│    │ 変化なし │             │  拡大   │      │
│    └────┬────┘             └────┬────┘      │
│         ↓                       ↓           │
│    ┌─────────┐             ┌─────────┐      │
│    │金利変化なし│             │ 金利上昇 │      │
│    └────┬────┘             └────┬────┘      │
│         ↓                       ↓           │
│    ┌─────────┐             ┌─────────┐      │
│    │債券価格変化│             │債券価格下落│      │
│    │  なし   │             │         │      │
│    └─────────┘             └─────────┘      │
└─────────────────────────────────────────────┘
```

　既発債券の流通市場における債券価格は，前述の債券価格の評価式がベースとなります。クーポン率は発行時の信用リスクが反映されて高くなるため債券価格も高く評価されるようにも考えられますが，現在価値に割引く金利も信用リスクが考慮されて市場金利よりは高くなる（信用スプレッドを持つ）ため，信用リスクが大きい債券価格が特に高く評価されるわけではありません。ただ，市場金利が安定し，発行体の経営状態にマイナス部分がない場合は信用スプレッドがゼロ近くなるため，信用リスクが大きい債券の価格は高くなりうるのです。

　しかし，市場金利が安定していたとしても，債券の発行体の業績が急速に悪化しデフォルト（債務不履行）するリスクが高まった場合，信用スプレッドは大きく開くことになります。その結果，該当する債券の金利は上昇するため，債券価格は下落することになります。このように，信用スプレッドは，債券発行体の経営状態と密接に関係があり，それが債券価格の評価を決めることになります。こうした債券をハイイールド債（高利回り債），またはジャンク債などと呼ぶことがあります。

1.4 節　外国為替市場と金融派生商品（デリバティブ）市場

―― 本節の概要 ――

　1.4節「外国為替市場と金融派生商品（デリバティブ）市場」では，金融市場の市場型取引市場に属する外国為替市場と金融派生商品（デリバティブ）市場に関する基本的な事項とそれぞれの特徴について解説します。

　外国為替市場については，外国為替とはそもそもどのようなものか，外国為替市場，および外国為替レートの仕組みと特徴，通貨当局の役割について解説します。そして，円／ドル為替相場の歴史について触れていきます。

　金融派生商品（デリバティブ）市場については，デリバティブの商品特性と利用目的，デリバティブが取引される市場の概要，デリバティブの主要商品である先物取引，オプション取引，スワップ取引について，それぞれの基本事項と特徴を解説します。

―― ポイント ――

1. 外国為替とは
2. 外国為替市場の特徴
3. デリバティブとは
4. デリバティブ市場の特徴

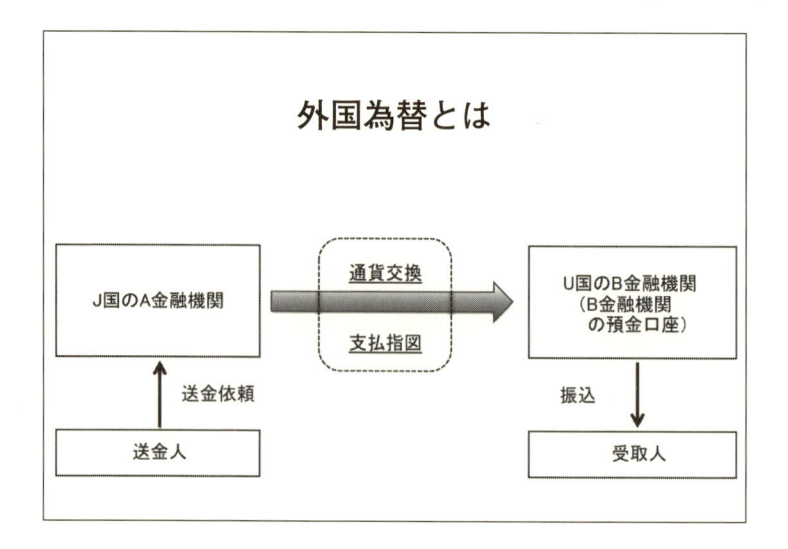

外国為替とは

```
┌─────────────────┐      通貨交換      ┌─────────────────┐
│  J国のA金融機関  │ ═══════════════> │  U国のB金融機関  │
│                 │      支払指図      │ （B金融機関     │
│                 │                    │  の預金口座）   │
└─────────────────┘                    └─────────────────┘
        ↑                                       ↓
      送金依頼                                  振込
┌─────────────────┐                    ┌─────────────────┐
│      送金人      │                    │      受取人      │
└─────────────────┘                    └─────────────────┘
```

　今，J国にいる人がU国にいる人にU国通貨での金銭を送金するケースを考えましょう。この場合，J国の送金人はU国通貨を購入し直接U国の受取人に郵送等で送金するのでしょうか。そのようなことは実際には行われず，外国為替というスキームを使うのが通常の方法です。

　では，外国為替とはどのようなものでしょうか。外国為替とは，直接，現金の受け渡しをすることなく，異なる国で金融機関経由によって送金することで，資金移動を行う仕組みです。

　具体的には，上図のように，J国の送金人がJ国のA金融機関にU国の受取人に送金するよう依頼を行い，A金融機関はU国のB金融機関に指図して，A金融機関の預金口座からJ国通貨からU国通貨に交換した金額を受取人に支払うといったものです。

　また，外国への送金ではなく，異なる通貨間の交換自体も外国為替といわれます。そして，異なる通貨間に用いられる通貨交換比率を外国為替レートといい，このレートは外国為替市場で決定されます。例えば，日本円通貨を米国ドル通貨に交換する場合，市場における需給関係によって1ドル当たり110円となる場合，それが為替レートとして取引されるわけです。

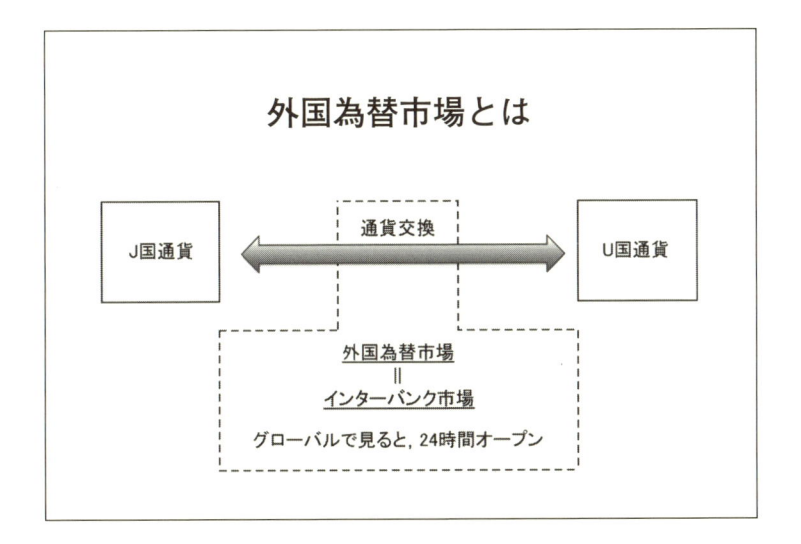

```
┌─────────────────────────────────────────────┐
│                                             │
│             外国為替市場とは                │
│                                             │
│   ┌──────┐      通貨交換      ┌──────┐     │
│   │J国通貨│ ←──────────────→ │U国通貨│    │
│   └──────┘                   └──────┘      │
│          ┌─────────────────────┐            │
│          │    外国為替市場     │            │
│          │        ‖           │            │
│          │  インターバンク市場 │            │
│          │ グローバルで見ると, 24時間オープン │
│          └─────────────────────┘            │
└─────────────────────────────────────────────┘
```

　外国為替取引は，異なる国の異なる通貨を交換することから，「通貨取引」とも呼ばれます。外国為替レートはこのように異なる通貨間の交換比率のことをいいます。

　そして，外国為替市場は，世界中の通貨間の外国為替取引が行われる場であり，(1) 金融機関 (主に銀行) が個人や企業との取引を行う「対顧客市場」と，(2) 金融機関同士が直接または外為ブローカーを通じて取引を行う「インターバンク市場」の2つに大別できます。通常はインターバンク市場のことを外国為替市場といいます。

　外国為替市場は，シドニー，東京，香港，シンガポール，チューリッヒ，パリ，ロンドン，ニューヨークなどの世界各国の主要都市にあります。各国の市場の取引時間帯は時差がありますが，一日中いずれかの市場での取引が可能であり，グローバルに見ると，外国為替市場は24時間オープンの市場です。

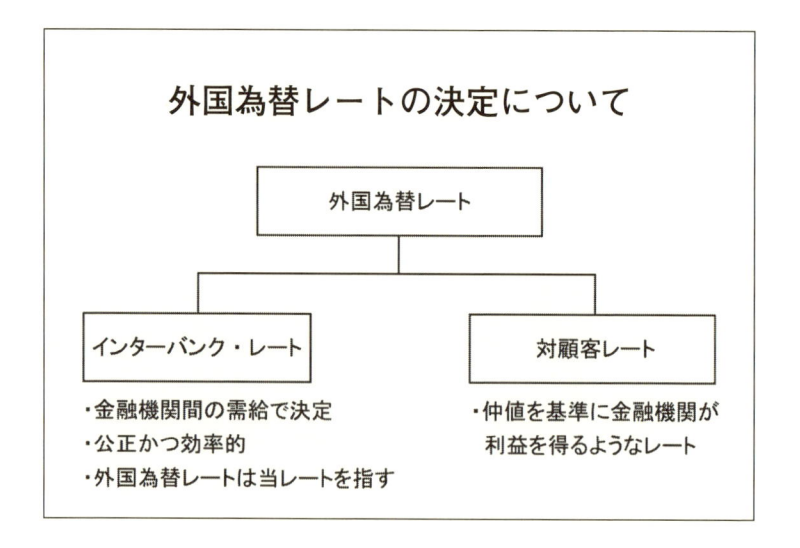

外国為替レートの決定について

```
                    外国為替レート
                    /            \
        インターバンク・レート      対顧客レート
  ・金融機関間の需給で決定     ・仲値を基準に金融機関が
  ・公正かつ効率的              利益を得るようなレート
  ・外国為替レートは当レートを指す
```

　外国為替レート（交換比率）はどのように決まるかを考えてみます。レートの種類としては，「インターバンク・レート」と「対顧客レート」に大別されます。

　そして，外国為替レートの中心となるいわば市場価格にあたるものが「インターバンク・レート」です。なぜなら，インターバンクでの通貨取引量は膨大であり，恣意性の入る余地はなく，ほぼ需給関係によって交換レートが決まるため，公正かつ効率的なレートが形成されるといえるからです。したがって，一般に外国為替レートという場合はインターバンク・レートを指します。

　一方，「対顧客市場」の外国為替レートは，金融機関と顧客との間で決定する，いわば小売ベースのレートです。仲値（10時発表）を基準に金融機関が売る場合は高く，買う場合は低くなります。また，金融機関がある通貨を立替する（ある通貨を借りる）場合は金利分が上乗せとなります。このように，「対顧客レート」はインターバンク取引の外国為替レートとは異なるものになります。

通貨当局の役割

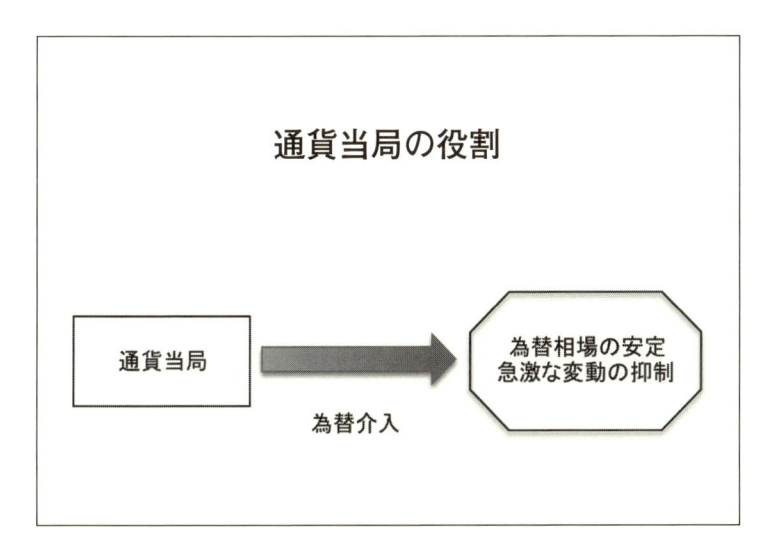

```
通貨当局  →（為替介入）→  為替相場の安定
                              急激な変動の抑制
```

　通貨当局とは，通貨取引の監視役である財務省や中央銀行のことをいいます。中央銀行とは，通貨を発行し，国の金融政策を行う銀行です。日本では日本銀行，米国は連邦準備制度理事会（FRB），英国はイングランド銀行（BOE），ユーロ圏は欧州中央銀行（ECB）がその役割を担います。

　通貨当局は外国為替レートに影響を与えるために，外国為替市場に介入して通貨間の売買を行うことで外国為替レートの急激な変動を抑え，その安定化を図ります。それを為替介入といいます。

　日本での為替介入は財務大臣に権限があるため，実施の決断とタイミング，実施金額等の決定を財務大臣が行います。そして，日本銀行は，財務大臣の代理人として，指示に基づいて実施します。

> ## 円／ドル為替相場の歴史（1）
>
> 1871年　新貨幣を「円」と定める　1㌦＝1円
> 1897年　金本位制へ移行　1㌦＝1.5g＝約2円
> 1949年　1㌦＝360円　固定相場制へ
> 　　　　　（1944年から続いていた金本位制もドルを基軸に継続）
> 1971年　ニクソンショック‥‥ドルと金の交換停止
> 　　　　　スミソニアン合意‥‥ドルの「切り下げ」1㌦＝308円に
> 1973年　変動相場制へ
> 1985年　プラザ合意‥‥‥ドル高修正
> 　　　　　米国「双子の赤字」財政赤字と貿易赤字の解消
> 　　　　　各国が一斉にドル売り介入へ
> 　　　　　1㌦＝200円を突破する急激な円高・ドル安へ

　ここで，外国為替相場（円／ドル相場）の歴史を振り返ってみましょう。
　1871（明治4）年に円がわが国の新貨幣として定められたときは，1ドル＝1円でした。1897（明治30）年に金本位制（ブレトン・ウッズ体制）へ移行しましたが，金とドル，円の交換比率は1ドル＝1.5g＝約2円でした。1949年4月に1ドル＝360円の固定相場制となり，1973年2月の変動相場制への移行まで約24年間続きました。変動相場制移行のきっかけは，1971年8月に金とドルの交換を停止する「ニクソンショック」でした。これにより，ドル資産からの資金の流出が起こり，同年12月のスミソニアン合意で円／ドル相場は1ドル＝308円へと切り上げられました。それでもドル資産の流出は止まらず，1973年の変動相場制への移行につながりました。
　変動相場制への移行後の円／ドル相場は基本的には円高の方向に進んできましたが，各時期の通貨の需給に応じて円安に振れたり円高に振れたりしてきました。1973年の第一次石油危機では，石油価格の高騰で貿易収支が悪化し，円ドル相場は1ドル＝300円台に円安が進行し，1979年の第二次石油危機では逆に1ドル＝170円台まで円が急騰しました。
　1985年9月に先進5カ国蔵相・中央銀行総裁会議で発表されたプラザ合意で，米国の双子の赤字（財政赤字と貿易赤字）の解消を目的として，各国が一斉にドル売り介入を行い，わずか1年のうちに円／ドル相場は1ドル＝230円台後半から1ドル＝150円台へと急騰しました。

円／ドル為替相場の歴史（2）

1987年　ルーブル合意‥‥ドルの下落と円高の歯止め
　　　　　急激な円高・ドル安が進んだため為替相場安定に向けた協調を打ち出す
　　　　　87年2月に1㌦＝150円台に達する
　　　　　ブラックマンデー（87年10月19日）ニューヨーク株式市場が暴落
　　　　　円高に弾みがつき，年末にかけ1㌦＝120円台まで上昇
1997年　アジア通貨危機
1998年　ロシア通貨危機
　　　　　ヘッジファンドなどが新興国から巨額の資金を流出させる
2011年　東日本大震災発生
　　　　　リスク資産から安全資産への資金の移動
　　　　　急激な円高が進行
2012年　第2次安倍内閣発足
　　　　　大胆な金融緩和により円高是正

　1987年2月には，各国が急激な円高・ドル安の是正に向けた協調を打ち出しました。これが，ルーブル合意です。これにもかかわらず，1ドル＝150円台に達しましたが，さらに同年10月に起こったブラックマンデーと呼ばれるニューヨーク株式市場の暴落により，円高が進行し，年末にかけて，1ドル＝120円台まで上昇が続きました。

　その後，1997年にはアジア通貨危機，1998年にはロシア通貨危機が発生し，ヘッジファンドなどの国際的な投資家が世界の株式，債券，為替市場を翻弄しました。

　2011年3月の東日本大震災後には，世界中でリスク資産から安全資産へと資金を移動させる動きが加速し，円は急騰し，同年8月には1ドル＝76円25銭と最高値を更新しました。

　2012年に第2次安倍内閣が発足し，大胆な金融政策の実施により円高が是正され，2015年12月末時点で，1ドル＝120円台になりました。

　このように，基本的には円高が進行し，急激な円高には政府・日本銀行が為替市場に介入し，為替相場変動の安定化を図ってきました。このため「管理された変動相場制」と呼ばれることもあります。

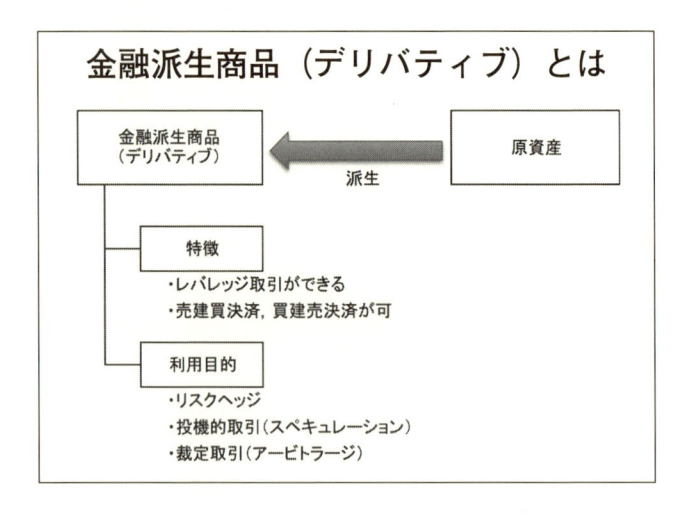

```
┌─────────────────────────────────────────────────────┐
│         金融派生商品（デリバティブ）とは                │
│                                                     │
│   ┌──────────┐  ←──────── ┌──────┐                  │
│   │金融派生商品│    派生    │ 原資産│                  │
│   │(デリバティブ)│          └──────┘                  │
│   └──────────┘                                      │
│        │                                            │
│        ├──┌──────┐                                  │
│        │  │ 特徴 │                                   │
│        │  └──────┘                                  │
│        │   ・レバレッジ取引ができる                     │
│        │   ・売建買決済，買建売決済が可                  │
│        │                                            │
│        └──┌──────┐                                  │
│           │利用目的│                                  │
│           └──────┘                                  │
│            ・リスクヘッジ                              │
│            ・投機的取引(スペキュレーション)              │
│            ・裁定取引(アービトラージ)                   │
└─────────────────────────────────────────────────────┘
```

　金融派生商品（デリバティブ）とは，原資産と呼ばれる金融商品（株式，債券，為替）から派生したものをいいます。したがって，原資産のないデリバティブ商品は存在しません。

　デリバティブの種類としては，先物（フューチャー），オプション，スワップがあり，これらは将来のある時点で一定の条件で売買することができる商品です。

　デリバティブには大きな特徴が2つあります。1つ目は，「レバレッジ取引」です。つまり，少額の資金で何倍もの取引ができるということです。先物取引では少額の証拠金があれば，大きな取引ができます。また，オプション取引ではプレミアム（オプション料）の授受によって行われますが，原資産価格と比べると少額であり，レバレッジ取引を行うことと同様の効果となります。もう1つの特徴は，デリバティブは売りから入ることができるということです。つまり，現物取引のように買いからしか入れないのではなく，買建てて売り決済するのはもちろん，売建てて買い決済することができるという取引の自由度の高さが大きな特徴といえます。

　デリバティブの利用目的としては，①原資産である金融商品のリスクを低下させるリスクヘッジ，②原資産を上回るリスクを取ることでより高い収益性を追及する投機的取引（スペキュレーション），そして，③原資産の市場価値と比較して割高もしくは割安の商品を売買することによって利益を得ることを目的とする裁定取引（アービトラージ）があります。

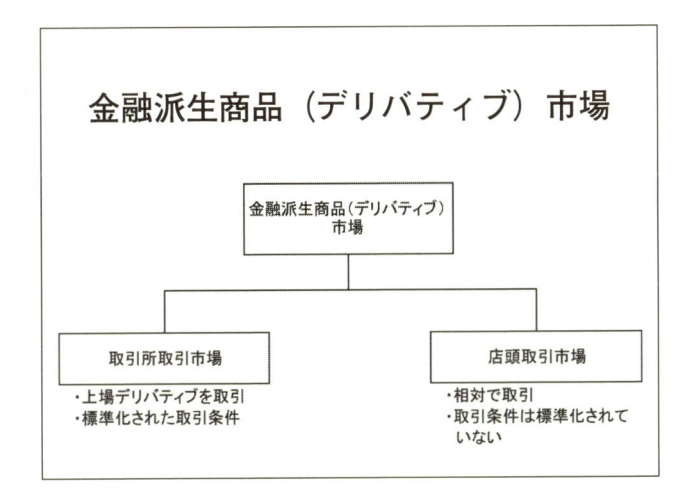

```
┌─────────────────────────────────────────────────┐
│                                                 │
│        金融派生商品（デリバティブ）市場           │
│                                                 │
│              ┌──────────────────┐               │
│              │ 金融派生商品(デリバティブ)│       │
│              │      市場        │               │
│              └──────────────────┘               │
│                       │                         │
│           ┌───────────┴───────────┐             │
│    ┌──────────────┐        ┌──────────────┐     │
│    │  取引所取引市場 │        │  店頭取引市場  │     │
│    └──────────────┘        └──────────────┘     │
│    ・上場デリバティブを取引    ・相対で取引         │
│    ・標準化された取引条件     ・取引条件は標準化されて │
│                            いない              │
└─────────────────────────────────────────────────┘
```

　金融派生商品（デリバティブ）市場は，デリバティブ取引を行う市場をいい，取引所取引市場と店頭取引市場に分けられます。

　取引所取引とは，取引所に上場されたデリバティブの売買をいい，上場デリバティブは取引条件が標準化されています。取引所としては，通貨や短期金利商品を扱う東京金融先物取引所，株式と債券を扱う証券取引所（東京証券取引所，大阪証券取引所など）があります。

　先物取引は，東京証券取引所で国債と株価指数の先物取引，大阪証券取引所で株価指数，東京金融先物取引所で金利先物と通貨先物が取引されています。金利や株式のオプションは，取引所で取引されています。

　一方，店頭取引は，銀行同士，あるいは銀行と顧客との相対取引であるため，取引条件は標準化されていません。スワップや通貨オプションは，店頭で売買されている取引です。

先物取引

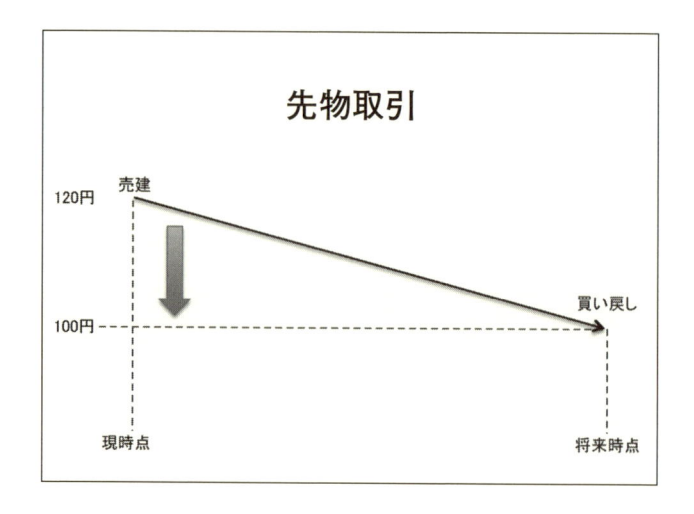

```
        売建
120円 ●────────────────────
        │ ↓
        │
100円 ──┼────────────────── ● 買い戻し
        │                    │
      現時点               将来時点
```

　先物取引とは，①将来のあらかじめ定めた日に，②特定の商品（原資産）を，③現時点で定めた価格で売買することを約束する取引です。金融商品の受け渡しを行うことなく損益を差金決済で行います。

　このように，満期日までの期間中はいつでも反対売買を行うことでポジションを手仕舞うことができます。先物は満期日（限月）によって異なる商品として取引されます。先物を買うことは「買建」，売ることは「売建」といいます。

　先物取引の具体例を考えてみます。今，将来の為替相場を円高と予想しているため，1ドル120円で売建てる先物取引を行いました。その後，将来のある時点で，予想通り1ドル100円に円高となったため，反対売買を行いました。その結果，20円の利益を得ました。先物取引ではこのような取引が可能です。

先物取引の種類

株価指数先物取引
- 日経225先物
- 日経225mini
- TOPIX先物
- ミニTOPIX先物
- JPX日経インデックス400先物
- TOPIX Core30先物
- RNプライム指数先物
- 東証銀行業株価指数先物

金利先物取引
- ユーロ円3カ月金利先物
- 無担保コールオーバーナイト金利先物

通貨先物取引

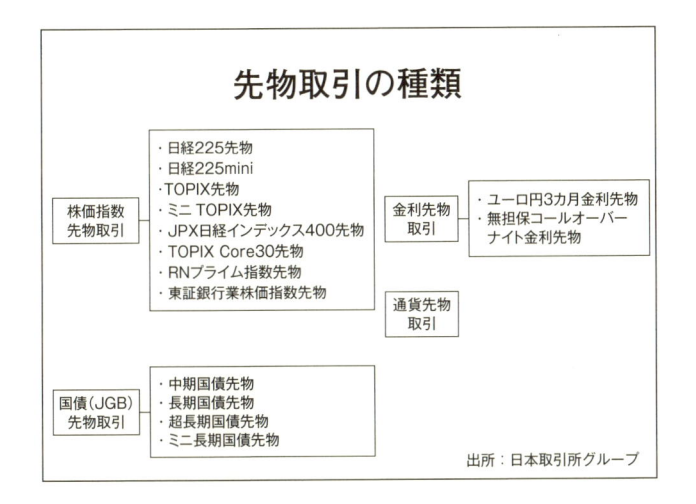

国債（JGB）先物取引
- 中期国債先物
- 長期国債先物
- 超長期国債先物
- ミニ長期国債先物

出所：日本取引所グループ

　先物取引には，株価指数先物取引，国債（JGB）先物取引，金利先物取引，通貨先物取引があります。ここでは，代表的な先物取引について解説します。

　株価指数先物としては8種類ありますが，ここでは主要な先物取引である日経225先物とTOPIX先物の特徴を解説します。

　日経225先物は日経平均株価指数を対象とした先物取引です。取引単位は日経平均株価の1,000倍になります。取引を行う際には少額の証拠金を差し入れます。それによって証拠金の数十倍の取引を行うことができます。日経225先物は取引期間が決まっていて（満期月を限月といいます），異なる限月のものが13あり，それぞれが取引されています。

　TOPIX先物は東証株価指数（TOPIX）を対象とした先物取引です。取引単位は東証株価指数（TOPIX）の10,000倍になります。TOPIX先物取引も日経225先物と同様に証拠金と呼ばれる担保を差し入れて取引を行います。限月は3月，6月，9月，12月のうち，直近5カ月のものが取引されます。

オプション取引

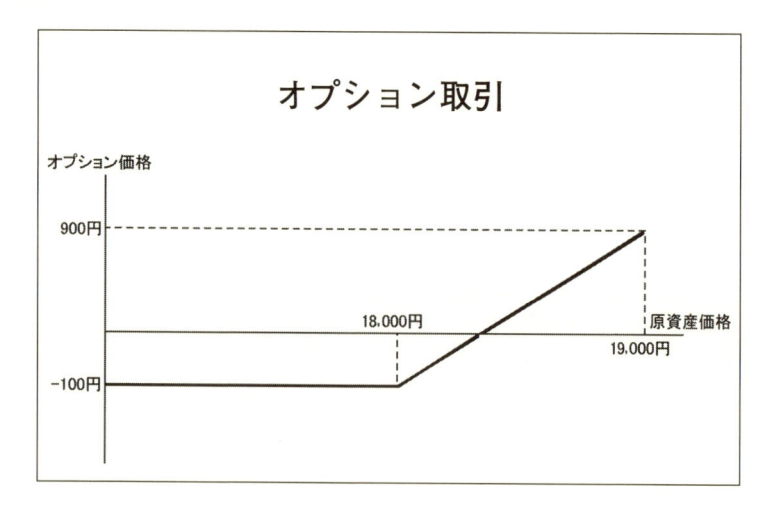

(図: オプション価格と原資産価格の関係。原資産価格が18,000円までオプション価格は−100円、18,000円から上昇し、19,000円で900円となる。)

　オプション取引とは，ある商品（原資産）を最終取引日，もしくはそれまでに特定の価格（権利行使価格）で買う，または売ることができる権利の売買のことです。このように，オプションには満期日があり，買う権利（コール）と売る権利（プット），権利行使価格が異なるものがあります。

　オプションを購入するためには，市場で付けられたオプションという金融商品の価格（オプション料またはプレミアムという）を支払います。それによって，オプションの権利を行使することができます。一方，オプションを売却する場合，オプション料を購入する者から受け取ります。売り手は，買い手がオプションを行使した場合，行使価格で売買に応じるという義務が生じます。

　オプションは，満期日のみ権利行使ができるヨーロピアン・タイプと，満期日までいつでも権利行使ができるアメリカン・タイプがあります。

　オプション取引の具体例を考えてみましょう。今，日経平均コールオプション（権利行使価格18,000円，満期日は1カ月後，ヨーロピアン・タイプ）をオプション料100円払って購入したものとします。1カ月後の満期日は日経平均が19,000円となった場合，権利行使を行うことで原資産を18,000円で買い，ただちに19,000円で売ることができます。それによって，オプション取引の損益は，900円の利益となります。その一方で日経平均が17,000円になった場合，権利行使は行われない（放棄される）ため，オプション取引の損益はオプション料の−100円です。

```
┌─────────────────────────────────────────┐
│         オプション取引の種類              │
│                                         │
│   ┌──────────┐   ・日経225オプション     │
│   │ 株価指数 ├───                        │
│   │ オプション│   ・TOPIX オプション      │
│   └──────────┘                          │
│                                         │
│   ┌──────────┐                          │
│   │国債(JGB)先物│                        │
│   │ オプション │                         │
│   └──────────┘                          │
│                                         │
│   ┌──────────┐                          │
│   │ 有価証券 │                           │
│   │ オプション│                          │
│   └──────────┘                          │
│                   出所:日本取引所グループ │
└─────────────────────────────────────────┘
```

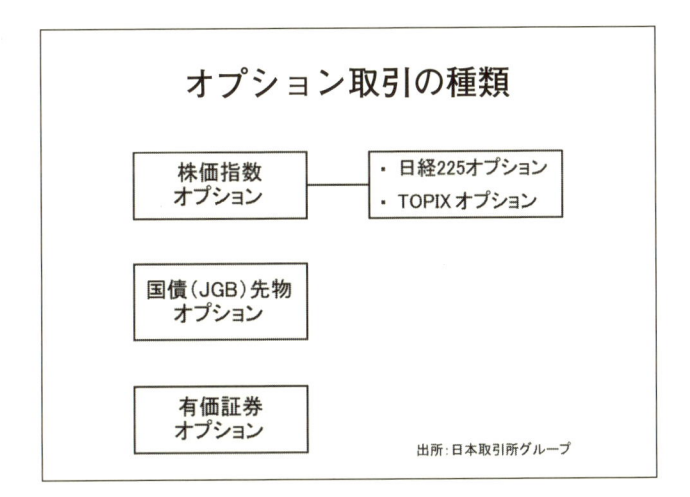

　オプション取引の種類には，株価指数オプション取引，国債（JGB）先物オプション取引，有価証券オプション取引があります。

　まず，株価指数オプション取引ですが，日経225オプション取引とTOPIXオプション取引があります。日経225オプション取引は日経平均株価を対象としたオプション取引で，TOPIXオプション取引は東証株価指数（TOPIX）を対象としたオプション取引です。日経225オプション取引，TOPIXオプション取引はともに，満期日のみ権利行使を行うことができるヨーロピアン・タイプです。

　国債（JGB）先物オプション取引とは，長期国債先物取引を対象とするオプション取引です。取引最終日までいつでも権利行使を行うことができるアメリカン・タイプのオプション取引です。

　有価証券オプション取引は，個別の有価証券を対象としたオプション取引です。

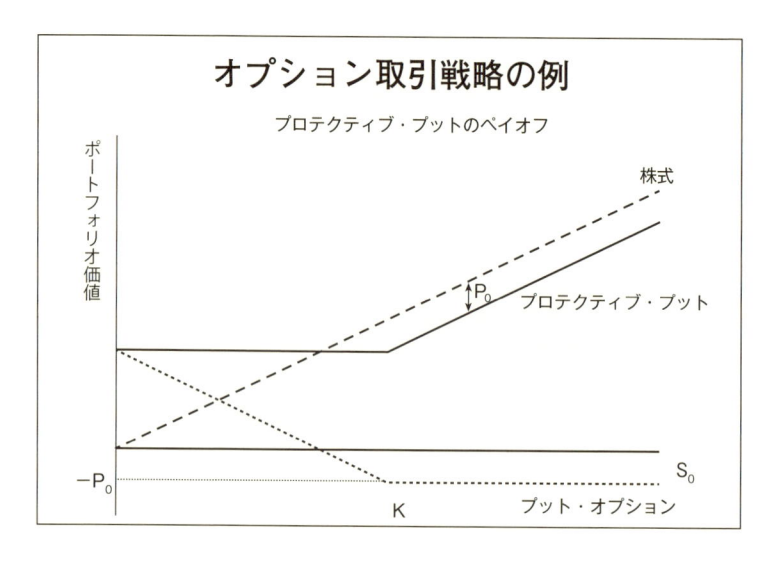

オプション取引戦略の例

プロテクティブ・プットのペイオフ

(図：縦軸 ポートフォリオ価値、横軸 S_0。株式、プロテクティブ・プット、プット・オプション、P_0、K、$-P_0$ を示す)

オプション取引戦略の一例として、プロテクティブ・プット戦略を見ていきます。

この戦略は、現物の株式指数商品を保有していて、価格下落リスクをヘッジするために、権利行使価格Kのプット・オプションをP_0で購入し、現物＋オプションというポートフォリオを構築したケースです。上図はその戦略を示しています。

まず、現物のみであれば、株価が上昇（下降）すれば、収益も同様に上昇（下降）します。一方、プット・オプションの購入だけであれば、株価が下がれば収益が上がり、上昇すると収益は下がります。しかし、価格Kに達すると、損益は$-P_0$となり、株価がそれ以上上昇しても損益は$-P_0$で変わりません。

したがって、現物とオプションを組み合わせたポートフォリオとしては、株価SがKを上回ると、$S-P_0$となります。しかし、株価Sが権利行使Kをどんなに下回っていても、ポートフォリオの価値としては$K-P_0$となります。つまり、下限がある戦略となります。

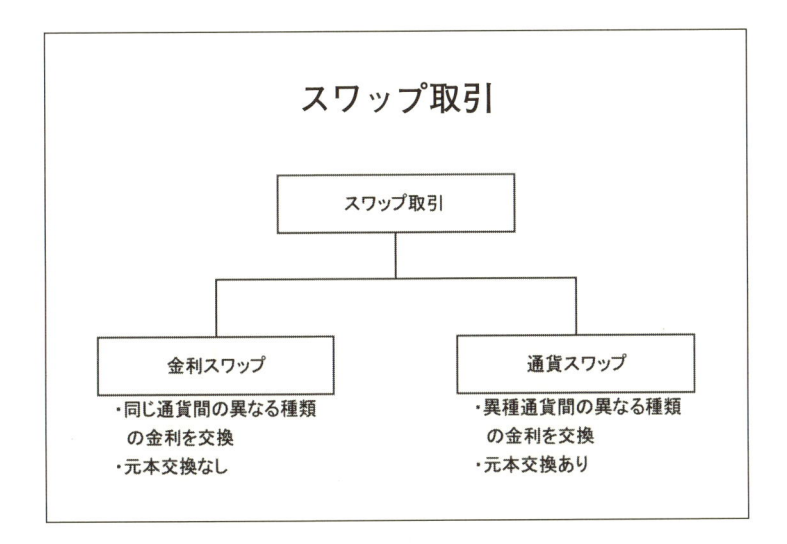

```
                    スワップ取引

                    ┌──────────────┐
                    │  スワップ取引  │
                    └──────┬───────┘
                    ┌──────┴───────┐
            ┌───────┴──────┐ ┌─────┴────────┐
            │  金利スワップ  │ │  通貨スワップ  │
            └──────────────┘ └──────────────┘
            ・同じ通貨間の異なる種類  ・異種通貨間の異なる種類
             の金利を交換          の金利を交換
            ・元本交換なし         ・元本交換あり
```

　スワップとは「交換」を意味し，スワップ取引とは別々の将来キャッシュフローが現在において等価なもの同士を交換する取引をいいます。スワップ取引には，金利スワップと通貨スワップがあります。

　金利スワップとは，同一通貨間の固定金利と変動金利を交換する取引で，元本の交換は行われず，金利で表現されます。取引規模は想定元本に金利を乗じた金額となります。

　一方，通貨スワップとは，異なる通貨間のキャッシュフローを交換する取引で，元本の交換も行われます。例えば，ある日本企業がドル建て社債を発行するものとすると，利息をドルで払い，元本についてもドルで償還します。通貨スワップ取引を行うことによって，ドルのキャッシュフローを円のキャッシュフローに変えることができるため，将来のドル建て払いにおける為替変動リスクをヘッジすることになります。

金利スワップの例

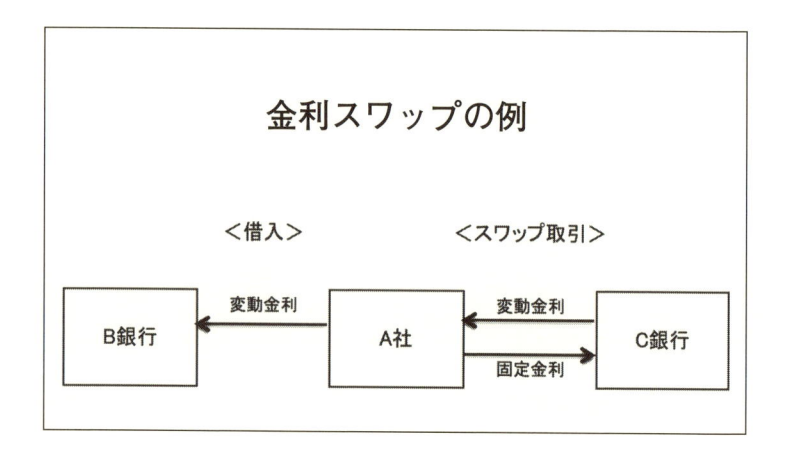

<借入>　　　　　<スワップ取引>

B銀行 ←―変動金利―― A社 ←―変動金利―― C銀行
　　　　　　　　　　　　　――固定金利―→

金利スワップについて詳しく見ていきます。

例として，A社がB銀行から変動金利で借入れをしているケースを考えます。このとき，さらにA社はC銀行と「変動金利を受取り，固定金利を支払う」という金利スワップ取引の契約を結んだとします。

それによって，A社はB銀行に対して変動金利を支払いますが，それはC銀行から受け取ったもので，実質的にはC銀行に固定金利を支払うという戦略に変更したことになります。

この取引を行ったのは次の理由によるものです。A社は現時点が低金利で将来金利が上昇すると見て，変動金利から固定金利に変更するスワップ取引を行いました。現時点では，固定金利が変動金利よりも高くなりますが，将来市場金利が上昇した場合は変動金利も上昇しますので，固定金利が相対的に低くなります。そのため，A社は固定金利支払に変更したことにより，金利上昇による利払いの負担増を防ぐことができます。

第 2 章

金融政策

2.1 節　貨幣とは

本節の概要

　本節では，貨幣とは何か，貨幣需要の動機にはどういうものがあるかについて確認します。さらに，一般に流通している貨幣の種類について，現金だけでなく預金も貨幣に含まれることを解説します。また，資金決済の方法について整理します。日本の決済システムの概要，決済システムが持つリスクとその対応策についても詳しく解説します。

　また，次節以降で述べる金融政策の運営目標とされることが多い，マネーストック統計，マネタリーベースについて整理し，金融政策の論拠となる理論である貨幣数量説について解説します。

　本節の最後には，昨今のトピックスであるマイナス金利や仮想通貨についても解説しています。

ポイント

1. 貨幣の定義と役割
2. 資金の決済と方法
3. マネーストックとマネタリーベース
4. 仮想通貨とは

```
┌─────────────────────────────────────────────┐
│              貨幣とは何か                    │
│ ┌──────────────┐                            │
│ │有史以前から存在│                           │
│ └──────────────┘                            │
│  ┌─────────────────────────────────────┐    │
│  │貨幣は,物と物を交換する際の媒介物で,   │    │
│  │以下の3つの役割を担っている。         │    │
│  └─────────────────────────────────────┘    │
│              ╭──────────────╮                │
│             ╱   価値評価尺度  ╲              │
│            │(財やサービスの価値 │             │
│             ╲  を評価する基準)╱              │
│              ╰──────────────╯                │
│   ╭──────────╮        ╭──────────────╮      │
│  ╱  価値貯蔵   ╲      ╱ 支払い・決済手段╲     │
│ │ (価値を蓄える)│    │(財やサービスを得る│    │
│  ╲            ╱      ╲ ための手段)   ╱      │
│   ╰──────────╯        ╰──────────────╯      │
│  ┌─────────────────────────────────────┐    │
│  │通貨は流通貨幣を略した呼び方で,貨幣と  │    │
│  │ほぼ同じ意味で使われてることが多い。   │    │
│  │法令用語の貨幣は,硬貨を指し,紙幣や    │    │
│  │銀行券とは区別(これらを合せてお金という)│   │
│  └─────────────────────────────────────┘    │
└─────────────────────────────────────────────┘
```

　貨幣は,物と物とを交換する際の媒介物で,以下の3つの役割を担っています。貨幣が登場するまでは,欲しい物を手に入れるときには,物々交換を行っていました。しかしながら,お互いに必要なものを持っている相手を探すことは容易ではありませんでした。そこで,さまざまな物と交換できる「価値」を持った媒介物が登場しました。それが貨幣です。

　1．価値尺度

　物やサービスの価値の尺度,つまり,物やサービスの価値を測る共通の物差しとしての機能を果たす。

　2．価値貯蔵手段

　現在保有している貨幣を使い切らず,将来のために保存することもできる。物価が上昇すれば,将来,想定したほどの価値を保存することはできないが,物価が安定していれば,手持ちの貨幣を取り崩すことで消費を行うことができる。

　3．支払い決算手段

　貨幣を媒介として,物やサービスと交換することができる。貨幣が登場する以前には,物々交換で取引が行われていたが,自分の買いたい物と相手の売りたい物が一致すると同時に自分の売りたい物と相手の買いたい物が一致するという「欲望の二重の一致」が成立しなければならなかった。貨幣を媒介とした交換ではこの制約は必要としない。

貨幣需要の動機

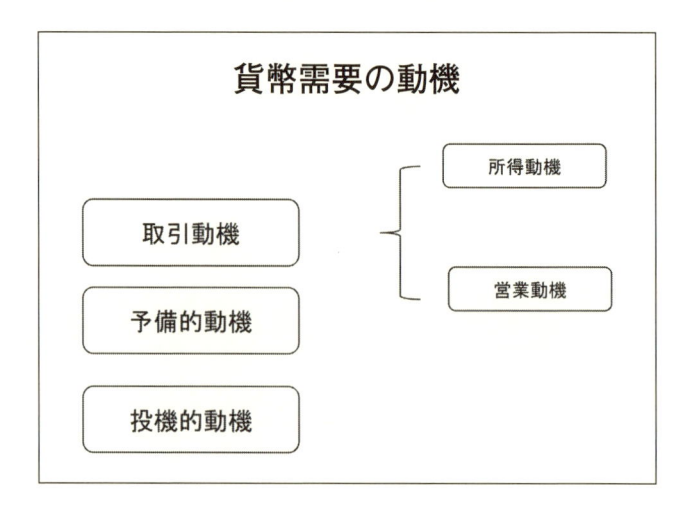

- 取引動機 ─┐
  - 所得動機
  - 営業動機
- 予備的動機
- 投機的動機

　貨幣を需要する第1の動機は，「取引動機」と呼ばれるものです。これは，貨幣が交換手段として利用される際に必要となると考えられるものであり，これにより，現金通貨や預金通貨（当座預金や普通預金）を保有しようとするものです。

　これは，所得動機と営業動機に分けられます。所得動機は家計が保有する支払い手段としての貨幣の量はその所得水準に依存するというものです。また，営業動機とは，企業が営業上の支払いのために現金や預金を持っていなければなりませんが，その保有量は取引高に応じて決まるというものです。

　第2の動機は，「予備的動機」と呼ばれるものです。これは，不確実な将来に対し，いつでも支払いができるように，現金や預金を保有しようとするものです。この予備的動機に基づく貨幣需要は将来の不確実性が高まるほど増え，また，利子率が上昇すると減少するという関係があるといわれています。

　第3の動機は「投機的動機」と呼ばれています。これは，株式や債券などの金融資産をいったん所有すると，価格変動に晒されます。金利水準や金融資産の価格動向によっては，今は貨幣を所有しておき，タイミングを見計らって株式や債券などの金融資産に投資したいと考える人が貨幣を保有することになります。

貨幣の本質

金属主義 (metallism)
- その素材価値（例えば金や銀）をもって貨幣とする考え方
- 額面価値＝素材価値

名目主義 (nominalism)
- 貨幣の素材が何であれ流通させることで貨幣とする考え方
- 額面価値≠素材価値

貨幣の素材が何であれ，貨幣として流通すればそれが通貨とする考え方が現在の貨幣の考え方

経済規模が拡大すると，金属貨幣に問題点が出てきた。

貨幣の本質を議論する場合，「金属主義」，「名目主義」の2つの考え方がありました。

金属主義とは，その素材価値（例えば，銀や金）をもって貨幣とするという考え方であり，貨幣の額面価値はその素材価値と等しくなるという考え方です。政府に十分な信頼がない場合，貨幣が一般に流通するためには，貨幣自体が価値あるものである必要があったのです。

一方，名目主義とは，貨幣の素材が何であれ，貨幣として流通すれば，それが貨幣となるという考え方です。社会が成熟してくれば，「不換貨幣」（額面金額の金と交換できない貨幣）が名目主義に基づいて発行されるようになりますが，現在では，ほとんどの国で「不換貨幣」が発行されています。

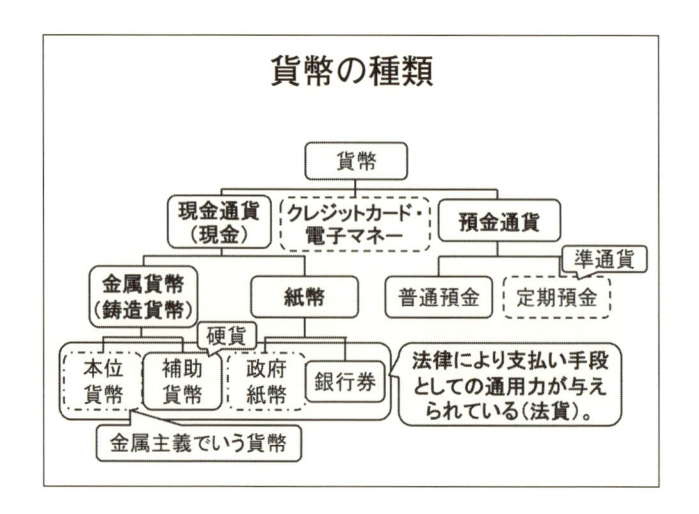

```
              貨幣の種類

                    貨幣
         ┌───────────┼───────────┐
      現金通貨  クレジットカード・  預金通貨
      （現金）    電子マネー              準通貨
         │                      ┌──────┤
    ┌────┴────┐              普通預金  定期預金
  金属貨幣    紙幣
 （鋳造貨幣）    │
    │       硬貨
 ┌──┼──┐  ┌──┬──┐    法律により支払い手段
 本位 補助  政府 銀行券    としての通用力が与え
 貨幣 貨幣  紙幣          られている（法貨）。
      金属主義でいう貨幣
```

ここで，貨幣の種類について整理してみましょう。

現代社会で用いられている貨幣は，現金通貨と預金通貨の2つに大別されます。現金通貨は上図のように金属貨幣（鋳造貨幣）と紙幣からなります。金属貨幣は，さらに，本位貨幣と補助貨幣からなります。本位貨幣とは，額面価値とその素材価値が等しいものであり金貨に代表されますが，わが国においては現在，発行されていません。

補助貨幣は，いわゆる硬貨と呼ばれるもので，政府が発行しており，少額取引に用いられています。

紙幣には，日本銀行が発行する銀行券と政府が発行する政府紙幣がありますが，現在，わが国では政府紙幣は発行されていません。

一般交換・支払い手段として用いられている貨幣は現金通貨だけではありません。預金も貨幣と定義され，預金通貨と呼ばれます。預金通貨は要求払い預金とも呼ばれ，普通預金，通知預金，当座預金がこれに該当します。

定期預金は，期日が来なければ，支払い手段として使えません。したがって，これまで貨幣とはみなされませんでしたが，期日前に解約することも可能ですし，総合口座のように定期預金を担保にある限度まで借り入れることもでき，決済性を持つ預金と区別することは難しくなっています。最近では，預金に準ずる通貨，準通貨と定義されることが多いようです。

```
┌─────────────────────────────────────────────────┐
│              貨幣と強制通用力                    │
│ ┌─────────────────────────────────────────────┐ │
│ │ 紙幣（日本銀行券）の通用力：無制限の強制通用力を持つ。│ │
│ └─────────────────────────────────────────────┘ │
│  日本銀行法 第5章 日本銀行券                     │
│  （日本銀行券の発行）                            │
│  第46条                                         │
│  1. 日本銀行は，銀行券を発行する。               │
│  2. 前項の規定により日本銀行が発行する銀行券（以下「日本銀│
│    行券」という。）は，法貨として無制限に通用する。│
│ ┌─────────────────────────────────────────────┐ │
│ │ 補助貨幣（硬貨）の通用力：額面の20倍まで強制通用力を持つ。│ │
│ └─────────────────────────────────────────────┘ │
│  通貨の単位および貨幣の発行等に関する法律         │
│  （法貨としての通用限度）                        │
│  第7条 貨幣は，額面価格の20倍までに限り，法貨として通用する。│
└─────────────────────────────────────────────────┘
```

　貨幣が交換支払いの手段として用いられることは，前に述べましたが，これが機能するためには，貨幣はすべての財・サービスの交換に際して必ず受容されなければなりません。政府は，上記のように，法律で紙幣ならびに補助貨幣に対して強制通用力を与えています。これは，人々が貨幣の受け取りを拒絶できないことを意味します。

　強制通用力を持つ貨幣を法貨といいますが，貨幣のうち，現金通貨を指します。現在，わが国で流通している現金通貨は補助貨幣（硬貨），銀行券ですが，日本銀行法第46条２により，「日本銀行が発行する銀行券（以下「日本銀行券」という）は，法貨として無制限に通用する」，また，第７条より，「補助貨幣は額面の20倍までに限り法貨として通用する」とされています。

```
┌─────────────────────────────────────────────┐
│           巨額な資金の決済と方法              │
│  ┌───────────────────────────────────────┐  │
│  │ 巨額な資金の**決済**は一般に現金ではなく預金で行われる。│  │
│  ├───────────────────────────────────────┤  │
│  │ 商取引等により発生した権利や義務の関係を，代金または │  │
│  │ 現物等の受渡しによって売買取引を完了させること。    │  │
│  └───────────────────────────────────────┘  │
│  ┌─────────┐ ┌─────────┐ ┌─────────┐        │
│  │ 現金通貨  │ │ 預金を使う │ │ 預金を使う │        │
│  │(紙幣や通貨)│ │(直接銀行に指示)│ │(間接に銀行に指示)│     │
│  └─────────┘ └─────────┘ └─────────┘        │
│              ┌─────────┐                    │
│              │オブリゲーション│                    │
│              │ネッティング │                    │
│              └─────────┘                    │
└─────────────────────────────────────────────┘

　商取引等により発生した権利や義務の関係を，代金または現物等の受渡しによって売買取引を完了させることを「決済」といいます。

　決済の手段として，まず紙幣や硬貨といった現金通貨が挙げられます。現金通貨には次の4つの特徴があります。

**支払完了性**：現金通貨を取引相手に支払うことをもって決済が完了する
**強制通用力**：取引の相手方は，支払われた現金通貨の受け取りを基本的には拒否できない
**汎　用　性**：特定の財やサービスの支払いについての決済手段となるのではなく，すべての取引の決済手段となる
**匿　名　性**：誰が，いつ，どこで使用したかの記録が残らない

　次に，預金（要求払い預金：普通預金，当座預金，通知預金等）も決済手段の1つです。公共料金の支払いやクレジットカードの決済も預金を通じて行われます。企業であれば，さまざまな経費の支払いや給与の振り込みも預金を通じて行われています。

　また，ネッティングによる決済も頻繁に行われています。取引先双方の債務を相殺し，両債務の差額の債務を発生させることをオブリゲーションネッティングと呼びます。

　巨額な資金の決済は一般に現金通貨ではなく預金で行われています。
```

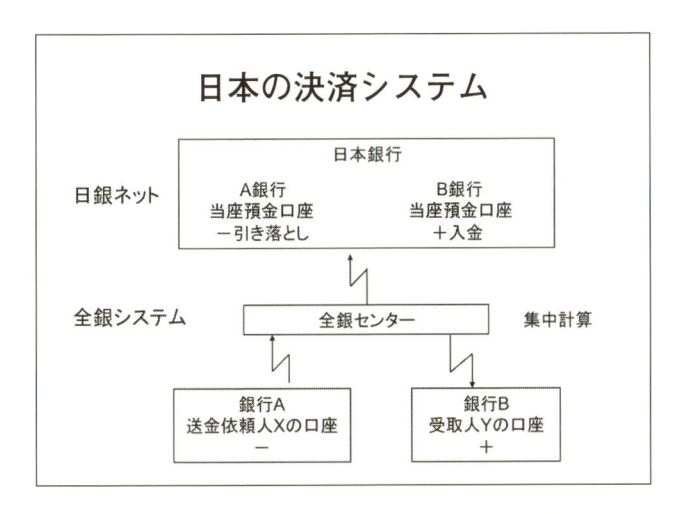

```
                    日本の決済システム
                         日本銀行
日銀ネット        A銀行              B銀行
                当座預金口座         当座預金口座
                 －引き落とし          ＋入金

全銀システム       全銀センター              集中計算

                銀行A              銀行B
                送金依頼人Xの口座    受取人Yの口座
                    －                  ＋
```

　企業や個人が取引の決済を行う場合，一般に，銀行振り込みや口座振替を利用しています。このような銀行における資金送金や振り込み業務は内国為替業務と呼びます。これら内国為替業務は全国銀行データ通信システム（略して全銀システム）を通じて行われています。上図は銀行Aに口座を持つ送金依頼人Xが銀行Bに口座を持つYに振り込みを依頼する場合を示しています。この場合，まず，A銀行にある依頼人Xの口座から引き落とされ，B銀行にある受取人Yの口座に入金されます。次に，全銀センターでこの取り引きを含めA銀行とB銀行の為替貸借の集中計算が行われ，銀行ごとの差額（入金額－引き落とし額）が計算され，日本銀行ネットワークシステム（略称「日銀ネット」）に送られ，銀行間相互の差額の決済は日銀の当座預金の振替によって行われます。

　また，手形や小切手の決済は，手形交換所に，それぞれの銀行が取り立て依頼を受けた手形や割り引いた手形，小切手（支払い場所がほかの銀行となっている場合）を持ち寄って交換する制度があります。これを手形交換制度といいます。

　また，外国為替の売買などに関する円資金の決済を行う外国為替円決済制度もあります。いずれも内国為替業務と同じような仕組みであり，最終的には日銀ネットで各銀行が日本銀行内に持つ日銀当座預金の振替によって決済されています。

決済システムのリスク

システミックリスク
ある金融機関の決済不履行がほかの参加銀行の決済不履行を連鎖的に誘発し、決済システム全体が機能麻痺に陥るリスク

時点ネット決済
参加銀行からの決済要請をすぐに実行するのではなく、ある特定の時点まで蓄積し、ある時点で銀行ごとに総受取額と総支出額の差額(受払尻)を計算し、その差額だけを決済する方法

⇩

即時グロス
日銀当座預金の入金、引き落としを1件1件グロスで処理していくという方式であり、多額の資金手当てが必要となるものの、リスクを削減することが可能

決済システムには、銀行をはじめとして多くの金融機関が参加しています。ある金融機関の決済不履行がほかの参加銀行の決済不履行を連鎖的に誘発し、決済システム全体が機能麻痺に陥るリスクがあります。このようなリスクをシステミックリスクと呼びます。日銀当座預金に対する決済は、従来、「時点ネット決済」と呼ばれる方式でした。これは、参加銀行からの決済要請をすぐに実行するのではなく、ある特定の時点まで蓄積し、ある時点で銀行ごとに総受取額と総支出額の差額(受払尻)を計算し、その差額だけを決済する方法です。この方式は、決済件数が膨大な数にのぼる場合、効率的な方法ですが、一方で振替時点まで未決済の債権・債務が蓄積されることになり、システミックリスクが増大することになります。

日本銀行は、2001年初から「即時グロス決済」を導入しました。これは、日銀当座預金の入金、引き落としを1件1件グロスで処理していくという方式であり、多額の資金手当てが必要となるものの、リスクを削減することが可能となります。

```
┌─────────────────────────────────────────────────┐
│      マネーストック統計の各指標の定義（１）        │
│                                                 │
│  通貨保有主体が保有する通貨量の残高（金融機関や中央 │
│  政府が保有する預金などは対象外）のこと。         │
│                                                 │
│         マネーストック統計の各指標の定義          │
│   ┌──────┐                                      │
│   │  M1  │   M1, M2, M3, 広義流動性の4つ         │
│   └──────┘                                      │
│  対象金融機関（全預金取扱機関）：M2対象金融機関，ゆうちょ銀行， │
│  その他金融機関（全国信用協同組合連合会，信用組合，労働金庫連 │
│  合会，労働金庫，信用農業協同組合連合会，農業協同組合，信用漁 │
│  業協同組合連合会，漁業協同組合）                │
│  M1＝現金通貨＋預金通貨                          │
│  現金通貨：銀行券発行高＋貨幣流通高              │
│  預金通貨：要求払預金（当座，普通，貯蓄，通知，別段，納税準備）－ │
│         調査対象金融機関の保有小切手・手形       │
│                          出所：日本銀行ホームページ │
└─────────────────────────────────────────────────┘
```

　マネーストックとは，中央銀行が公表するさまざまな貨幣の概念を数量的にとらえた指標であり，通貨保有主体が保有する通貨量の残高（金融機関や中央政府が保有する預金などは対象外）をいいます。

　日本銀行がマネーストック統計として公表しているものを，上図と次頁にまとめました。それまでマネーサプライ統計として公表されていましたが，2008年6月から大幅な見直しが行われマネーストック統計として公表されています。

　マネーストック指標の代表的なものの1つが，M1です。これは，現金通貨と預金通貨を足し合わせたものとして定義されます。これは，現金通貨や預金といった流動性の高いものだけを含む指標であり，交換手段としての貨幣を代表する狭義のマネーストックの指標です。

> **マネーストック統計の各指標の定義 (2)**
>
> **M2**
> 対象金融機関：日本銀行，国内銀行（除くゆうちょ銀行），外国銀行在日支店，信金中央金庫，信用金庫，農林中央金庫，商工組合中央金庫
> M2＝現金通貨＋国内銀行等に預けられた預金
>
> **M3**
> 対象金融機関：M1と同じ。
> M3＝M1＋準通貨＋CD（譲渡性預金）＝現金通貨＋全預金取扱機関に預けられた預金
> 準通貨：定期預金＋据置貯金＋定期積金＋外貨預金
>
> **広義流動性**
> 対象機関：M3対象金融機関，国内銀行信託勘定，中央政府，保険会社等，外債発行機関
> 広義流動性＝M3＋金銭の信託＋投資信託＋金融債＋銀行発行普通社債＋金融機関発行CP＋国債＋外債
>
> 出所：日本銀行ホームページ

　M1に準通貨としての定期性預金を加えたものが，広義のマネーストック指標であるM2あるいはM3です。

　M2あるいはM3は預金通貨よりも流動性の低い定期性預金を含む指標です。このため，交換手段としての貨幣ばかりではなく，価値貯蔵手段としての貨幣を含むマネーストック指標といえます。

　M2とM3の違いは，M3は対象金融機関が全預金取扱機関であるのに対し，M2がゆうちょ銀行やその他金融機関（全国信用協同組合連合会，信用組合，労働金庫連合会，労働金庫，信用農業協同組合連合会，農業協同組合，信用漁業協同組合連合会，漁業協同組合）を含まない点にあります。

　さらに，M3に金銭の信託，投資信託や金融債，銀行発行普通社債，金融機関発行CP，国債，外債を加えたより広範囲のマネーストック指標である「広義流動性」が公表されています。

マネタリーベースとは

- マネタリーベース
- 日本銀行が供給する通貨のこと
- 市中に出回っているお金である流通現金（「日本銀行券発行高」＋「貨幣流通高」）と「日銀当座預金」の合計値
- 「ハイパワードマネー」や「ベースマネー」と呼ばれる

出所：日本銀行ホームページ

　マネタリーベースは「ハイパワードマネー」や「ベースマネー」とも呼ばれ，日本銀行が供給する通貨を意味します。具体的には，市中に出回っているお金である流通現金（「日本銀行券発行高」＋「貨幣流通高」）と「日銀当座預金」の合計値です。

　マネタリーベース＝「日本銀行券発行高」＋「貨幣流通高」＋
　　　　　　　　　　「日銀当座預金」

　マネタリーベースの流通現金は，マネーストック統計の現金通貨とは異なり，金融機関の保有分が含まれます。これは，マネーストックが「(中央銀行を含む) 金融部門全体から，経済に対して供給される通貨」であるのに対し，マネタリーベースは「中央銀行が供給する通貨」であるためです。
　1981年3月以前のマネタリーベースは以下の定義であり，それ以降の計数とは不連続です。

　マネタリーベース（1981/3月以前）＝
　　　「日本銀行券発行高」＋「貨幣流通高」＋「準備預金額」

（注）「日本銀行が供給する通貨」という観点では，準備預金非適用先（短資会社，証券会社等）の日銀当座預金も含む「日銀当座預金」の方が「準備預金額」より適当と考えられることから，2000年5月に現在の定義に変更し，1981年4月に遡って新しいベースのデータを公表しています。

貨幣数量説

物価水準は，流通している貨幣の量に比例して決まるという経済学の仮説（新古典派の理論）。

物価の安定には貨幣量の管理が重要であるとする主張の理論的背景となっている。

流通している貨幣量が増えると貨幣の価値が下がり，物価は上昇する（貨幣数量が10倍になると物価も10倍になる。流通している貨幣量が減ると貨幣の価値が上がり，物価が下落する（貨幣数量が1/10になると物価も1/10になる）。

　貨幣が経済活動にどのような影響を与えるかについては古くから議論されてきました。代表的なものとして，フィッシャーの交換方程式が挙げられます。これは，貨幣の流通量をM，貨幣の流通速度をV，物価水準をP，経済全体の取引量をTとすると，

$$MV = PT$$

が成り立つというものです。ここで，貨幣の流通速度Vが一定で，取引量Tが貨幣の流通量と関係なく決定されると仮定しますと，貨幣の流通量をMの変化は，物価水準Pを比例的に変化させるという関係が導かれます。例えば，流通量が10倍になると物価も10倍になり，逆に，流通量が1/10倍になると物価も1/10になるというものです。もう1つの考え方は，ケンブリッジの方程式と呼ばれるものです。これは，貨幣の流通量をM，名目国民所得をPYとすると，

$$M = kPY$$

が成り立つというものです。ここでkは，マーシャルのkと呼ばれるものです。マーシャルのkが安定していれば，貨幣の数量と名目国民所得は比例関係にあるといえます。この2つの考え方は，物価の安定には，貨幣量の管理が重要であるとする主張の理論的背景となっています。

　ただし，貨幣の流通速度Vは一定とか，取引量Tが貨幣の流通量と関係ないとか，マーシャルのkが安定しているといった仮定には，さまざまな問題点が指摘されています。

> ## 貨幣需要関数
>
> $$L = L(Y, i)$$
>
> L ： 貨幣需要
> Y ： 国民所得
> i ： 利子率
>
> L は Y が増加すると増加
> L は i が上昇すると減少

　取引動機に基づく貨幣需要は，家計にとっては所得，企業にとっては取引総額が増加すると増加するという性質があると前に述べました。国の経済全体でみますと，一国の取引総額はその国の国民所得と密接に関係しています。また，利子率が上昇すると，貨幣から債券等の金融資産へ移動するので，貨幣需要は減少します。

　したがって，国の貨幣需要を L と表すと，L は，国民所得 Y および，利子率 i の関数として以下のように表されます。

$$L = L(Y, i)$$

　ここで，L は Y が増加すると，増加し，i が上昇すると，減少するという関係を満たしています。この貨幣需要に関する関係式はケインズ派の貨幣需要関数と呼ばれています。

　なお，国民所得 Y に対して物価の影響を除いた実質国民所得を使った場合，この貨幣需要関数は，実質貨幣需要関数と呼びます。

マイナス金利

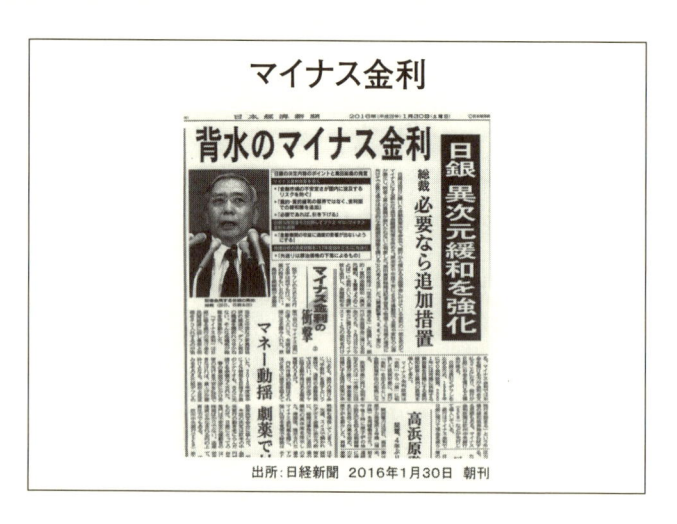

出所：日経新聞 2016年1月30日 朝刊

　金利（名目金利）がマイナスになるということは，お金を貸した人が利子を支払い，お金を借りた人が利子を受け取ることになります。お金を借りれば借りるほど儲かるということになるため，通常は成立しないはずです。しかしながら，特殊な要因が積み重なってマイナス金利が生じることがあります。

　日本の市場で最初にマイナス金利が生じたのは，2003年1月，金融機関が短期資金を融通しあうコール市場でした。2014年10月には，償還期間3カ月の国庫短期証券（短国）に平均落札利回りがマイナス0.0037％となり，国債入札で初めてマイナス金利が付きました。2015年6月以降，払い戻しまでの期間が1年以下と短い国庫短期証券（短国）の利回りが低下し，2015年11月26日現在，マイナス0.0863％まで低下しています。直近の要因は，円の調達コストの低下を受け，マイナス利回りでも運用益が見込める外国人の旺盛需要が原因と分析されています。

　欧州では，マイナス金利が定着しつつあり，ドイツ，オランダ，スイス，フランス，オーストリア，フィンランド，デンマークの短期国債で見られます。現在（2015年12月末），政策金利にマイナス金利を導入している中央銀行は，ECB（欧州中央銀行），スウェーデン，スイス，デンマークの4つです。

　政策金利をマイナスにする目的は，①自国の行き過ぎた通貨高を抑制，②デフレの回避と考えられています。

```
┌─────────────────────────────────────────────┐
│              仮想通貨とは                    │
│                                              │
│ ┌─────────────────────────────────────────┐ │
│ │「仮想通貨」とは，仮想空間内で使われる通貨の  │ │
│ │ことで，基本的に，その仮想空間内でのみ利用さ  │ │
│ │れる概念および電子データのこと。             │ │
│ └─────────────────────────────────────────┘ │
│                                              │
│ ┌─────────────────────────────────────────┐ │
│ │代表的な仮想通貨として，セカンドライフの「リ  │ │
│ │ンデンドル」，ハンゲームの「ハンコイン」，モ  │ │
│ │バゲータウンの「モバゴールド」と「モバコイ    │ │
│ │ン」などがある。                             │ │
│ └─────────────────────────────────────────┘ │
│                                              │
│   出所:「仮想通貨と現実社会の接点」(日本総研2008年2月25日)を一部加筆修正 │
└─────────────────────────────────────────────┘
```

「仮想通貨」とは，仮想空間内で使われる通貨のことで，基本的に，その仮想空間でのみ利用される概念および電子データのことをいいます。

仮想通貨の発行タイプは，大別して二通りあります。(1) 運営事業者から利用者が現実通貨（円）で購入するタイプと，(2) 仮想空間内での行動の対価として得られるタイプがあります。前者は，遊園地等の額面付き利用券のイメージに近く，携帯電話の仮想空間サービスや手軽な仮想空間で使われることが多いようです。後者は，仮想空間内で，あたかも労働を行って対価を得る経済活動を行うようなイメージです。

代表的な仮想通貨として，セカンドライフの「リンデンドル」，ハンゲームの「ハンコイン」，モバゲータウンの「モバゴールド」，「モバコイン」などがあります。

ネットワーク上での取引や決済で通貨の代わりに利用できる電子マネーには，米ドルや日本円など実通貨に連動している通貨連動型と，どこの国の通貨にも連動しない通貨非連動型があります。通貨連動型の電子マネーはプリペイドや銀行引き落としなどで仮想通貨に変換しネットでの少額決済や海外サイトでの生産に利用できます。日本では「フェリカ」，「スイカ」などのICカード型が通貨連動型です。一方，ビットコインやゲーム内コイン，米リンデンラボが提供する仮想空間「セカンドライフ」で使える通貨「リンデンドル」などは実通貨とは連動していない非連動通貨型の電子マネーです。

2.2 節　日本銀行

本節の概要

　本節では，まずはじめに日本銀行の使命，役割について整理します。さらに，それらを達成するためにどのような業務を行っているのかについて詳しく解説します。また，日本銀行の貸借対照表を分析することを通してその業務内容を確認します。さらに，日銀法の改正によって，日本銀行が政府との関係においてどのように独立性が保たれているのかについても解説します。

　中央銀行の金融政策を論じる際にしばしば登場するテーラールールについても簡単に触れることにします。

　さらに，ほかの国の中央銀行について，日本銀行との違いを明確にしつつ，その役割を解説します。

　最後に，広義の金融政策で登場してくる金融庁の役割についても簡単に触れることにします。

ポイント

1. 日本銀行とは
2. 日本銀行の主な業務
3. 経済安定化策と日銀の役割
4. 世界の中央銀行と国際決済銀行

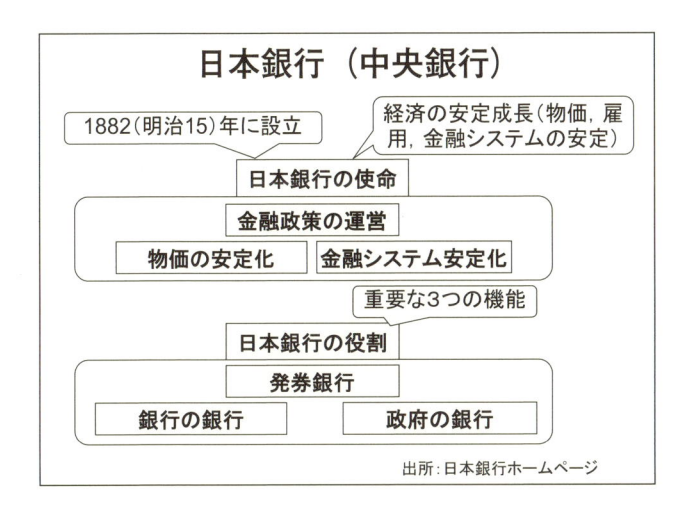

```
┌─────────────────────────────────────────────────┐
│            日本銀行（中央銀行）                   │
│  ┌──────────────────┐  ┌──────────────────────┐ │
│  │1882(明治15)年に設立│  │経済の安定成長(物価,雇 │ │
│  └────────┬─────────┘  │用,金融システムの安定) │ │
│           │            └──────────┬───────────┘ │
│        ┌──┴──────────────────────┴──┐           │
│        │      日本銀行の使命         │           │
│        └────────────┬───────────────┘           │
│           ┌─────────┴─────────┐                 │
│           │   金融政策の運営   │                 │
│        ┌──┴──────┐ ┌──────────┴──┐              │
│        │物価の安定化│ │金融システム安定化│         │
│        └───────────┘ └──────────────┘           │
│                    ┌──────────────┐             │
│                    │重要な3つの機能│             │
│              ┌─────┴──────┐                     │
│              │日本銀行の役割│                    │
│         ┌────┴─────┐                            │
│         │  発券銀行 │                            │
│    ┌────┴────┐ ┌───┴──────┐                    │
│    │銀行の銀行│ │ 政府の銀行│                    │
│    └─────────┘ └──────────┘                    │
│                      出所：日本銀行ホームページ  │
└─────────────────────────────────────────────────┘
```

　日本銀行は，1882 (明治15) 年に設立されましたが，1942年に制定された日本銀行法により，その位置づけが明確になりました。つまり，通貨の調節，金融の調整および信用制度の保持・育成がその目的とされました。

　1998年には，新日本銀行法が施行され，その第1条第1項には，「通貨及び金融の調整をおこなうことを目的とする」とされるとともに，第2条第2項には，「資金決済の円滑の確保を図り，もって信用秩序の維持に資するを目的とする」とされています。

　また，日本銀行の資本金は1億円で，政府出資が55%，民間出資が45%です。通常の株式会社とは異なり，出資者に経営参加権が認められないほか，残余財産の分配請求権も払い込み資本金額の範囲内に限定されています。また，出資者が役員を選出する場としての株主総会はなく，その代わりに出資総会というものがあります。

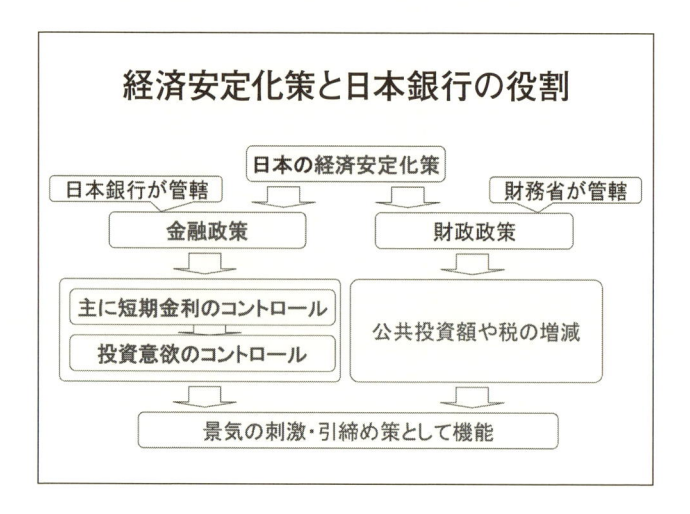

```
┌─────────────────────────────────────────────┐
│         経済安定化策と日本銀行の役割          │
│                                             │
│                 日本の経済安定化策           │
│                       ↓                     │
│   日本銀行が管轄              財務省が管轄   │
│      金融政策                   財政政策     │
│         ↓                          ↓        │
│   主に短期金利のコントロール                 │
│                              公共投資額や税の増減 │
│   投資意欲のコントロール                     │
│                ↓                   ↓        │
│          景気の刺激・引締め策として機能       │
└─────────────────────────────────────────────┘

　日本銀行は，後述するさまざまな方法を使って，日本の経済安定化（物価の安定，金融システムの安定）を図っています。主に短期金利をコントロールし，民間の投資意欲をコントロールし，景気の刺激，引締め策として機能させています。これを一般に狭義の金融政策といいます。広義の金融政策はこれに加え，政策当局（金融庁）が行う金融機関等に対する一連の監督や規制，さらに有事の際のセーフティーネット機能なども含まれます。

　日本の経済を安定化させるためには，金融政策だけでは十分でなく，財務省が管轄する財政政策も同時に行わなければなりません。

　すなわち，公共投資などの財政支出や，税の増減を通して，経済の安定化を図ろうとするものです。
```

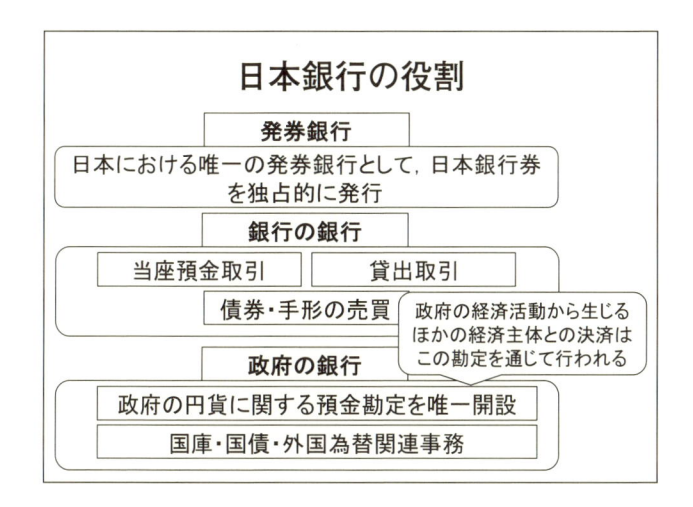

日本銀行の役割

発券銀行
日本における唯一の発券銀行として，日本銀行券を独占的に発行

銀行の銀行
- 当座預金取引
- 貸出取引
- 債券・手形の売買

政府の経済活動から生じるほかの経済主体との決済はこの勘定を通じて行われる

政府の銀行
- 政府の円貨に関する預金勘定を唯一開設
- 国庫・国債・外国為替関連事務

中央銀行である日本銀行が果たす主たる機能は，「発券銀行」，「銀行の銀行」，「政府の銀行」の3つです。

まず第1に，日本銀行はわが国の唯一の発券銀行として，銀行券（日本銀行券：紙幣）を独占的に供給しています。なお，硬貨（金属貨幣）は日本銀行ではなく，政府が発行していますが，日本銀行の窓口から市中に供給されています。日本銀行は紙幣の発行から廃棄までの一連の流通業務を担っています。全国各地の33の本支店を通じて，全国各地にくまなくお金を流通させる役割を担っています。

第2に，日本銀行は，民間の金融機関から，預金（日本銀行当座預金以下日銀当座預金という）を預かり，また，金融機関に対し貸出を行っています。つまり，日本銀行は銀行の銀行だといえます。この日銀当座預金は日本銀行と民間金融機関との間の資金決済だけでなく，民間金融機関相互による各種の金融取引の決済手段として用いられます。

第3に，日本銀行は，日本銀行本店に開設された政府当座預金を通じて，さまざまな財政資金の受払いを行っています。すなわち，租税や国債発行などによる政府の歳入金は，すべてこの政府当座預金に受け入れられます。また，公共事業費や国民年金などの歳出金はこの政府当座預金から引き出されます。

このような，日本銀行が政府当座預金に関して行っている業務は国庫金に関する業務と呼ばれています。

> # 日本銀行の主な業務（１）
>
> (1) 金融政策に関する業務
> (2) 金融システムに関する業務
> (3) 決済システム・市場基盤整備に関する業務
>
> 出所：日本銀行ホームページ

（1）金融政策に関する業務

　日本銀行は，「物価の安定を図ることを通じて国民経済の健全な発展に資すること」（日本銀行法第2条）を目的として，2013年1月に消費者物価の前年比上昇率2％の「物価安定の目標」のもとで，金融政策の決定・実行に当たっています。

　金融政策運営の基本方針は，政策委員会・金融政策決定会合（以下，「決定会合」という）で決定されています。

（2）金融システムに関する業務

　「日銀当座預金」という安全で便利な決済手段を提供するとともに，各種決済システムの安全性・効率性を高めるための施策を講じています。また，日々の決済業務を担っている個別金融機関の支払不能が，取引関係等を通じてほかの金融機関に波及し，金融システム全体の機能が麻痺することがないよう，金融システムの安定を図るため種々の取り組みを行っています。

　具体的には，日本銀行は，流動性不足に陥った金融機関に対して，日本銀行法第33条に基づく有価証券等を担保とする貸付けのほか，第37条や第38条に基づく流動性の供給等（「最後の貸し手」機能）を行います。

（3）決済システム・市場基盤整備に関する業務

　日本銀行券や日銀当座預金という安全で便利な決済手段を提供しています。

日本銀行の主な業務（2）

(4) 国際金融に関する業務
(5) 銀行券の発行・流通・管理に関する業務
(6) 国庫金・国債・対政府取引に関する業務

出所：日本銀行ホームページ

(4) 国際金融に関する業務

外国為替の売買（保有する外貨資産の管理を含む），外国中央銀行等や国際機関による円貨資産の運用等に協力するための業務などの国際金融業務を行っているほか，国際収支統計の作成や外国為替平衡操作（いわゆる為替介入）等の国際金融に関連した国の事務を取り扱っています。

(5) 銀行券の発行・流通・管理に関する業務

日本銀行は，銀行券の安定供給を確保するとともに，その信認を維持するため，銀行券の受入れ・支払いのほか，受け入れた銀行券の鑑査（枚数の計査，真偽の鑑定および再流通可能性の判別）等の業務を本支店において行っています。また，貨幣についても，政府からその交付を受け，市中に流通させています。

(6) 国庫金・国債・対政府取引に関する業務

日本銀行は，国庫金の取り扱いや国債に関する事務など，国に関するさまざまな事務を行っています。具体的には，国庫金の取り扱いに関する事務としては，国庫金の受払いや官庁別・会計別計理，政府預金の管理，政府有価証券の受払い・保管などを行っており，国債に関しては，発行，元利金の支払等に関する一連の事務のほか，国債振替決済制度における振替機関としての事務を取り扱っています。

（日本銀行ホームページより抜粋）

日本銀行の貸借対照表

27年度上半期の資産, 負債および純資産の状況　（単位：億円）

	平成26年度上半期末 (A)	平成27年度上半期末 (B)	(B)－(A)	前年同期末比（％）
（資産の部）				
国債	2,293,115	3,095,718	802,603	35.0%
CP	21,530	19,980	▲1,550	−7.2%
社債	31,712	31,777	65	0.2%
金銭の信託	47,514	78,666	31,152	65.6%
貸出金	299,193	350,457	51,264	17.1%
外国為替	65,229	71,537	6,308	9.7%
その他資産	12,701	13,143	442	3.5%
資産の部合計	2,770,994	3,661,278	890,284	32.1%
（負債の部）				
発行銀行券	864,618	915,617	50,999	5.9%
預金	1,662,874	2,489,903	827,029	49.7%
政府預金	12,929	62,469	49,540	383.2%
売現先勘定	154,938	112,655	▲42,283	−27.3%
その他負債				
負債の部合計	2,736,251	3,623,602	887,351	32.4%
（純資産の部）				
資本金・準備金	28,863	31,386	2,523	8.7%
当期余剰金	5,878	6,288	410	7.0%
純資産の部合計	34,742	37,675	2,933	8.4%
負債および純資産の合計	2,770,994	3,661,278	890,284	32.1%

出所：日本銀行ホームページ

　日本銀行の貸借対照表には，日銀の政策や業務の結果が反映されています。日本銀行の貸借対照表を理解することは，日銀が行うさまざまな金融政策を理解するうえで有用です。

　上図は，2015年9月時点の日本銀行の貸借対照表を簡略化したものです。日本銀行の資産の主たるものは，金融機関などから買い入れた国債と金融機関向けの貸付金です。負債の主なものは，日銀が発行する銀行券と金融機関が日銀に預けている当座預金です。

　さらに詳しく資産の部をみますと，国債が「量的・質的金融緩和」のもとで買入れが進んだことから，309兆5,718億円と前年同期末を80兆2,603億円上回った（＋35.0％）ほか，貸出金も，貸出増加を支援するための資金供給の増加等により，35兆457億円と前年同期末を5兆1,264億円上回りました（＋17.1％）。なお，「貸出支援基金」による貸付金の残高は，29兆8,978億円となりました。

　また，リスク資産の購入も積極的に行っており，ETFの残高は，3兆2,210億円から6兆2,389億円と93.7％増加しており，J-REITも1,604億円から2,556億円へと59.3％増加しています。

　次に，負債の部をみますと，当座預金が，国債の買入れ等を通じた資金供給の増加により，242兆2,294億円と前年同期末を80兆7,121億円上回りました（＋50.0％）。この間，日本銀行券の発行残高は，91兆5,617億円と前年同期末を5兆998億円上回りました（＋5.9％）。

（日本銀行ホームページより抜粋）

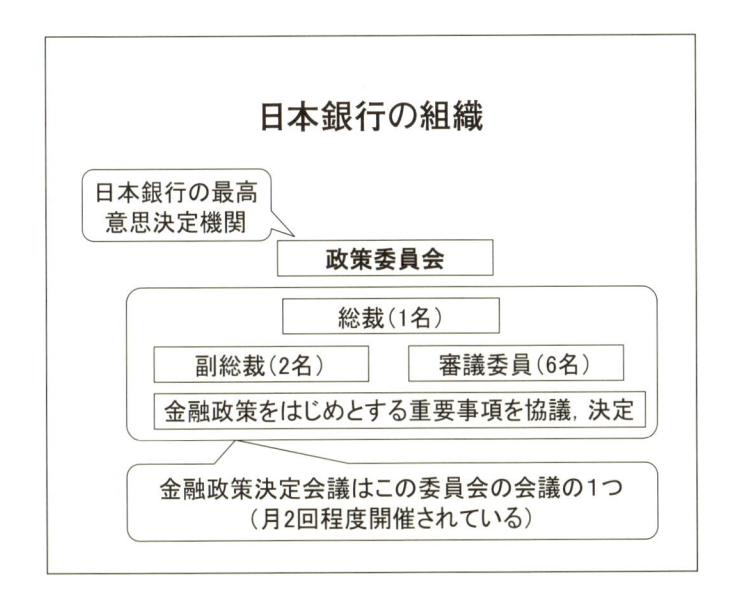

```
┌─────────────────────────────────────────────────┐
│              日本銀行の組織                       │
│                                                 │
│  ┌日本銀行の最高┐                                │
│  │意思決定機関  │                                │
│  └──────┬──────┘                                │
│         └──→ ┌──政策委員会──┐                   │
│              │  ┌─総裁（1名）─┐              │   │
│              │┌副総裁（2名）┐┌審議委員（6名）┐│   │
│              │└────────────┘└──────────────┘│   │
│              │ 金融政策をはじめとする重要事項を │   │
│              │ 協議，決定                      │   │
│              └────────────────────────────────┘   │
│              ┌────────────────────────────────┐   │
│              │ 金融政策決定会議はこの委員会の  │   │
│              │ 会議の1つ                      │   │
│              │ （月2回程度開催されている）     │   │
│              └────────────────────────────────┘   │
└─────────────────────────────────────────────────┘
```

　日本銀行の役員には，総裁，副総裁（2人），審議委員（6人），監事（3人以内），理事（6人以内），参与（若干人）が置かれることになっています。

　総裁，副総裁および審議委員については両議院の同意を得て内閣が，監事については内閣が，理事および参与については政策委員会の推薦に基づいて財務大臣が，それぞれ任命します。

　日本銀行の最高意思決定機関は，政策委員会ですが，総裁，副総裁，審議委員の計9名で構成されています。そこでは，金融政策や業務運営に関する重要事項が決定されます。また，月1～2回開催される「金融政策決定会合」では重要な金融政策が取り扱われ，その決定内容は会合終了後，ただちに公表されます。これは金融政策の意思決定過程の透明性を高め，国民に対する説明責任（アカウンタビリティー）を果たすためのものです。

（日本銀行ホームページより抜粋）

日本銀行と政府の関係

日本銀行の通貨および金融の調整における自主性は，尊重されなければならない（改正日本銀行法第3条第1項）。

↓

日本銀行は政府とは独立した中立的な立場で金融政策の運営を行わなければならない。

ただし，政府の経済政策と整合性がとれている必要があり，政府との連携が取れていることが前提となる。

　改正日銀法第3条第1項では，「日本銀行の通貨および金融の調整における自主性は尊重されなければならない」と述べられているように，中央政府からの日本銀行の独立性が図られています。

　主な改正点を以下に述べます。

- 政策委員会が金融政策や業務運営に関する最高意思決定機関であることが明確化された
- さらに，政策委員会の構成員となる9名は，総裁・副総裁を含めすべて国会の同意を得て，内閣が任命することとされた（旧法下では，任命委員の任命については，国会の同意が必要であったが，総裁，副総裁については必要とされていなかった）。
- 政策委員会に政府代表が委員として入っていた旧来の制度は廃止され，新法下では，政府からは，必要に応じ，金融政策を審議する政策委員会だけに出席することになった

　このようにすることで，従前よりも，景気刺激策への偏向が生じやすい政府と独立した中立的な立場で金融政策が行えるようになりました。

市場介入の代理人

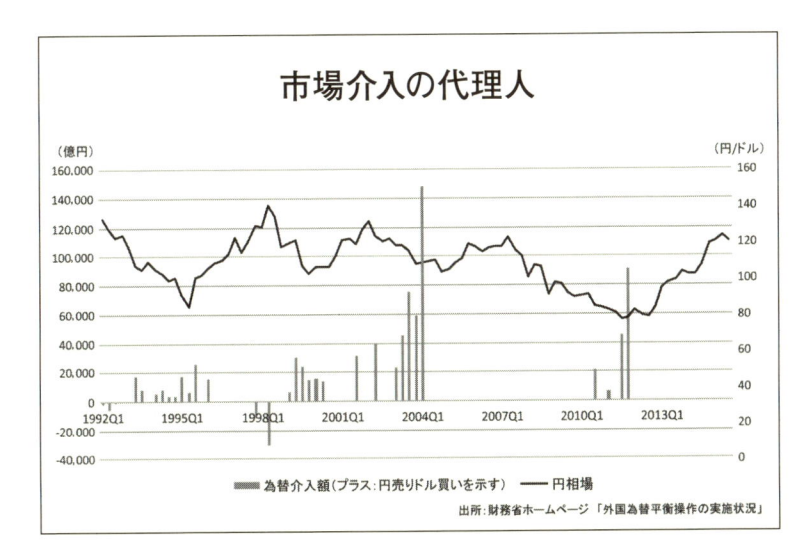

(図:為替介入額(プラス:円売りドル買いを示す)と円相場、1992Q1～、出所:財務省ホームページ「外国為替平衡操作の実施状況」)

　日本銀行は，外国為替相場が急変した場合に，国（財務相）の代理人として，外国為替市場で円と外貨を売買して相場の安定を確保するために「為替介入」（外国為替平衡操作）を行うことができます。上図は財務省が公表している「外国為替平衡操作の実施状況」を示しています。

　これをみると，基本的に円高基調の中，円相場が急騰する場面で政府の外国為替資金特別会計にある円資金を売り，ドルを買う場面が多かったことがわかります。2004年3月の円売り・ドル買いの介入後，しばらく為替介入を行っていませんでしたが，これは，世界の外国為替の市場規模が1日当たりの取引高が4兆ドルにも膨らんでおり，介入では円高の流れを止めることができないと判断したためといわれています。

　2010年9月に円が1ドル＝82円台に上昇した際には，再び，円売り・ドル買いの介入が行われましたが，円高の流れを止めることはできませんでした。

> ## テーラールール
>
> $$r_T = 定数項 + \pi + \alpha(\pi - \pi^*) + \beta(y - y^*)$$
>
> r_T ： 政策金利の目標誘導水準
> π ： インフレ率
> π^* ： 目標インフレ率
> $y - y^*$ ： GDP ギャップ
> α, β ： 正の定数

　中央銀行の金融政策を論じる場合，しばしば取り上げられる金融政策ルールがあります。スタンフォード大学のジョンテーラー教授が考案した中央銀行が誘導目標の金利水準を次の式で決定すればよいというものです。

$$r_T = 定数項 + \pi + \alpha(\pi - \pi^*) + \beta(y - y^*)$$

　ここで，r_T は，政策金利の誘導目標水準，π はインフレ率，π^* は目標インフレ率，$y - y^*$ は GDP ギャップ，α, β は正の定数です。

　目標インフレ率と実際のインフレ率との乖離や GDP ギャップ（実際の GDP の潜在 GDP からの乖離）によって決定しようとするものです。

　この式から，インフレ率が目標からどれだけ高い（低い）かに応じて，また，GDP ギャップでみた景気が望ましい状態からどれだけ拡大（後退）しているかに応じて，それぞれ誘導目標の金利水準を引き上げる（引き下げる）ということを意味しています。

＊潜在 GDP とは，資本や労働といった生産要素すべてを利用したときに実現する総生産をいう。

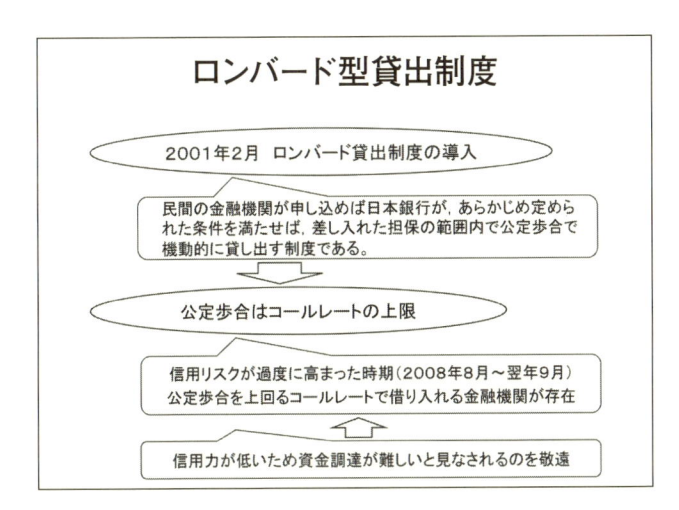

ロンバード型貸出制度

- 2001年2月 ロンバード貸出制度の導入
- 民間の金融機関が申し込めば日本銀行が，あらかじめ定められた条件を満たせば，差し入れた担保の範囲内で公定歩合で機動的に貸し出す制度である。
- 公定歩合はコールレートの上限
- 信用リスクが過度に高まった時期（2008年8月〜翌年9月）公定歩合を上回るコールレートで借り入れる金融機関が存在
- 信用力が低いため資金調達が難しいと見なされるのを敬遠

　2001年2月からロンバード貸出制度が導入されました。これは，民間の金融機関が申し込めば日本銀行が，あらかじめ定められた条件を満たせば，差し入れた担保の範囲内で公定歩合（2006年8月に基準貸付利率および基準割引率とに名称変更）で機動的に貸し出す制度です。

　この制度の導入により，公定歩合は，コールレートの上限と位置づけられるようになりました。しかしながら，信用リスクが過度に高まったサブプライムローン問題が起こった2008年9月から翌年の9月頃までコールレートが基準貸付利率および基準割引率を上回っていました。本来，基準貸付利率および基準割引率を上回る金利で調達することは金融機関にとって損となるはずですが，金融機関が基準貸付利率および基準割引率で日銀から資金を調達することは，信用力が低いため資金調達が難しい金融機関とみなされることを恐れ，この制度を利用せずに，インターバンク市場で高い金利で調達する金融機関が見られました。

　これは「スティグマ」と呼ばれ，安全弁として機能するはずのロンバード貸出制度が十分に生かされなかった原因とされています。

世界の中央銀行（1）

	日銀	連邦準備制度理事会 FRB	欧州中央銀行 ECB
設立年	1882年	1913年	1998年
政策決定	政策委員会 金融政策決定会合	連邦公開市場委員会 FOMC	政策理事会
構成メンバー	総裁 副総裁2人 審議委員6人	議長 副議長 理事5人 地区連銀総裁5人	総裁 副総裁 理事4人 各国中銀総裁12人
政策金利	無担保コール翌日物	フェデラル・ファンド金利 FF Rate	市場介入金利 Refinancing Rate
政府の関与	出席権 議案提出権 議決延期請求権	政府は出席できない	出席権 議案提出権

　ここでは，ほかの国の中央銀行について簡単に解説します。

　まず，米国の中央銀行に当たるのが「連邦準備制度」（Federal Reserve System）です。「連邦準備（制度）理事会」（The Federal Reserve Bord）が中心的な組織であり，FRBと略されています。FRBは，議長，副議長，理事の5人で構成され，理事会の下には12の地区連邦準備銀行があります。

　金融政策の決定機関（日銀では，政策委員会・金融政策決定会合に当たる）は「連邦公開市場委員会」（FOMC）です。

　FRBは，フェデラル・ファンド金利（FF Rate）を誘導目標としています。「連邦準備制度」は設立当初は，「弾力的な通貨供給と金融システムの安定性」をその目標としていましたが，第2次世界大戦後に「経済の安定と成長」，「雇用の高水準維持」という新たな目標が追加されました。

　次に，ユーロ圏の中央銀行が，欧州中央銀行（ECB：European Central Bank）です。通貨統合に伴い，1998年6月に設立された比較的新しい中央銀行で，ユーロ圏の物価，通貨価値安定をその目標としています。ECBの政策決定は政策理事会が行っており，総裁，副総裁，理事4人から構成されます。

　市場介入金利は無担保の翌日物取引の加重平均であるEONIA（Euro Overnight Index Average）が適用され，それを限界貸出金利と中銀預金金利の間に誘導するように運営しています。

世界の中央銀行（2）

	日銀	イングランド銀行 BOE
設立年	1882年	1694年
政策決定	政策委員会 金融政策決定会合	金融政策委員会
構成メンバー	総裁 副総裁2人 審議委員6人	総裁 副総裁2人 理事2人 委員4人
政策金利	無担保コール翌日物	公定銀行金利 Official Bank Rate
政府の関与	出席権 議案提出権 議決延期請求権	出席権

次にイギリスの中央銀行を見てみましょう。

イギリスの中央銀行は1694年に設立されており，これは，スウェーデンのリスクバンク（1668年設立）に次いで世界で2番目に古い中央銀行とされています。金融政策を決めるのは，総裁，2人の副総裁，2人の理事，4人の外部委員の合計9人で構成される「金融政策委員会」です。

「公定銀行金利」を政策金利としていますが，これは，民間金融機関がイングランド銀行に預ける準備預金に付与される金利です。

イングランド銀行の特徴は，ほかの中央銀行に比べ，政府の関与が大きい点が挙げられます。1998年の改正イングランド法が施行されるまでは，金融政策の決定権は財務相にあり，イングランド銀行はその執行機関にすぎないとされていました。改正イングランド法が施行後にようやく独立性が確保されましたが，政府が示す政策目標達成するための政策手段を決める権限に限定されています。また，金融政策委員会の外部委員の任命権も財務相が持っています。

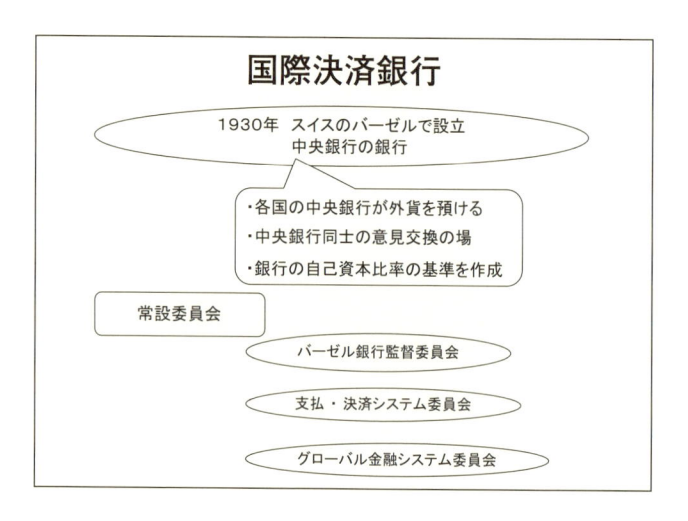

```
┌─────────────────────────────────────────────┐
│              国際決済銀行                    │
│                                              │
│       ╱ 1930年 スイスのバーゼルで設立 ╲       │
│      (      中央銀行の銀行             )      │
│       ╲                                ╱      │
│          ╱ ・各国の中央銀行が外貨を預ける ╲    │
│         ( ・中央銀行同士の意見交換の場      )   │
│          ╲ ・銀行の自己資本比率の基準を作成 ╱  │
│                                              │
│   ┌──────┐                                   │
│   │常設委員会│                               │
│   └──────┘                                   │
│            ╱ バーゼル銀行監督委員会 ╲         │
│           (                         )         │
│            ╲                       ╱          │
│              ╱ 支払・決済システム委員会 ╲     │
│             (                           )     │
│              ╲                         ╱      │
│                ╱ グローバル金融システム委員会 ╲ │
│               (                               )│
│                ╲                             ╱ │
└─────────────────────────────────────────────┘
```

　国際決済銀行（BIS：Bank for International Settlements）は，1930年スイスのバーゼルに設立された「中央銀行の銀行」です。その業務内容は，各国中央銀行から外貨準備を預かる銀行業務をはじめとして，中央銀行同士の意見交換の場であり，また，銀行の自己資本比率の基準をつくる場として有名です。常設委員会として，自己資本比率規制をつくるバーゼル銀行監督委員会をはじめとして，支払・決済システム委員会，グローバル金融システム委員会があります。

　ここでは，銀行経営に大きな影響を及ぼすBIS規制について簡単に解説します。

　BIS規制はいわゆるバーゼル合意のことであり，銀行監督に関する指針のうち，主として銀行が保有すべき自己資本の量に関する指針の総称をいいます。

　国際的に活動している銀行に対し，信用リスクを加味して算出された総リスク資産の一定比率（当初は8％）の自己資本の保有を求めたものです。これまでバーゼルⅠ，バーゼルⅡ，バーゼルⅢと公表されてきました。

　2010年9月に公表されたバーゼルⅢでは，国際的に業務を展開している銀行の自己資本の質と量の見直しが柱で，普通株と内部留保などからなる「中核的自己資本（Tier1）」を，投資や融資などの損失を被る恐れがある「リスク資産」に対して，一定割合（実質7.0％）以上持つように義務づけるものです。

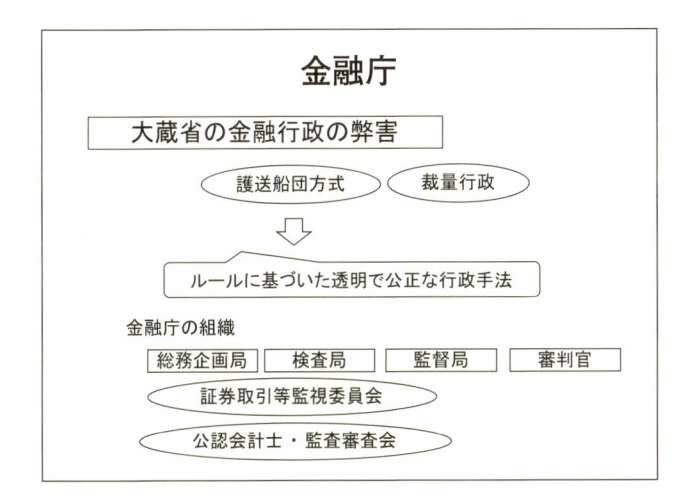

```
┌─────────────────────────────────────────────┐
│                  金融庁                       │
│   ┌─────────────────────────┐                │
│   │  大蔵省の金融行政の弊害    │                │
│   └─────────────────────────┘                │
│         ( 護送船団方式 )  ( 裁量行政 )          │
│                    ⇩                         │
│        ┌──────────────────────────┐          │
│        │ ルールに基づいた透明で公正な行政手法 │ │
│        └──────────────────────────┘          │
│     金融庁の組織                              │
│      ┌────────┐ ┌──────┐ ┌──────┐ ┌──────┐   │
│      │総務企画局│ │検査局│ │監督局│ │審判官│   │
│      └────────┘ └──────┘ └──────┘ └──────┘   │
│         ( 証券取引等監視委員会 )               │
│         ( 公認会計士・監査審査会 )              │
└─────────────────────────────────────────────┘
```

　金融政策を広義にとらえれば，金融の制度や仕組み，さらには信用秩序維持にかかわる金融行政なども金融政策に含まれます。この政策主体は金融庁です。ここでは，金融庁の成り立ちやその業務内容を整理します。

　金融行政は従来，銀行，証券，保険に至るすべての分野は大蔵省により行われていました。しかし，大蔵官僚と業界との癒着が発覚した一連の不祥事や相次ぐ金融機関の破たん等から大蔵省改革が叫ばれ，1998年に金融庁の前身である金融監督庁（2000年より金融庁）が誕生しました。

　それまでの大蔵省の金融行政の弊害は，「護送船団方式」や「裁量行政」という言葉に象徴されました。

　これら大蔵行政の反省を踏まえ，ルールに基づいた透明で公正な行政手法への転換を図るべく組織が編成されました。

　総務企画局は金融制度に関する企画立案を，検査局は民間金融機関等の検査を，監督局は民間金融機関等の監督をそれぞれ担当し，金融システムの安定を図るべく業務運営を行っています。

　さらに，証券取引等監視委員会や公認会計士・監査審査会の事務局も設置され，「公正・透明な市場の確立」を目指しています。

2.3 節　金融政策

本節の概要

　本節では，第 2 章の主要なテーマである「金融政策」について解説します。まず，日本銀行の伝統的な金融政策である「公開市場操作」，「基準割引率および基準貸付率の操作」，「預金準備率操作」について詳しく解説します。さらに金融政策の運営方法である 2 段階アプローチや誘導アプローチについて歴史的な経緯を踏まえて整理します。また，金融政策運営に関するいくつかの問題点についても確認します。最後に，広義の金融政策に含まれますが，政策当局が行う金融規制や監督（これをプルーデンス政策と呼ぶ）についても解説します。

ポイント

1. 日本銀行の金融政策手段
2. 金融政策の運営方法
3. 金融政策の運営に関する諸問題
4. プルーデンス政策

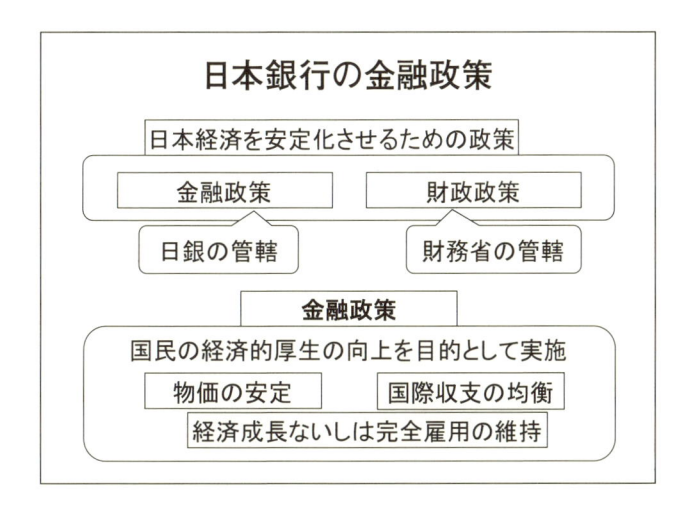

```
┌─────────────────────────────────────────────┐
│           日本銀行の金融政策                 │
│     ┌─────────────────────────────┐         │
│     │  日本経済を安定化させるための政策  │     │
│     │  ┌────────┐   ┌────────┐    │         │
│     │  │ 金融政策 │   │ 財政政策 │    │         │
│     │  └────────┘   └────────┘    │         │
│     │  日銀の管轄     財務省の管轄     │         │
│     └─────────────────────────────┘         │
│          ┌────────┐                         │
│          │ 金融政策 │                         │
│     ┌────┴────────┴───────────────┐         │
│     │ 国民の経済的厚生の向上を目的として実施 │     │
│     │  ┌────────┐  ┌──────────┐   │         │
│     │  │ 物価の安定 │  │国際収支の均衡│   │         │
│     │  └────────┘  └──────────┘   │         │
│     │  ┌──────────────────────┐   │         │
│     │  │経済成長ないしは完全雇用の維持│   │         │
│     │  └──────────────────────┘   │         │
│     └─────────────────────────────┘         │
└─────────────────────────────────────────────┘
```

　金融政策とは，中央銀行を運営主体とするマクロ経済政策を意味します。つまり，中央銀行が物価の安定，経済成長に必要な資金の供給を目的として，金融引き締めや緩和を通じて，物価水準や通貨供給量をコントロールするものです。

　広義の金融政策は，金融システムの安定を確保するために，政策当局が行う一連の金融機関等に対する監督や規制，あるいはセーフティーネット機能を意味します。わが国では，主に金融庁が担当しますが，本節では，まず狭義の金融政策について議論していくことにします。

　金融政策の目的は次の3つです。

物価の安定

　経済活動を円滑に運営するためには，物価（すなわち，通貨価値）を安定させることが必要となる。日本銀行は通貨の供給量を変動させることによって物価を適切にコントロールする役割を担っている。

国際収支の均衡

　国際収支が大幅な赤字になったり大幅な黒字になることをなくすことを意味する。

経済成長ないし完全雇用の維持

　国民経済の適正な成長を図ることを意味し，景気の維持，拡大と言い換えることもできる。さらに景気を安定・拡大を通じて，非自発的失業がない完全雇用を目指す。

物価安定化と雇用環境改善との関係

両者にはトレードオフの関係が存在

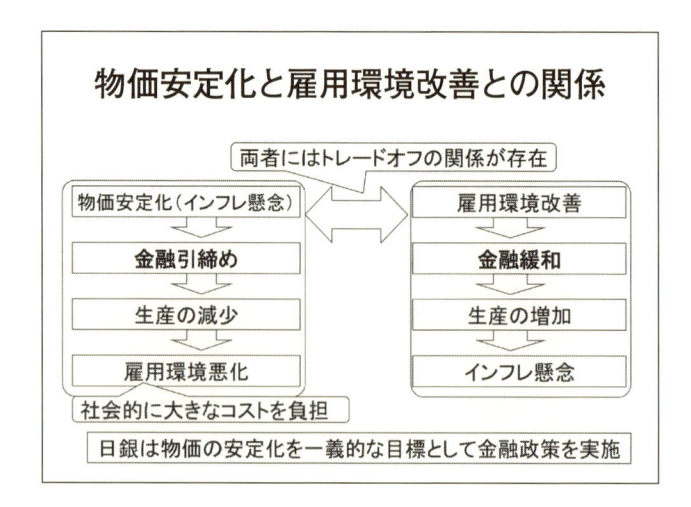

- 物価安定化(インフレ懸念)
  - ↓
  - **金融引締め**
  - ↓
  - 生産の減少
  - ↓
  - 雇用環境悪化
- 社会的に大きなコストを負担

- 雇用環境改善
  - ↓
  - **金融緩和**
  - ↓
  - 生産の増加
  - ↓
  - インフレ懸念

日銀は物価の安定化を一義的な目標として金融政策を実施

　日本銀行が行う金融政策の目的については，前頁で3つ述べましたが，それら3つを同時に達成することは容易なことではありません。
　例えば，①物価の安定と，②経済成長ないしは完全雇用の維持という2つの政策目標には短期的にはトレードオフの関係にあるといわれています。
　上図のように，物価を安定させようとして，金融を引き締めると企業の設備投資を減退させ，生産の減少を引き起こし，雇用環境を悪化させる等社会的に大きなコストを負担させることになります。一方，雇用環境を改善させようと金融緩和を行うと，設備投資等を増大させ，生産の増加に繋がりますが，同時にインフレも引き起こす可能性が高くなります。
　日本銀行の金融政策の目標は，時代とともに変化してきました。高度成長期には，「経済成長」が最優先でしたが，1970年代には，インフレが進行したことから，「物価の安定」が「経済成長」より優先されることになりました。また，90年代にはデフレが定着したこともあり，「インフレターゲット」が議論されるようになってきました。

インフレターゲット
　日本銀行が実施していたゼロ金利政策では，金利低下余地が乏しく金融緩和効果に限界があるとの見方から，一定のインフレ率の目標値を定め，金融政策運営を行うべきだという考え方。わが国のインフレ率の目標値は2010年9月に1%程度，2013年1月には2%とされた。

日本銀行の金融政策手段

3つの金融政策手段

- 公開市場操作
  （オープン・マーケット・オペレーション）
- 基準割引率および基準貸付率の操作
- 預金準備率操作

　金融政策とは，日本銀行が物価の安定，経済成長に必要な成長マネーの供給を目的として，金融引き締めや緩和を通じて，物価水準や通貨供給量をコントロールするものであると前述しましたが，それでは，どのような手段でこれを行うのでしょうか。伝統的な手段として次の3つが挙げられます。

　第1に，公開市場操作（オープン・マーケット・オペレーション）であり，第2に，基準割引率および基準貸付率の操作であり，第3に預金準備率操作です。これら3つの金融政策手段は日本銀行が「貨幣」を供給できる特権を独占的に有することに由来します。

　さらに，近年では非伝統的金融政策が実施されてきました。これは，中央銀行が金融調節を行うために市中から買い入れる資産の範囲や規模を従来以上に拡充させる政策ですが，マネタリーベースを拡大して市中に潤沢な資金を供給する量的緩和，CPや社債などのリスク資産を従来の範囲を超えて購入する信用緩和などがあります。これらについては，次節で詳しく述べます。

公開市場操作

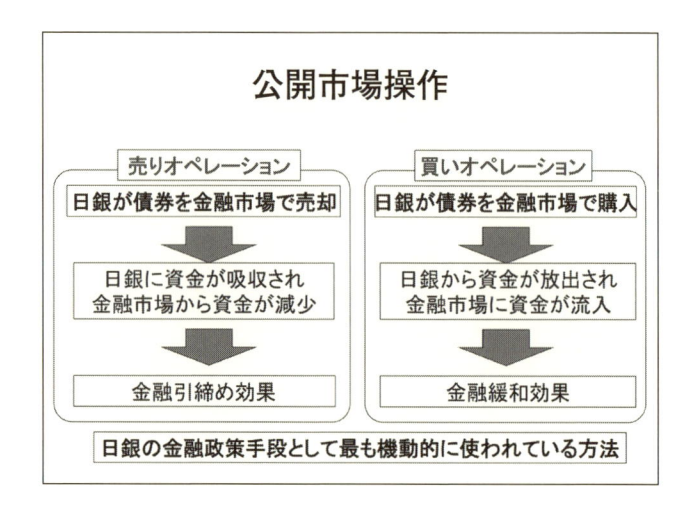

売りオペレーション	買いオペレーション
日銀が債券を金融市場で売却	日銀が債券を金融市場で購入
↓	↓
日銀に資金が吸収され金融市場から資金が減少	日銀から資金が放出され金融市場に資金が流入
↓	↓
金融引締め効果	金融緩和効果

日銀の金融政策手段として最も機動的に使われている方法

　公開市場操作（オープン・マーケット・オペレーション）とは，日本銀行が金融機関と債券や手形を売買することによって金融市場に資金を供給したり，金融市場から資金を吸収したりすることをいいます。
　今日では，日本銀行の金融政策の中で機動的に使われている最も重要な方法です。
　公開市場操作は，大きく分けると，日本銀行が債券等を売却する「売りオペレーション」と，債券等を購入する「買いオペレーション」があります。「売りオペレーション」が実施されると，国債などを買った金融機関の日本銀行に持つ当座預金から代金が引き落とされます。したがって，日銀当座預金の残高は減少し，金融市場から資金が吸収されたことになり，金融引締め効果があります。
　逆に，「買いオペレーション」が実施されると，金融機関の日銀当座預金に代金が振り込まれ日銀当座預金の量が増え，日本銀行から資金が供給されます。これにより，金融緩和効果が期待できます。

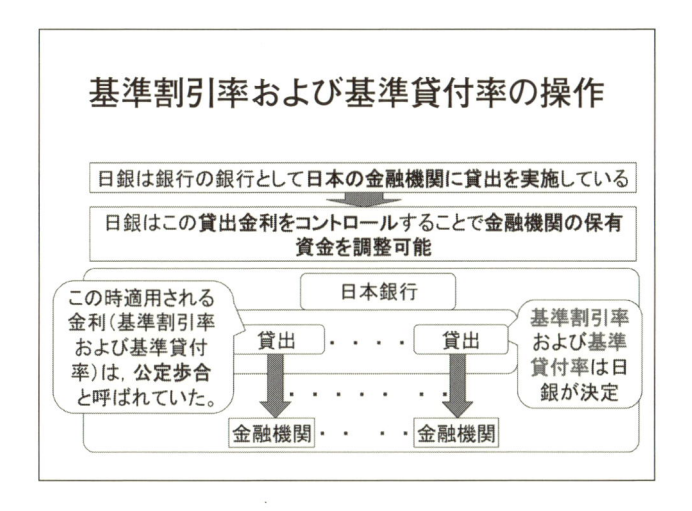

基準割引率および基準貸付率の操作

- 日銀は銀行の銀行として日本の金融機関に貸出を実施している
- 日銀はこの貸出金利をコントロールすることで金融機関の保有資金を調整可能

日本銀行

この時適用される金利(基準割引率および基準貸付率)は、公定歩合と呼ばれていた。

貸出・・・・貸出

基準割引率および基準貸付率は日銀が決定

金融機関・・・・金融機関

　日本銀行は銀行の銀行として、金融機関に貸出を実施しています。この際、金融機関の保有する債券や手形を日本銀行が割引く際の割引率（基準割引率）や、それらを担保とする貸付利子率（基準貸付率）が公定歩合と呼ばれていました。

　この公定歩合（後に基準割引率および基準貸付率に名称変更）操作は、日本銀行がこの基準割引率および基準貸付率を変更させることによって、金融機関向けの貸出金を増減させ、その結果として通貨供給量をコントロールしようとするものでした。

　公定歩合を引き下げれば、銀行などの金融機関はそれまでより安い借入コストで、資金を日本銀行から借り入れることができました。このため、金融機関はより多くの資金を日本銀行から借り入れることになり、結果として、通貨供給量は増加しました。これにより、市場金利を低下させ、景気を刺激する金融緩和効果がありました。

　逆に、公定歩合を引き上げれば、金融機関にとっては、日本銀行からの借り入れコストが上昇し、銀行の日本銀行からの借り入れは減少し、通貨供給量は減少しました。そのため、金利を上昇させ、景気抑制、物価上昇を抑制する金融引締め効果がありました。

　このように、公定歩合の引き上げ、引き下げは金融機関にとって「現金」を手に入れる調達コストの上昇、下落を意味するため、「コスト効果」と呼ばれていました。

預金準備率操作（1）

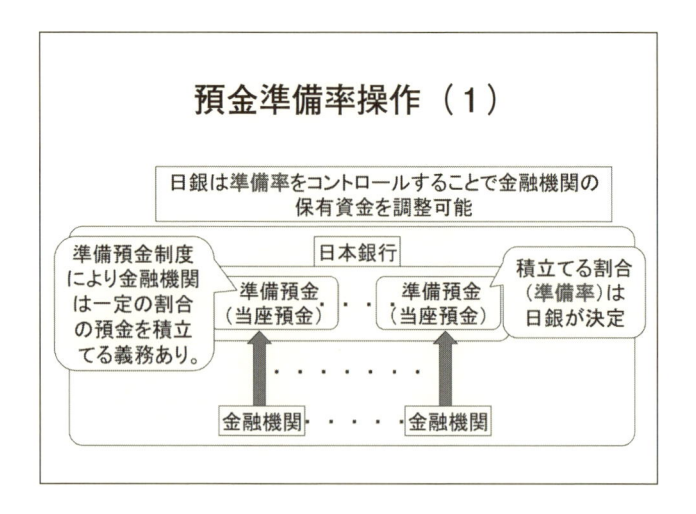

日銀は準備率をコントロールすることで金融機関の保有資金を調整可能

準備預金制度により金融機関は一定の割合の預金を積立てる義務あり。

日本銀行
準備預金（当座預金） 準備預金（当座預金）

積立てる割合（準備率）は日銀が決定

金融機関 ･･･ 金融機関

　「預金準備率操作」とは，金融機関が日本銀行に預けることを義務づけられている預金（当座預金）の割合である法定準備率を上下させることによって，通貨供給量を増減させる政策です。ここで，法定準備率とは，金融機関が預金に対して日本銀行に最低限預けなければならない預金準備の比率（支払準備率）のことです。預金準備は，原則として利子がつかないため，金融機関の負担となります。このため，通常，各金融機関の預金準備率は法定準備率にほぼ等しくなります。

　預金準備率を上げると，銀行などの金融機関は貸出にまわすことのできる資金が減少し，通貨供給量は減少します。これによって，利子率を上昇させ，景気の行き過ぎや物価の上昇を抑制する金融引締め効果があります。

　逆に，預金準備率を下げると金融機関が利用可能な資金が増え，通貨供給量は増加します。このため，利子率を低下させ，景気を刺激する金融緩和効果があります。

　しかし，預金準備率操作が行われることはほとんどなくなってきており，1991年10月に預金準備率の引き下げが実施されて以来，預金準備率は固定化されているのが実情です。

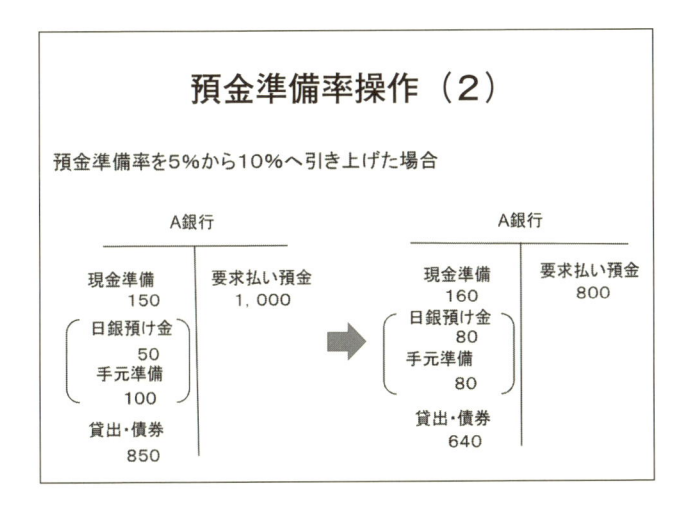

預金準備率操作（2）

預金準備率を5％から10％へ引き上げた場合

```
         A銀行                            A銀行
現金準備    | 要求払い預金       現金準備    | 要求払い預金
  150     |   1,000            160      |    800
 日銀預け金 |                   日銀預け金  |
   50     |                     80      |
 手元準備   |                   手元準備    |
  100     |                     80      |
貸出・債券  |                  貸出・債券   |
  850     |                    640      |
```

　預金準備率を変更することにより，銀行の貸出行動がどのような影響を受けるかについてもう少し詳しく見てみましょう。

　上図は，A銀行のバランスシートを単純化して示しています。1000億円を要求払い預金で集め，現金準備（現金通貨と日銀預け金）に200億円，貸出および債券に800億円運用しているものとしましょう。ここで，預金準備率を5％，手元準備率を要求払い預金の10％と仮定します。

　この状態から，預金準備率が10％に引き上げられると，A銀行の現金準備率は15％から20％へ引き上げられます。A銀行としては，現金準備率が不足するので，現金準備を増やすために，手持ちの債券を売却したり，貸出を回収したりするはずです。こうしてA銀行が売却した債券を購入する経済主体（例えば家計）や貸出を返済する企業は預金を取り崩さなければならなくなります。

　日本全体でこのようなことを繰り返す結果，貨幣供給量は減少することになります。

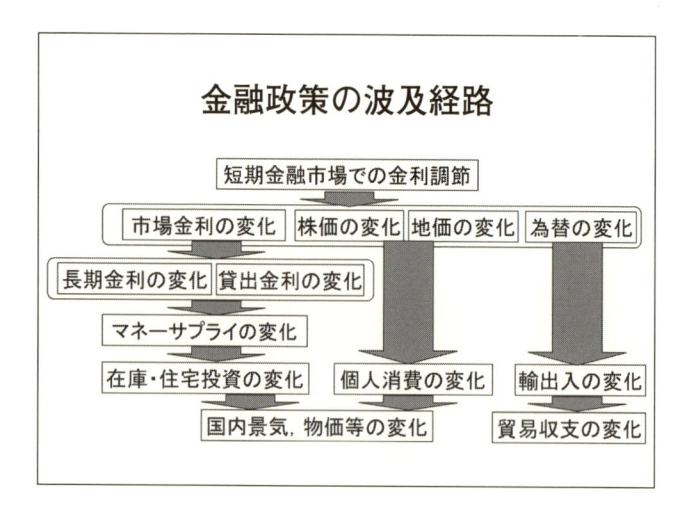

```
┌─────────────────────────────────────────────┐
│          金融政策の波及経路                  │
│                                             │
│          ┌──短期金融市場での金利調節──┐      │
│          ↓        ↓       ↓       ↓       │
│       市場金利の変化 株価の変化 地価の変化 為替の変化 │
│          ↓                              │   │
│     長期金利の変化 貸出金利の変化         │   │
│          ↓                              │   │
│     マネーサプライの変化                 │   │
│          ↓            ↓           ↓     │
│     在庫・住宅投資の変化 個人消費の変化  輸出入の変化 │
│          ↓            ↓           ↓     │
│         国内景気，物価等の変化    貿易収支の変化 │
└─────────────────────────────────────────────┘
```

　金融政策が最終目標である物価や景気動向にどのような経路を経て影響を及ぼしていくのでしょうか。ここでは，コールレートを高めに誘導し金融引締めを行ったケースを例に解説します。

　まず，コールレートを高めに誘導することにより，CD市場やTB市場などのオープン市場の金利も上昇します。さらに，裁定取引等により，イールドカーブが影響を受け，長期金利にも波及します。また，コール市場（インターバンク市場）の金利の上昇は，銀行にとっては資金調達コストの上昇を意味します。一方，貸出金利は調達金利に比べ硬直的であり，金融機関にとって採算性の悪化を招くことになり，結果として貸出の抑制に繋がります。

　長短金利の上昇，貸出金利の上昇により，家計や企業の資金需要が減衰し，マネーサプライが減退することになります。

　また，長短金利上昇による市場間の裁定取引により，株式市場や不動産市場等の実物市場も下落することになります。

　また，国内金利の上昇は，為替レート（円高）にも影響を及ぼすことになります。それによって輸出の減少，輸入の拡大に繋がり貿易収支は悪化します。

　このようにして，国内景気を抑え，物価の上昇を抑えることになります。

```
┌─────────────────────────────────────────────┐
│           金融政策の運営方法                    │
│                                             │
│   ┌──────────────────────────────────┐       │
│   │ 1980年代半ばまでの方法：2段階アプローチ │     │
│   └──────────────────────────────────┘       │
│         │        ┌──────────────────┐        │
│         │        │ 政策目標と連動性の高い経済 │   │
│         ▼        │ 指標を中間目標とする方法   │   │
│      ┌──────────────────────────────┐        │
│      │ 金融のグローバル化，自由化が進み，│       │
│      │ 金融環境を取り巻く環境が大きく変化 │      │
│      └──────────────────────────────┘        │
│                                             │
│   ┌──────────────────────────────────┐       │
│   │ 1980年代半ば以降の方法：誘導型アプローチ │   │
│   └──────────────────────────────────┘       │
│                  ┌──────────────────┐        │
│                  │ 短期金利の調節を通して最終 │   │
│                  │ 目標を達成しようとする方法 │   │
│                  └──────────────────┘        │
└─────────────────────────────────────────────┘
```

　中央銀行による政策手段の実行から，政策目標達成までの道のりは大変長く時間もかかります。このため，中央銀行は，政策目標と連動性の高い経済指標に注意を払い，政策効果についてその達成度を測るという2段階アプローチ（two step approach）を採用することが一般的となっていました。

　しかしながら，金融のグローバル化，自由化が進み金融環境を取り巻く環境が大きく変化してきました。特に，中間目標として設定されることが多かったマネーサプライと物価や名目GDPの関係が不安定になってきました。

　このため，1980年代半ば以降は，中間目標を設定せず，操作目標をコントロールすることを通じて直接最終目標の達成を図る誘導型アプローチが先進国の間で一般化しています。

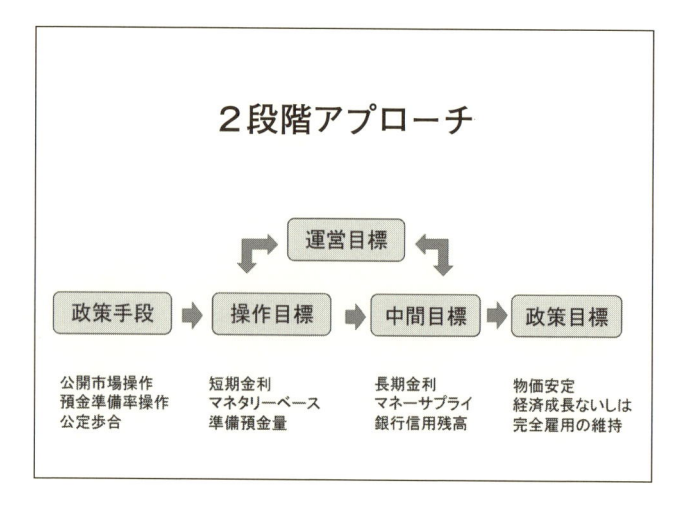

２段階アプローチ

政策手段 → 操作目標 ⇄ 運営目標 ⇄ 中間目標 → 政策目標

- 政策手段：公開市場操作、預金準備率操作、公定歩合
- 操作目標：短期金利、マネタリーベース、準備預金量
- 中間目標：長期金利、マネーサプライ、銀行信用残高
- 政策目標：物価安定、経済成長ないしは完全雇用の維持

　中央銀行がコントロールすべき経済指標を運営目標といい、さらに、操作目標と中間目標の２つに分けられます。

　ここで、操作目標とは、中央銀行が比較的コントロールしやすい短期金利、マネタリーベース、準備預金量が挙げられます。また、中間目標は、日銀が直接的に影響を与えられないが、最終目標との因果関係が強いと考えられる長期金利、マネーサプライ、銀行信用残高等が目標として設定されます。

　中央銀行は、公開市場操作、預金準備率操作、基準割引率および基準貸付率操作等の政策手段を用いて、上記の操作目標のいずれかを選び、その操作目標のコントロールを通して中間目標をコントロールし、さらに最終目標である政策目標を達成しようとします。このように、操作目標 → 中間目標、中間目標 → 政策目標という形で２段階に分けて政策目標を達成しようとする方法を２段階アプローチと呼びます。

　例えば、中央銀行が物価の安定を政策目標として掲げたとしましょう。政策手段として基準割引率および基準貸付率を上昇させ、操作目標の短期金融市場（例えばコール市場）金利の上昇を誘導します。さらに、中間目標であるマネーサプライを確認し、物価の安定を図るという流れになります。

誘導型アプローチ

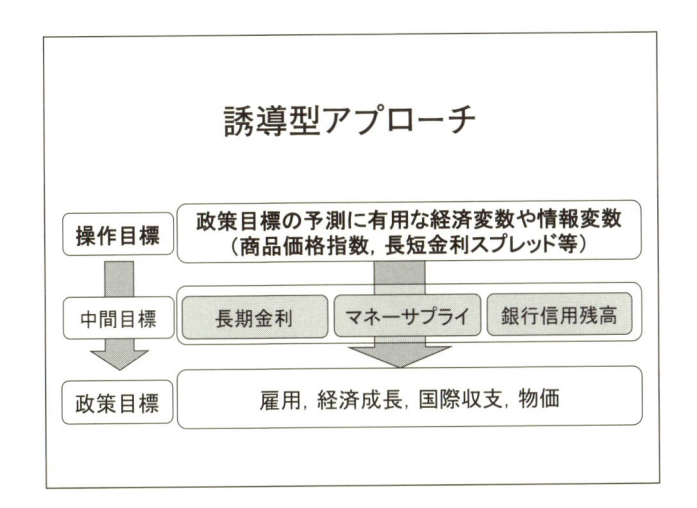

操作目標	政策目標の予測に有用な経済変数や情報変数 （商品価格指数，長短金利スプレッド等）
中間目標	長期金利　マネーサプライ　銀行信用残高
政策目標	雇用，経済成長，国際収支，物価

　中央銀行が，金融政策の運営において中間目標を設定せず，操作目標をコントロールすることによって直接的に最終目標の達成を図るアプローチを誘導型アプローチ（reduced form approach）といいます。

　誘導型アプローチにおいては，将来の最終目標をどのように予測するのかが課題となります。最終目標の予測に役立つと考えられる経済指標のことを一般に情報変数（information variable）と呼びますが，現在，情報変数として用いている経済指標は，商品価格指数や，長短金利スプレッドなどがあります。

　1980年代後半には金融のグローバル化が進展し，資金が自由に国の間を行き来するようになり，中間目標として設定されることが多いマネーサプライと政策目標である名目GDPや物価の関係が不安定になったことから，マネーサプライを重視する2段階アプローチから誘導型アプローチへ移行する中央銀行が増えています。

> ## 金融政策の運営に関する諸問題
> ① タイムラグの問題
>   認知ラグ
>   決定ラグ
>   効果ラグ
> ② 政策効果の非対称性
>   金融政策は景気を抑制する場合は有効
>   景気を刺激する際にはそれほど有効でない
> ③ 情報の非対称性
>   借り手のデフォルトリスクに関する情報の非対称性の存在

金融政策を実行するにあたり，その運営に関していくつかの問題点が指摘されています。

① タイムラグの問題

まず，タイムラグの問題が挙げられます。タイムラグは以下の3つに大別されます。

ⅰ 認知ラグ：政策の必要性の認知と実態経済観測の時間の遅れ
ⅱ 決定ラグ：政策の決定から実施するまでの時間的な遅れ
ⅲ 効果ラグ：操作を実施してから効果が現れるまでのタイムラグ

② 政策効果の非対称性

金融政策は，一般に景気を抑制する場合には有効に機能しますが，景気を刺激する際にはそれほど有効ではないといわれています。わが国においても，バブル崩壊以降行われてきたゼロ金利政策や量的緩和策もそれほどの効果はなかったと指摘されています。

③ 情報の非対称性

一般に，金融を緩和してマネーサプライが増加すれば，金利が低下し，総需要の増加が見込めると期待されます。しかしながら，借り手のデフォルトリスクに関する情報の非対称性が存在すれば，金利やマネーサプライの量だけでなく，銀行信用にも依存します。とりわけ，銀行からの借入以外の資金調達ができない中小企業にとっては，金融緩和状態にあっても資金調達が容易とはいえません。

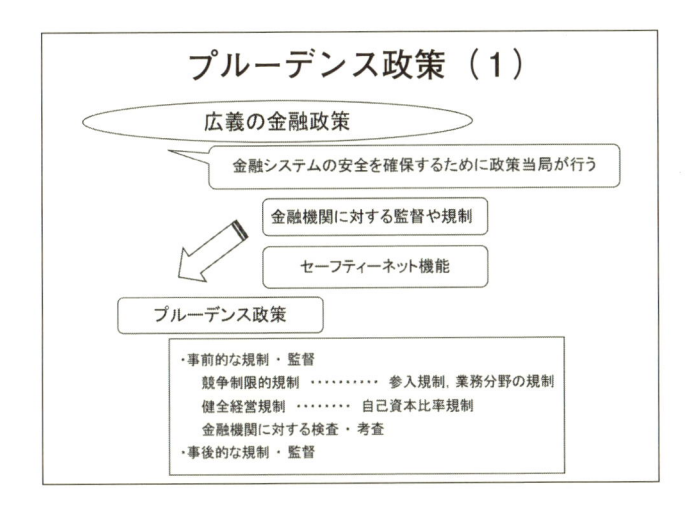

```
┌─────────────────────────────────────────────────┐
│           プルーデンス政策（１）                  │
│                                                 │
│      ╭─ 広義の金融政策 ─╮                       │
│                    │                            │
│            金融システムの安全を確保するために政策当局が行う │
│          ⬇                                      │
│                金融機関に対する監督や規制         │
│                                                 │
│                セーフティーネット機能             │
│                                                 │
│      プルーデンス政策                            │
│                                                 │
│    ・事前的な規制・監督                          │
│       競争制限的規制 ……… 参入規制，業務分野の規制 │
│       健全経営規制 ……… 自己資本比率規制          │
│       金融機関に対する検査・考査                 │
│    ・事後的な規制・監督                          │
└─────────────────────────────────────────────────┘
```

　広義の金融政策は，金融システムの安定を確保するために，政策当局が行う一連の金融機関等に対する監督や規制，あるいはセーフティーネット機能を意味すると前述しましたが，ここではその内容についてもう少し詳しく解説します。

　政策当局による金融規制や監督は金融システムの参加者である金融機関に対して「節度 (prudence)」ある行動を求める政策という意味で，「プルーデンス政策」と呼ばれています。

　プルーデンス政策は，予防と事後処理という観点から，事前的な監督・規制と事後的な監督・規制に分けられます。事前的監督・規制にはさらに，競争制限的規制（例えば，参入規制，業務分野の規制，店舗等の規制）や健全経営規制（例えば，自己資本比率規制等），金融機関に対する検査・考査に分かれます。金融庁が金融機関に対して行う経営実態などのチェックを行うことが検査と呼ばれ，日銀が金融機関に対して行う経営実態調査が考査と呼ばれています。

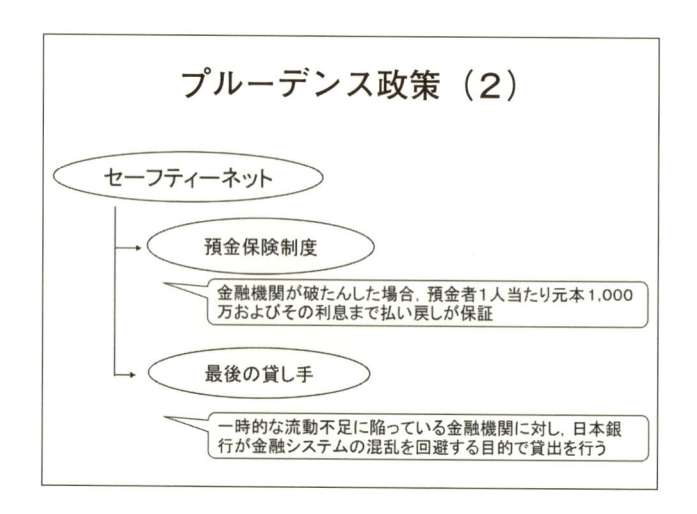

```
┌─────────────────────────────────────────────────┐
│              プルーデンス政策（2）                │
│                                                 │
│   ( セーフティーネット )                         │
│       │                                         │
│       └→ ( 預金保険制度 )                        │
│            └─ 金融機関が破たんした場合，預金者1人当たり元本1,000 │
│               万およびその利息まで払い戻しが保証            │
│                                                 │
│       └→ ( 最後の貸し手 )                        │
│            └─ 一時的な流動不足に陥っている金融機関に対し，日本銀 │
│               行が金融システムの混乱を回避する目的で貸出を行う  │
│                                                 │
└─────────────────────────────────────────────────┘
```

　事後的な監督・規制とは，金融秩序が脅かされるような事態が生じたときに金融システムの安定を図るためにとられる措置をいい，預金保険制度と日銀による最後の貸し手という機能があります。

　預金保険制度では，預金を取り扱う金融機関は，原則として預金保険に加入し，定められた預金保険料を支払わなければならないとされています。預金保険機構は預金を取り扱う金融機関が破たんした時には，破たんした金融機関に代わって預金を一定額まで支払ったり（これをペイオフという），破たん金融機関の救済を行ったりすることを業としています。

　最後の貸し手機能とは，資金繰りに行きづまった金融機関などに対し，日銀が最後の貸し手となって融資を行うものであり，金融システム全体の安定を図るものです。

2.4 節　金融政策の実際と財政

本節の概要

　本節では，金融政策が過去のさまざまな局面において，どのように実施されてきたかを振り返ってみましょう。高度成長期，バブル期まで，バブル期前後，バブル崩壊後，近年の5つの時期に分けて詳しく見ていきます。さらに，アベノミクスと金融政策について解説します。特に3本の矢のうちの第1の矢である「大胆な金融政策」にポイントを絞って整理します。さらに，経済政策のもう一方の柱である財政政策について解説します。

　最後に，わが国の財政の現状と問題点について整理します。その中で，特に財政赤字を補うために近年大量に発行されている国債の現状と問題点について解説します。

ポイント

1. バブル期前後の金融政策
2. ゼロ金利政策
3. 量的緩和
4. わが国の財政の現状と課題

```
┌─────────────────────────────────────────────────┐
│              高度成長期の金融政策                  │
│                                                 │
│   高度成長期（1955－1973）                         │
│    ╭─日本銀行の主たる金融政策は公定歩合を動かすこと─╮ │
│     景気過熱  ⇨ 公定歩合の引き上げ                  │
│     景気後退  ⇨ 公定歩合の引き下げ                  │
│   ┌─────────────────────────────────┐          │
│   │ 臨時金利調整法に基づき民間の預金金利が上下 │          │
│   └─────────────────────────────────┘          │
│     上限金利が規制 ⇨ 横並びの金利調整が行われる      │
│                    ⇕                            │
│   ┌─────────────────────────────────┐          │
│   │ 貸出金利やコール市場の金利も公定歩合に連動 │          │
│   └─────────────────────────────────┘          │
└─────────────────────────────────────────────────┘
```

　この節では，これまでわが国で金融政策がどのように行われてきたかを振り返ってみましょう。

　高度成長期（1955年－1973年）の日本銀行の主たる金融政策は，公定歩合を上下させることでした。景気が過熱していれば，公定歩合を引き上げて金融引き締め策を実行し，景気が後退しているときには，景気刺激策として公定歩合の引き下げを実行していました。当時は臨時金利調整法に基づき，預金はその上限金利が規制されており，貸出金利やコール市場の金利も公定歩合と連動していました。公定歩合が引き上げられれば，預金の上限金利も引き上げられ，全国どの銀行でもその上限金利が適用されていたため，横並びの金利引き上げが行われることになっていました。

　また，窓口指導や預金準備率操作も併用されていました。窓口指導とは，主要銀行に対し，日本銀行が口頭で道義的な説得を行い信用量を直接的にコントロールしようとするものです。具体的には個別の銀行に対し，貸出増加額をいくらにしようかという「貸出増加（抑制）額規制」なども取り決めていました。

　なお，この窓口指導は，1991年に完全に廃止されています。

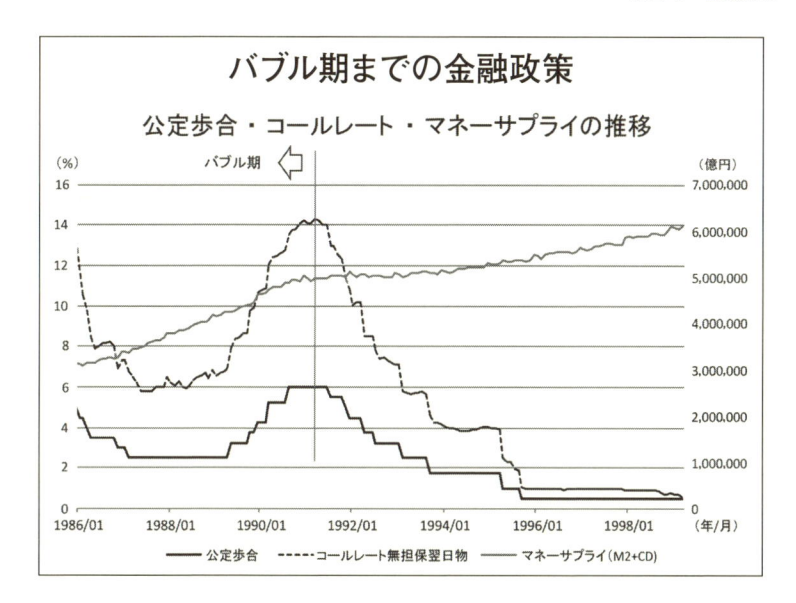

バブル期までの金融政策
公定歩合・コールレート・マネーサプライの推移

（グラフ：1986/01〜1998/01の公定歩合、コールレート無担保翌日物、マネーサプライ（M2+CD）の推移）

ニクソンショック（1971年）やオイルショック（1973年）後に高度成長は終わりをつげましたが、その頃、マネーサプライの急増にも関わらず日本銀行は金融引き締めを行いませんでした。円高を引き起こす懸念があり、景気後退を恐れたためであったようですが、物価が急騰しました。

1979年の第二次石油ショックの際には、オイルショック時の反省を踏まえ、金利だけでなく、マネーサプライにも注意を払うようになりました。輸入価格の急上昇にも関わらず、消費者物価指数は一桁の上昇率にとどまりました。

1980年代後半から、自由金利預金のウエイトが高まってきました。そのため自由金利の指標であるコールレート金利が重視されるようになってきました。公定歩合も依然として政策金利と位置づけられていましたが、預金金利との連動性は薄れていました。

バブル期前後の金融政策

1989年前半までは，金融緩和の状態続く

公定歩合　当時として史上最低の2.5%
マネーサプライ（M_2+CD）の高水準

株や土地などの資産価格の上昇続く
⇕
物価は安定
　　円高に伴う輸入原材料，輸入製品の価格下落

1990年前半，公定歩合の相次ぐ引き上げ

1990年8月　6.0%　←　2.5%（1989年5月）
（1990年3月　大蔵省による「総量規制」）
マネーサプライの伸びも急速に低下

　バブル期の金融政策は，1989年前半まで金融緩和が継続されていました。公定歩合は当時としては最低の2.5%（1987年2月～1989年5月まで）であり，マネーサプライ（M_2+CD）も高水準が続いていました。しかしながら，物価の水準は円高に伴う輸入原材料や輸入製品価格の下落の影響もあり，比較的安定していました。その間，株や土地の値段は急激に上昇し，いわゆるバブルの状態が放置されていました。

　バブルの終盤の時期に公定歩合が5回に渡って引き上げられ，1990年の8月には6.5%になりました。これと相まって，大蔵省が総量規制を行い，不動産向けの融資が激減し，預金の伸びを急速に鈍化させ，マネーサプライの伸びも急速に低下しました。

バブル崩壊後の金融政策

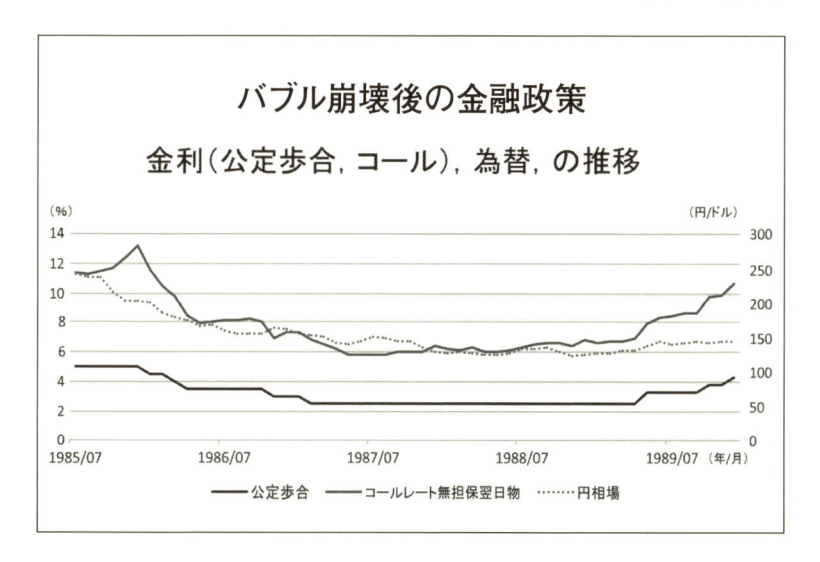

金利（公定歩合，コール），為替，の推移

バブル崩壊後の金融政策は

① 円高が進行

② 不良債権問題の深刻化に伴う経済成長の鈍化

等から，金融緩和を続けていました。すなわち，公定歩合は相次いで引き下げられ，1995年9月には0.5％にまで引き下げられました。1995年にはコール市場の金利が公定歩合を初めて下回るようになりました。

これ以降，コール市場の金利が公定歩合を下回るようになり，従前の「コスト効果」は消滅しました（市中銀行は公定歩合よりさらに低いコール市場での資金調達を行うようになりました）。しかしながら，日銀が公定歩合の変更を発表することにより，今後の金融政策の舵取りの基本方向を示す「アナウンスメント効果」は残ることになりました。

ゼロ金利政策

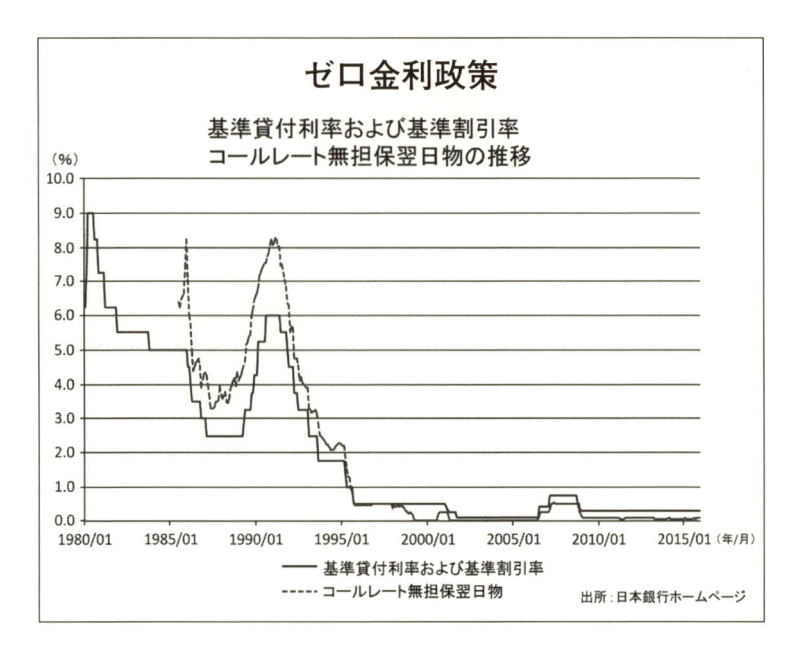

基準貸付利率および基準割引率 コールレート無担保翌日物の推移

出所：日本銀行ホームページ

　日本銀行は，1999年2月の金融政策決定会合でコールレートの誘導水準を0.25%から0.15%に引き下げ，いわゆる「ゼロ金利政策」と呼ばれる金融政策に踏み切りました。

　つまり，「より潤沢な資金供給を行い，無担保コールレート（翌日物）を，できるだけ低めに推移するよう促す。………（中略）………当初0.15%前後を目指し，その後市場状況を踏まえながら，徐々に一層の低下を促す」と公表しました。これにより，同年10月には0.02%とほとんど0%の水準まで低下しました。この政策は2000年8月までの約1年半継続されました。

　日銀がゼロ金利政策に踏み切った背景には，
① デフレスパイラルの懸念
・1998年度の実質成長率がマイナス1.5%に落ち込む
・消費者物価指数も前年度比0.2%低下
② 金融システム不安
　1998年10月には日本長期信用銀行が，1998年12月には日本債券信用銀行が相次いで国有化される
等の要因があったといわれています。

量的緩和策
日銀当座預金残高の推移

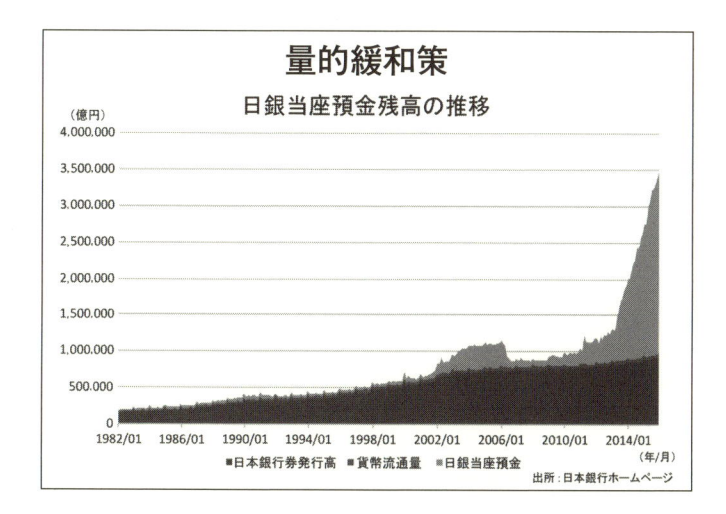

(グラフ：1982/01～2014/01 の日本銀行券発行高、貨幣流通量、日銀当座預金の推移)

出所：日本銀行ホームページ

　日銀は2001年3月に，量的緩和政策を実施しました。これは①から④の政策から構成されます。

① 政策上の操作目標を無担保コールレート（翌日物）から日銀当座預金残高に変更。

② 実施期間の目途として消費者物価指数（全国，除く生鮮食品）の前年比上昇率が安定的にゼロ以上となるまで継続する。

③ 日本銀行当座預金残高の増額と市場金利の一段の低下

　　それまで4兆円程度で推移していた日銀当座預金残高を5兆円程度に増やすことを目標。その後，段階的に増額し2004年1月の決定会合で30兆〜35兆円まで引き上げる。

④ 長期国債の買い入れの増額

　　当初，月々4,000億円からスタートし，月々1兆円を超える水準での買いオペを実施した。ゼロ金利政策解除（2000年8月）後，2000年12月から再び景気後退期に入り，金融政策面からも再び景気刺激策が求められたが，もうすでに公定歩合は0.25％まで引き下げられ，また，コールレート（翌日物）の誘導目標も0.15％に引き下げられ金利引き下げの余地がほとんどなかったことがこの政策に踏み切った背景となっている。

　この量的緩和政策は，不良債権処理の進捗や中国や米国の景気拡大に伴う輸出の拡大，石油価格の上昇による物価の下落が止まったことが主因で2006年3月に解除されましたが，デフレ状態が長く続いたことからあまり効果があったとはいえないようです。

> ## 近年における金融政策
>
> 包括的な金融緩和政策
> ① 無担保コールレート（翌日物）を，0から0.1％程度に誘導
>
> ② 中長期的な物価の安定が展望できるまではゼロ金利政策を継続
>
> ③ 長期国債，CP，社債，ETF，J-REIT等のリスク資産を買い入れるための基金の創設

　2006年3月に量的緩和解除，同年7月にゼロ金利政策が解除されましたが，2010年秋頃からの景気停滞懸念から，同年10月，3度目のゼロ金利政策の復活とともに，「包括的な金融緩和政策」を発表しました。内容は以下の通りです。
① 無担保コールレート（翌日物）を，0から0.1％程度に誘導
② 中長期的な物価の安定が展望できるまではゼロ金利政策を継続
③ 長期国債，CP，社債，ETF，J-REIT等のリスク資産を買い入れるための基金の創設
　このように，日銀は，デフレ脱却と，持続的な経済成長に向けて，ゼロ金利政策の復活とその継続期間を明確化（時間軸政策ともいう）しました。
　また，国債のほか，CP，社債などのリスク資産に加え，新たなリスク資産であるETFやJ-REIT等にも対象を増やし，非伝統的金融政策をいっそう推し進めることを宣言しました。しかしながら，このような非伝統的金融政策は日銀のバランスシートの健全性を害したり，株式市場，債券市場，不動産市場にひずみを引き起こしかねないとの批判的な意見も多く存在します。

アベノミクスと金融政策（1）

	（これまで）	（量的・質的緩和）
2％の物価上昇率 目標の達成時期	できるだけ早期	「2年程度」と明示
誘導目標	無担保コール （翌日物金利）	マネタリーベースで2年で2倍に
国債の買い入れ	量：13年は20兆増加 対象：1〜3年	量　：年間50兆円増加 対象：40年債まで拡大
リスク資産の 買い入れ	ETF　13年は5,000億円増加 J-REIT 13年は100億円増加	ETF　　13年は1兆円増加 J-REIT 13年は300億円増加

出所：日本経済新聞　2013年4月5日記事

　アベノミクスとは，2012年に成立した第二次安倍内閣の経済政策です。通称「3本の矢」と呼ばれています。第1の矢は「大胆な金融政策」，第2の矢は「機動的な財政政策」，第3の矢は「民間投資を喚起する成長戦略」です。ここでは，主に，第1の矢について解説します。

　アベノミクスの第1の矢である「大胆な金融政策」の柱は以下の3つです。

　第1は，消費者物価指数の前年比上昇率2％を「物価安定の目標」として掲げ，その早期実現を目指すということです。それまで日本銀行は，物価上昇「1％を目指して」，「強力な金融緩和」を実施していましたが，目指す消費者物価上昇率を1％から2％に引き上げました。

　第2は，日本銀行から民間金融機関に供給する資金の総量（マネタリーベース）を年間60〜70兆円ペースで増加させていくということです。日本銀行は2012年末に138兆円であったマネタリーベースの残高を，13年末には200兆円に，14年末には270兆円にすると数字で示しています。

　第3は，マネタリーベースを増加させる手段として，主に民間金融機関が保有している国債を購入することになりますが，その購入する国債の平均残存期間を，それまでの3年弱から7年程度に延長するなどとしたことです。また，リスク資産である上場投資信託（ETF）を年間1兆円購入，上場不動産投資信託（J-REIT）年間300億円購入することも公表しました。

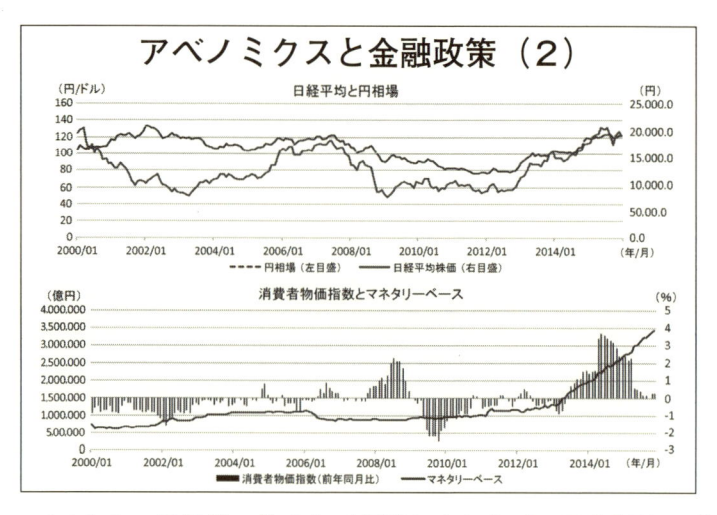

アベノミクスと金融政策（2）

日経平均と円相場

消費者物価指数とマネタリーベース

　アベノミクス登場後，約3年が経過しましたが，日本経済はどうなってきたのかを確認してみましょう。2012年末から現在（2015年末）までの経済状況は，上のグラフの通りです。為替は円高を脱していますし，株価も日経平均でみますと10,395.18から19,747.47まで約90％上昇しています。物価指数も99.3から103.5（2015年11末時点）へと改善していることがわかります。雇用面からも，失業率の低下や有効求人倍率も上昇しています。しかしながら，大胆な金融緩和に対する批判は数多く挙げられています。その主なものを列挙します。

　第1は，賃金の上昇が伴っていない点が挙げられます。物価が上がっても，賃金が上昇しないと国民の生活は向上しないという批判です。しかしながら，雇用は改善し，失業率も低下しています。

　第2は，円安にも関わらず，貿易収支がなかなか改善しないことが指摘されています。2013年度，2014年度ともに貿易収支はマイナスであり，2015年度も11月末までで石油価格の下落によりマイナス幅は大幅に縮小していますが，依然としてマイナスとなっています。

　第3に，金融緩和の方法として，日本銀行が大量に国債を購入しているという指摘です。保有量は平成27年上期末で300兆を超えており，国債保有者全体に占める割合も30％を超えており，限界にきていると考えられます。政府の財政規律の観点からも，国債に対する信任という観点からも問題といわざるを得ません。

流動性のわな

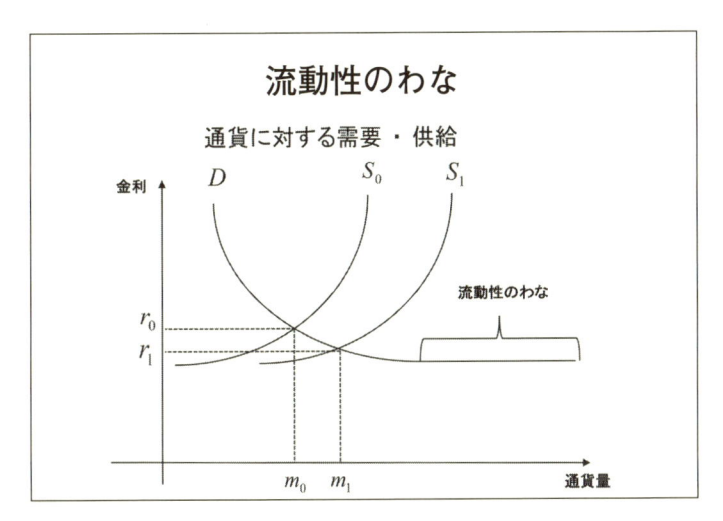

通貨に対する需要・供給

(図：金利を縦軸、通貨量を横軸とし、需要曲線 D、供給曲線 S_0、S_1 を示す。均衡点は (m_0, r_0) と (m_1, r_1)。低金利部分は水平で「流動性のわな」と示される)

通貨の供給量を増加させても、生産や雇用の増加にはつながらない場合があります。

① 通貨の需要量が金利に対して無限に弾力的な場合

金利の水準が極めて低い場合、人々は先行き金利の上昇（債券価格の下落）を予想し、債券を購入しなくなります。したがって、通貨の供給量を増やしても金利は低下しなくなります。金融緩和を進めるために市場に大量の資金供給を行った結果、これ以上金融緩和が効かなくなるという意味で、このような状態を「流動性のわな」と呼んでいます。2008年のリーマンショック時には、米国FRBなどの政策金利がゼロに近づき、各国がこの問題に直面しました。

② 設備投資の金利に対する弾力性がゼロの場合

深刻な不況の時期では、金利が低下しても企業は先行きの不安から、設備投資を行おうとせず、生産の拡大に繋がりません。バブル崩壊以降の日本でそれと同じ現象が生じていました。

金融政策と財政政策

金融政策以外の主な経済政策
① 財政政策（Fiscal policy）
　　政府が財政支出や税の増減を通じて，総需要をコントロールし，景気の調整，雇用拡大，ひいては，物価の安定，経済成長を図ろうとするものである。
② 為替政策
　　自国の通貨の為替レートをコントロールすること
③ 国債管理政策
　　国債が安定的に消化されること，中長期的な観点から発行コストを抑制することを目的として行われる諸政策の総称である。

この他，産業政策，独占禁止政策，規制緩和政策，租税政策などのより長期的な政策もある。

　ここで，財政政策についてもう少し詳しく解説することにします。

　財政政策とは，政府が財政支出や税の増減を通じて，総需要をコントロールし，景気の調整，雇用拡大，物価の安定，経済成長を図ろうとするものです。

　財政政策は一般に金融政策に比べ効果が直接的に表れるといわれています。実際，大幅な公共投資や減税による経済効果は大きいです。しかしながら，財政政策を行うにあたり，議会の承認が必要であり，行政プロセスも長く，金融政策に比べ，その効果が表れるまでに長い時間を要することが指摘されています。

　日本経済を安定化させるためには，財政政策は金融政策とともに，車の両輪としての役割を担っています。

　例えば，不況時には，公共事業を行うことで財政支出を増やしたり，所得税を減税します。同時に日本銀行は政策金利を引き下げるなどの金融政策を実施して景気を刺激しようとします。また，逆に好景気であれば，政府は歳出の削減や，増税の実施を行います。同時に日本銀行は政策金利を引き上げ，景気を鎮静化させようとします。

　このように，金融政策と財政政策を適切に組み合わせることにより，経済政策の目標の達成をより効果的に行うことができます。このことを「ポリシー・ミックス」といいます。

> ## 財政とは
>
> ### 財政の3つの機能
>
> ①資源配分機能
>   社会資本の整備
> ②所得の再配分機能
>   累進課税,社会保障制度(生活保護,雇用保険)
> ③景気調整機能
>   財政収支の伸縮,増税(減税)

ここで,わが国の財政の現状と問題点について整理してみましょう。

一般に財政とは,政府が行う経済活動をいい,国防,警察,司法,教育などの公共サービスや道路,港湾,上下水道などの社会資本を整備する役割を担っています。財政には次の3つの機能が期待されています。

① 資源配分機能

市場メカニズムにまかせておくとうまくいかないような道路や上下水道といった社会資本の整備を行うことなどがこれに当たる。

② 所得再配分機能

経済的にめぐまれた人に多くを課税し,恵まれない人々に再配分する。累進課税や,生活保護,雇用保険などの社会保障制度がこれに当たる。

③ 景気調整機能

景気変動に対応して,財政支出を伸縮させることによって,例えば,不況期(好況期)には公共支出を増やし(減らし),減税(増税)を行い,有効需要を調節して景気の振幅を小さくし,物価,雇用を安定させる。

また,最近のように,累進課税制度と社会保障制度が組み込まれていることによって,不況期には税金が減るとともに社会保障費が増えて有効需要が増大します。逆に,好況期には税金が増えるとともに失業対策費などの社会保障費が減って景気が抑制されるといったように自動的に景気が調整される仕組みが備わっていますが,このことを自動安定化装置(ビルト・イン・スタビライザー)と呼びます。

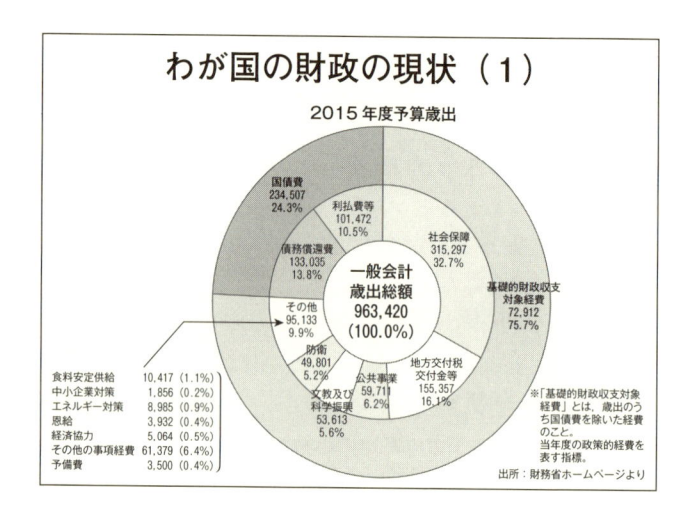

わが国の財政の現状（1）

2015年度予算歳出

一般会計歳出総額 963,420 (100.0%)

- 国債費 234,507 24.3%
  - 利払費等 101,472 10.5%
  - 債務償還費 133,035 13.8%
- 基礎的財政収支対象経費 72,912 75.7%
  - 社会保障 315,297 32.7%
  - 地方交付税交付金等 155,357 16.1%
  - 公共事業 59,711 6.2%
  - 文教及び科学振興 53,613 5.6%
  - 防衛 49,801 5.2%
  - その他 95,133 9.9%
    - 食料安定供給 10,417 (1.1%)
    - 中小企業対策 1,856 (0.2%)
    - エネルギー対策 8,985 (0.9%)
    - 恩給 3,932 (0.4%)
    - 経済協力 5,064 (0.5%)
    - その他の事項経費 61,379 (6.4%)
    - 予備費 3,500 (0.4%)

※「基礎的財政収支対象経費」とは、歳出のうち国債費を除いた経費のこと。当年度の政策的経費を表す指標。

出所：財務省ホームページより

　ここでは，わが国の財政（一般会計）の現状を詳しくみてみましょう。

　わが国の歳出は，上図の通りです。歳出は大きく基礎的財政収支対象経費と国債費に分かれます。基礎的財政収支対象経費は，社会保障関係費，地方交付税交付金等，公共事業関係費，文教および科学振興費，防衛関係費などからなります。特に高齢化の進展とともに社会保障関係費の増大が顕著であり，2015年度予算の一般会計歳出総額の約33％を占めるに至っています。地方交付税交付金等は地方財政の財源として国から地方へ配賦される補助金であり，あらかじめ使途を定めないものです。防衛関係費も増額され5.2％となっています。

　また，国債費は，国債の利払い・償還のための支出であり，近年の国債の大量発行を背景として，15年度予算では，24％を占めるまでに拡大しています。国債費と社会保障関係費と地方交付税交付金等で歳出全体の7割以上を占めており，その他の政策的な経費（公共事業，教育，防衛費等）の割合が年々縮小しています。

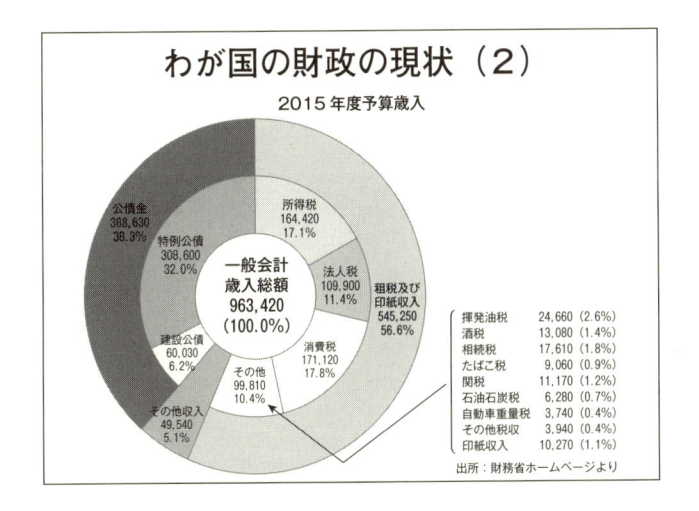

わが国の財政の現状（２）

2015年度予算歳入

一般会計歳入総額 963,420 (100.0%)

- 公債金 368,630 38.3%
  - 特例公債 308,600 32.0%
  - 建設公債 60,030 6.2%
- 租税及び印紙収入 545,250 56.6%
  - 所得税 164,420 17.1%
  - 法人税 109,900 11.4%
  - 消費税 171,120 17.8%
  - その他 99,810 10.4%
    - 揮発油税 24,660 (2.6%)
    - 酒税 13,080 (1.4%)
    - 相続税 17,610 (1.8%)
    - たばこ税 9,060 (0.9%)
    - 関税 11,170 (1.2%)
    - 石油石炭税 6,280 (0.7%)
    - 自動車重量税 3,740 (0.4%)
    - その他税収 3,940 (0.4%)
    - 印紙収入 10,270 (1.1%)
- その他収入 49,540 5.1%

出所：財務省ホームページより

　一方，歳入は上図の通りです。租税及び印紙収入，公債金収入，その他収入から構成されます。歳入の中で最も多いものは租税および印紙収入ですが，所得税，消費税，法人税に分かれます。

　租税収入で歳出を賄えない場合に臨時的に発行されるのが国債であり，国債発行による歳入が公債金収入です。わが国では，公共事業費等の財源に充てられる建設国債と歳入不足を穴埋めする赤字国債（特例国債）に分けられますが，近年，この赤字国債が大量に発行されています。

　この結果，公債の発行残高は急増しており，2015年度末で807兆円，GDPの160％，税収約15年分に相当し，将来世代に大きな負担を残すことになります。

　これは，先進国の中で最悪の財政状況であり，財政破たんしたギリシャよりも悪い水準です。このため政府は，2011年度に国と地方を合わせて基礎的財政収支を黒字化すること「骨太の方針2006」を目指しましたが，2008年にリーマンショックが起こり，この目標は一時中断しました。2013年には財政健全化のもと，基礎的財政収支赤字をGDP比で半減，2020年までに基礎的財政収支の黒字化を目指すことになりました。また，今後ますます増大する社会保障費の財源確保のため，2014年に消費税を5％から8％へ引き上げ，さらに2017年4月からは10％に引き上げることになっています。

（財務省ホームページ「日本の財政関係資料」より加筆修正）

公債発行増に関する問題（1）

国債及び国庫短期証券の所有者内訳
（平成27年9月末速報）

- 家計 144,707 1.4%
- その他 96,430 0.9%
- 海外 1,015,510 9.8%
- 日本銀行 3,150,209 30.3%
- 一般政府（除く公的年金）174,174 1.7%
- 年金基金 347,688 3.3%
- 財政融資資金 22 0.0%
- 公的年金 523,086 5.0%
- 生損保等 1,990,442 19.1%
- 銀行等 2,956,756 28.4%

合計 1,039兆9,024億円 （単位：億円）

出所：日本銀行　資金循環統計
（注1）「国債」は財投を含む。
（注2）「銀行等」にはゆうちょ銀行，「証券投資信託」及び「証券会社」を含む。
（注3）「生損保等」はかんぽ生命を含む。

出所：財務省ホームページ「平成27年度国債管理政策の概要」
原出所：日本銀行「資金循環表」

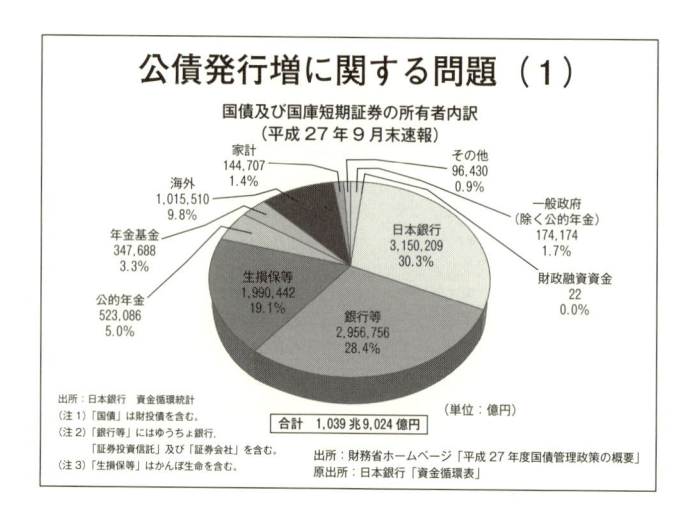

　財政赤字を補うため大量に発行されている国債はどのように消化されているのでしょうか。上図は，誰が国債を保有しているのかを示しています。

　一番目に多いのは，近年，急増している日本銀行です。日本銀行は発行時には購入できませんが，流通市場を通して購入しており，全体の30.3％にまで拡大しています。二番目に多いのは銀行です。これにはゆうちょ銀行も含まれていますが，全体の28.4％を占めています。三番目に多いのは，生命保険と損害保険で19.1％を占めています。ついで，近年，急激に増加している外国人であり，全体の9.8％を占めるに至っています。財政破たんしたギリシャの場合，外国人の保有比率は6割から7割（2011年当時）であり，これがギリシャと日本の違いとなっています。外国人の場合は短期的な保有も多く，今後の安定消化という観点からは懸念材料となる水準に近づきつつあります。その次が年金で公的年金と企業年金を合わせると8.3％となっています。

　このように，金融機関に極端に偏った保有比率となっています。金融緩和を推し進める日本銀行や，日本経済が低迷する中で，貸出先が減少している銀行や保険会社が購入しているのが原因ですが，日本銀行の健全性を損ねるだけでなく，金利が少し跳ね上がっただけでも金融機関に大きな含み損が発生し，金融市場が不安定になるなどさまざまな副作用が予想されます。

公債発行増に関する問題（2）

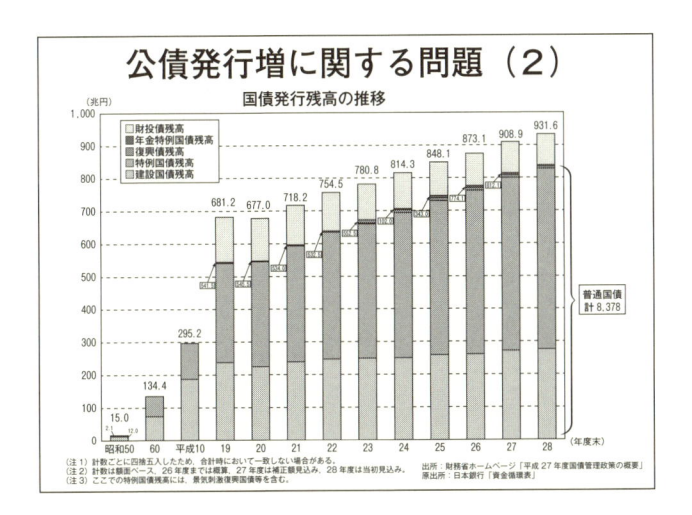

国債発行残高の推移

 このように，国債の発行が急拡大した原因はどこにあるのでしょうか。また，国債の大量発行の問題点は何かを整理してみましょう。

 赤字国債は，1965年に不況のための税収不足から戦後初めて発行されました。第1次オイルショック後に再び発行されましたが，上図のように大量に発行され出したのは，2000年代後半以降であることがわかります。

 この間，公共事業関係費は削減されていますが，高齢化の進展に伴い社会保障関連費が大幅に上昇していることが主な原因となっています。また，国債の利払いや償還に対する費用である国債費も年々増加しており歳出における大きな比率を占めるに至っています。

 国債の大量発行の問題点は，次の3つにまとめられます。第1に，現時点で増税を行わず，国債を発行することは，将来の増税を意味します。社会資本充実のための建設国債の発行であれば，社会資本は将来世代も便益を享受することになり，負担ばかりとはいえません。しかし，政府支出の不足分を賄う赤字国債の発行は，将来世代へ負担のみを転嫁させることにほかなりません。第2に，民間の貯蓄が国債に回り，民間投資に回るべき資金が減少することになります。第3に国債を保有している者と，所有していない者との間に不平等が生じる点です。国債の利子や償還は税金という形で国民全体で負担することになりますが，これは，国債を保有していない者から所有している者への所得の移転が行われることになります。

第3章
金融機関

3.1 節　金融機関 (1)

---**本節の概要**---

本節の「金融機関 (1)」では，まず，国内で活動している金融機関の存在意義，種類（分類）および役割について確認し，次に，日本の金融制度の生い立ちとこれまでの流れを銀行を中心に概観します。そして，日本の金融システムの特徴であった5つの「分離政策」について，（長短金融の分離，銀行・信託の分離，銀行・証券の分離を中心に）解説します。そして，本節の最後では，（普通）銀行，信託銀行およびインターネット銀行について概説します。

---**ポイント**---

1. 国内で活動している金融機関の存在意義，種類（分類）および役割について確認すること
2. 日本の金融制度の生い立ちとこれまでの流れについて把握すること
3. 日本の金融システムの特徴であった5つの「分離政策」について，概要を把握すること
4. （普通）銀行，信託銀行について詳しく解説
5. インターネット銀行とは何か

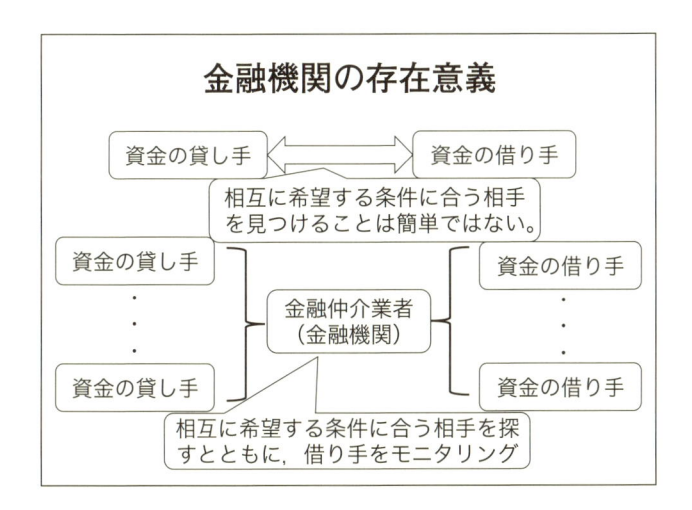

金融機関の存在意義

```
資金の貸し手 ⇔ 資金の借り手
      相互に希望する条件に合う相手
      を見つけることは簡単ではない。

資金の貸し手              資金の借り手
   ⋮      金融仲介業者       ⋮
資金の貸し手  （金融機関）    資金の借り手
      相互に希望する条件に合う相手を探
      すとともに，借り手をモニタリング
```

　金融機関が存在しない世界では，資金を必要とする側（資金の借り手），資金の活用したい側（資金の貸し手）の双方で自分の希望する条件に合った相手側を自身で探さなければなりませんが，この作業は決して簡単なことではありません。

　一方，金融機関が存在する世界では，金融機関が金融仲介業者として，資金を必要とする側（資金の借り手）と資金の活用したい側（資金の貸し手）の各々の希望する条件に合った相手を探すだけでなく，双方の状況を継続的にモニタリングしてくれるため，金融機関が介在しないで自分自身で貸し借りの相手を探した場合と比較して，安心して資金の貸し借りを行うことができます。

　資金の貸し手も借り手も資金の規模，期間の長さなど，いろいろな希望する条件があることが一般的ですが，金融機関は多様な資金提供者や資金需要者を顧客として抱えており，いろいろな要求に対応することが可能です。あるいは，金融機関自身の工夫やリスクテイクにより，資金提供者の資金を合成あるいは細分化して資金を共有するなどの付加価値を付けて資金の有効活用を助ける働きをしています。

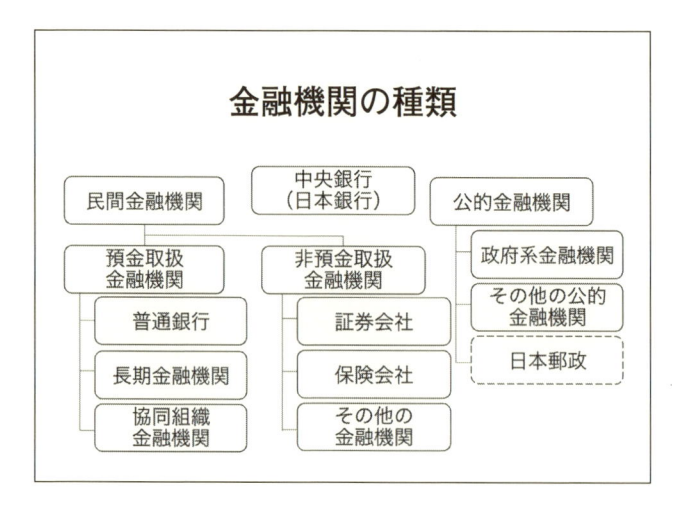

金融機関の種類

```
民間金融機関          中央銀行           公的金融機関
                   (日本銀行)
預金取扱   非預金取扱        政府系金融機関
金融機関   金融機関
                            その他の公的
 普通銀行    証券会社           金融機関

 長期金融機関  保険会社           日本郵政

 協同組織    その他の
 金融機関    金融機関
```

金融機関は大きく3つに分類できます。具体的には、日本の中央銀行である「日本銀行」、民間企業で金融業務を営んでいる「民間金融機関」、民間金融機関では十分に対応できない公的な色彩が強い金融業を営んでいる「公的金融機関」に分類することができます。

民間金融機関は、普通銀行（都市銀行、地方銀行、第二地方銀行等）、長期金融機関（信託銀行）、協同組織金融機関（信用金庫、信用組合、労働金庫、農業協同組合、漁業労働組合）等の預金を扱うことが許された「預金取扱金融機関」と証券会社、保険会社（生命保険会社、損害保険会社）、その他の金融機関（資産運用会社、クレジットカード会社、リース会社、信販会社、消費者金融専門業者）等の貯金を扱うことが許されていない「非預金取扱金融機関」に分類できます。

公的金融機関には日本政策金融公庫、沖縄振興開発金融公庫等の政府系金融機関と日本政策投資銀行、商工組合中央金庫、住宅支援機構、日本郵政等のその他の公的金融機関があります。なお、日本郵政は2016年3月末現在で民営化の途上にあり、公的金融機関の1つとして分類しました。

金融機関の役割

- 中央銀行（日本銀行）
  「政府の銀行」と「銀行の銀行」と「発券銀行」
- 民間金融機関
  種々の金融サービスを提供する金融機関
- 公的金融機関
  政策的な目的を持った民間金融機関を補完するための金融機関

　前述の日本銀行，民間金融機関，公的金融機関には各々異なる期待役割があります。まず，日本銀行は，日本の中央銀行として，「政府の銀行」，「銀行の銀行」，「発券銀行」という大きな3つの役割を担っています。これらの役割をもとに，公開市場操作などの金融政策を実行することができるようになっています。

　民間金融機関は，種々の金融サービスを広く一般の人々に提供することが期待されています。リテール・バンク業務を行っている銀行，信用金庫，信用組合，労働金庫，農業および漁業労働組合，保険会社などがこれに当たります。

　公的金融機関は，民間金融機関を補完すること（民業補完の原則）と政策目的との関連性が明確なことを大前提として，民間金融機関では対応が難しい金融サービスを提供することが期待されています。公的金融機関には，民間の一般的な融資条件をクリアできない事業者や，事業に必要な資金の一部しか借りられない事業者でも，一定の条件が整えば，資金調達に困難な人でも融資に応じてもらえます。

　3つの金融機関が各々の期待役割を果たすことで，日本における金融が効率良く機能して，日本経済の発展に寄与することができます。

```
┌─────────────────────────────────────────────┐
│     日本の金融制度の生い立ちと流れ（1）        │
│                                             │
│         ┌─戦前の金融制度─┐                   │
│         │・欧米よりも約一世紀遅れて工業化が始まる。│
│         │・銀行に零細な小口貯蓄を大量に引き込みつつ，│
│         │ それを原資に積極的な貸出を行う。    │
│  ┌分離主義┐ 日本の銀行制度の5つの特徴         │
│         ┌──銀行と証券──┐                    │
│   ┌長期金融と短期金融┐ ┌預金業務と信託業務┐   │
│   ┌中小企業専門　　┐ ┌外国為替業務の　┐      │
│   │金融機関制度　　│ │　特定化　　　　│      │
└─────────────────────────────────────────────┘
```

　日本の現在の金融制度は明治初期に欧米の金融制度を手本としてスタートしました。欧米よりも約一世紀遅れて工業化が始まり，銀行に零細な小口貯蓄を大量に引き込みつつ，それを原資に積極的な貸出を行うことを狙いとして設立されました。

　その後，第二次世界大戦を経た日本の金融システムは，「護送船団方式」という言葉に代表される政府主導の規制に守られた（縛られた）ものになりましたが，日本経済が成熟化していく過程で，日本の金融システムの改革が進みました。

　まず，金融システム改革前の日本の金融システムの考え方は専門制と分業制という大きな特徴を持ち，銀行，証券会社，保険会社等の業務範囲を分離して，異業態への参入は認められていませんでした。このことを典型的に表している「分離主義」という考え方を確認します。これは，銀行と証券の分離（銀証分離），長短金融の分離，預金業務と信託業務の分離，中小企業専門金融機関制度，外国為替業務の特定化（内外市場の分断規制）というものでした。これらの分離は，金融業務を細分化して，ほかの分野の金融機関の参入を制限する狙いがありました。当時の金融監督庁（当時は大蔵省）の強い関与のもとで，金融機関の監視および指導を行い，金融機関の保護を徹底的に行ってきました。そして，脱落する金融機関がないように一番遅い船（金融機関）に合わせて全体を運行するようにしていたため，護送船団方式といわれました。

日本の金融制度の生い立ちと流れ（2）

金利の自由化，銀行・証券等に対する規制緩和や為替管理に関する規制の緩和

金利の自由化
- 1985年：大口取引の金利預金
- 1993年：定期金利預金
- 1994年：譲渡性預金金利

為替管理
- 1973年：変動相場制
- 1979年：外為法が改定
- 1984年～：さらに自由化へ

⇩

これらの自由化が進み，内外の金融環境や金融技術の進歩もあり，さらなる金融制度改革が進むことになった。

　日本経済が高度成長から安定成長の時代になり，1975年以降は内外の環境も変化し，金融制度も見直しが必要となりました。その大きなものとして，金利の自由化，銀行・証券等に対する規制緩和や為替管理に関する規制緩和があります。

　まず，預金金利規制に関しては，1985年以降，大口取引の預金金利から金利が自由化され，その後，1993年には定期金利預金が，1994年には譲渡性預金金利が自由化されました。為替管理に関しても，日本の国際的な地位の向上に伴い自由化が進みました。1973年に外国為替が変動相場制になり，1979年には外為法が改定され，対外資本取引は原則として自由化されました。国際金融市場から遮断されていた国内金融市場も国際化が進み，海外の金利の影響を強く受けることになりました。そして，1984年以降，自由化がさらに進むことになります。

　さらに，内外の金融環境の変化や金融技術の進歩もあり，金融制度改革が進むことになります。分業主義は日本経済の構造変化が進み，銀行に対する資金需要が減少していく中で，金融機関の競争が激化して，さらなる金融制度改革が求められるようになりました。1985年に「専門金融機関制度をめぐる諸問題研究のための専門委員会」が設置され，同研究会の最終報告書の結果を受けて，銀行，証券会社，信託銀行が子会社を設立することで異業態への参入が可能となりました。

> ## 長短金融の分離
>
> 長期金融と短期金融を分離して，短期金融を普通銀行が，長期金融は信託銀行と長期金融を専門とする銀行が担当
>
> 長期金融を専門とする銀行とは，日本興業銀行，日本長期信用銀行，日本債券信用銀行です。
>
> 長期金融：長期の資金を集めてこれを長期での借り入れ希望先に貸し付けを行うこと
>
> 短期金融：短期での預金の受け入れと短期での貸付けを行うこと
>
> 現在では，日本興業銀行はみずほグループに，日本長期信用銀行は新生銀行（普通銀行）に，日本債券信用銀行もあおぞら銀行（普通銀行）に転換しています。

　長短金融の分離とは，長期金融と短期金融を分離して，短期金融は普通銀行（銀行法を根拠法としている）が主な業務として担当して，長期金融は信託銀行と長期金融を専門とする新しい銀行を設立して主な業務として担当することです。長期金融を専門とする銀行とは長期信用銀行法を根拠法として設立（転換）された日本興業銀行，日本長期信用銀行，日本債券信用銀行です。

　なお，長期金融とは，長期の資金を集めてこれを長期での借り入れ希望先に貸し付けを行うことであり，高度経済成長が続き設備投資などの長期での資金を必要とする当時の重厚長大産業の資金の供給元となりました。短期金融とは，短期での預金の受け入れと短期での貸付けを行うことです。ただし，普通銀行は短期で預金を集めて長期で貸し付けを行う融資業務を行っており，完全に長短金融の分離がされていたわけではありません。

　なお，日本興業銀行は，富士銀行，第一勧業銀行とともに金融持株会社みずほホールディングスを設立してみずほグループに，日本長期信用銀行は，1998年10月に成立した金融再生法および早期健全化法により一時国有化され，その後紆余曲折を経て現在（新生銀行）は普通銀行に転換しています。また，日本債券信用銀行も同様に同年12月に一時国有化され，その後紆余曲折を経て現在（あおぞら銀行）は普通銀行に転換しています。

銀行，信託の分離

> 銀行業務と信託業務を分離して，おのおのの専門の金融機関がこれを営むこと
>
> 1954年末以降，普通銀行業務から信託業務を分離して，信託業務を主業とするものを信託銀行とした。
>
> 長短金融分離という原則の下で，代表的な信託商品である金銭信託や貸付信託を中心とする信託業務が長期金融の性質を持つことから，銀行，信託の分離が進められた。
>
> その後，銀行，証券会社に信託銀行子会社の設立が認められ，他業態からの信託業務への参入が可能となった。

　銀行，信託の分離とは，銀行業務と信託業務を分離して，おのおのの専門の金融機関がこれを営む制度・規制のことです。信託銀行は，戦前に信託会社という名称で古くから存在していましたが，終戦直後の高インフレにより，経営が悪化して政府が救済することになり，信託銀行に転換させました。その後も，信託銀行を保護・育成するために，一般の銀行が信託業務を兼営することを禁止しました。銀行業務と信託業務をおのおの専門にする金融機関が営むという制度・規制のことです。

　日本では，政府の方針として，1954年末以降，普通銀行業務から信託業務を分離して，信託業務を主業とするものを信託銀行としてきました。長短金融分離という原則の下で，代表的な信託商品である金銭信託や貸付信託を中心とする信託業務が長期金融の性質を持つことから，銀行，信託の分離が進められました。その後，金融の規制緩和の流れの中で，銀行，証券会社に信託銀行子会社の設立が認められるようになり，他業態からの信託業務への参入が可能となりました。

銀行，証券の分離

- 利益相反と優越的な地位の濫用を防止するために，銀行業務と証券業務を分離して業務を行うこと
- 1933年に米国で施行されたグラス・スティーガル法をもとにしているといわれています。
- 米国：急速な規制緩和を受けて，グラス・スティーガル法が撤廃
- 日本：1993年から銀行，信託銀行，証券会社，保険会社の業務を相互乗入れが可能に
- 先般の米国に端を発した金融危機の反省から，銀行業務と証券業務の分離という考え方が再評価されている。

銀行，証券の分離とは，利益相反と優越的な地位の濫用を防止するために，銀行業務と証券業務を分離して業務を行うという規制です。1933年に米国で施行されたグラス・スティーガル法をもとにしているといわれています。銀行と証券を分離するという考え方は，米国，英国，カナダなどのアングロサクソン系の国々で採用されましたが，ドイツ，フランス，スイスなどの国々では総合的なサービス（銀行業務と証券業務を含む）を提供できるようになっています（銀行業務と証券業務を営むことができる銀行のことをユニバーサルバンクと呼んでいます）。米国では，急速な規制緩和を受けて，グラス・スティーガル法が撤廃され，日本でも日本版金融ビッグバンにより1993年から銀行，信託銀行，証券会社，保険会社のおのおのが，子会社を設立することで，相互の業務を乗入れできるようになりました。

なお，先般の米国に端を発した金融危機の反省から，銀行業務と証券業務の分離という考え方が再評価されています。

銀行の機能

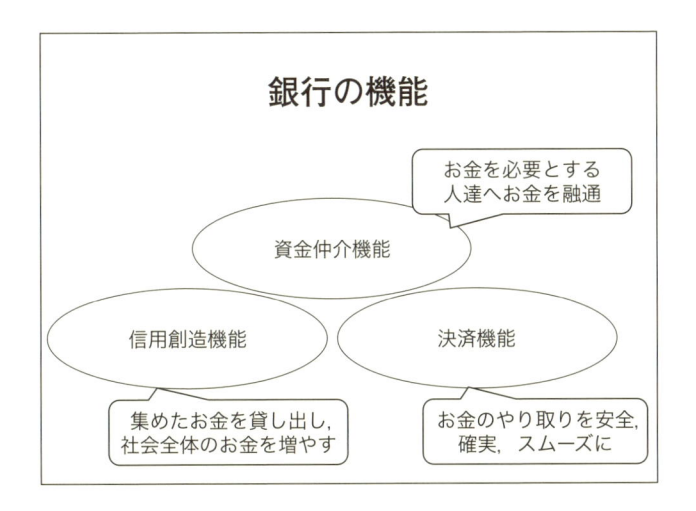

- 資金仲介機能 — お金を必要とする人達へお金を融通
- 信用創造機能 — 集めたお金を貸し出し，社会全体のお金を増やす
- 決済機能 — お金のやり取りを安全，確実，スムーズに

　銀行には，お金を必要とする人達へお金を融通する「資金仲介機能」，集めたお金を貸し出して社会全体のお金を増やす「信用創造機能」，お金のやり取りを安全，確実かつスムーズに行う「決済機能」という3つの重要な機能があります。

　「資金仲介機能」は，これは不特定多数の資金余剰者である資金の貸し手と資金不足主体である資金の借り手の間に入って仲介することです。銀行がみずからリスクを負担することで資金余剰者の負担するリスクを低減する（資産変換機能）ことができて，資金余剰者は安心して資金を提供できることになります。銀行はこの金融仲介機能によって，間接金融の中心的な役割を果たしています。「信用創造機能」は，銀行が預金を集めてこれを貸し出すことを繰り返すことで預金通貨を増やす機能を指します。これは，例えば，提供された資金は，資金を必要としている個人や企業により「支出」に使われます。「支出」に使われたお金は再び預金として銀行に預けられることになります。すると銀行はこの預金を使ってほかの資金を必要としている個人や企業に資金を提供することになります。これを繰り返すことで，銀行はあたかも新たな資金を生み出す（信用を生み出す）ような機能を持つことになります。「決済機能」は，送金や公共料金を含めたいろいろなお金の支払いなどを銀行の口座を介して行うことができることです。これらのことを，現金のやり取りを直接することなく，安全，かつ迅速に行うことができるメリットがあります。

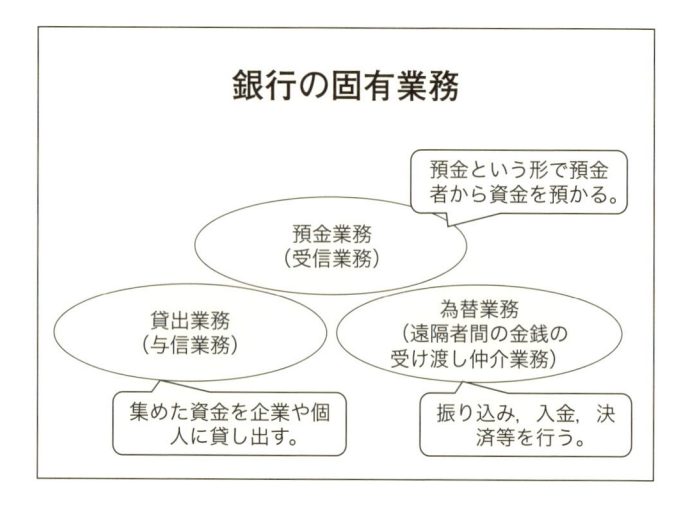

```
┌─────────────────────────────────────────────┐
│           銀行の固有業務                      │
│                                             │
│                        ┌──預金という形で預金─┐│
│              ╱‾‾‾‾‾╲   │   者から資金を預かる。││
│             (預金業務 )  └─────────────────┘│
│             (受信業務)                       │
│   ╱‾‾‾‾‾╲   ╲_____╱  ╱‾‾‾‾‾╲               │
│  (貸出業務)           (為替業務)              │
│  (与信業務)          (遠隔者間の金銭の         │
│   ╲_____╱           受け渡し仲介業務)         │
│ ┌─集めた資金を企業や個┐ ╲_____╱          │
│ │ 人に貸し出す。    │ ┌─振り込み，入金，決─┐ │
│ └────────────┘ │ 済等を行う。      │ │
│                   └─────────────┘ │
└─────────────────────────────────────────────┘

　銀行の固有業務（三大業務）として，「預金業務（受信業務）」，「貸出業務（与信業務）」，「為替業務（遠隔者間の金銭の受け渡しの仲介業務）」の３つがあります。「預金業務」とは，預金という形で個人や企業等の預金者から資金を預かる業務のことです。銀行は預金者に対して利息を支払うことになります。

　「貸出業務」とは，預金者から集めた資金やインターバンク市場から調達した資金を企業や個人に貸し出す業務のことです。すなわち，個人や企業などにとって銀行は重要な資金調達の役割を担っています。個人が住宅を購入する際に住宅ローンを組むことが多いのですが，住宅ローンもこの「貸出業務」に該当します。銀行から融資を受けた企業や個人は利息と元本をあらかじめ決められた期日に返済しなければなりません。

　「為替業務」とは，顧客からの依頼によりほかの口座に資金を振り込んだり，預金者の口座への入金，顧客に代わって小切手や手形による支払いの決済，公共料金，クレジットカードの利用代金などの支払いを行う業務です。なお，為替業務は，窓口業務に加えて自動振込機やインターネットなどを使った振込を行う金融サービス，さらには貿易取引に関連した金融サービスなどのフィービジネスも行っています。
```

銀行の分類

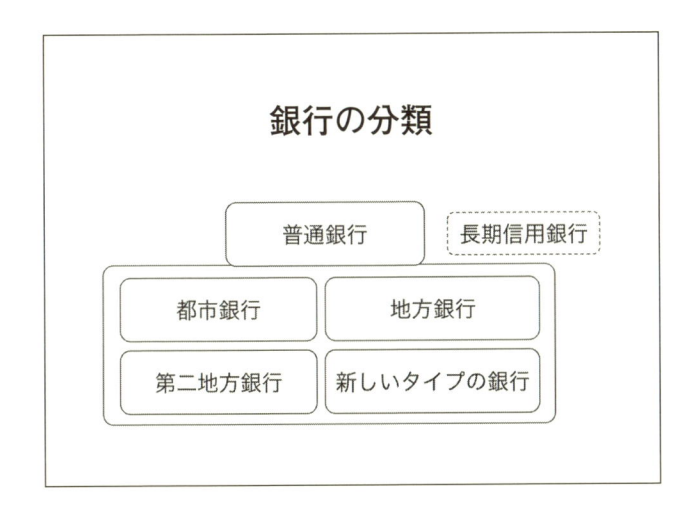

- 普通銀行
  - 都市銀行
  - 地方銀行
  - 第二地方銀行
  - 新しいタイプの銀行
- 長期信用銀行

　銀行は，銀行法で規定された普通銀行，長期信用銀行法で規定された長期信用銀行を指しますが，狭義には普通銀行を指します。普通銀行は，規模，活動地域等から都市銀行，地方銀行，第二地方銀行，新しいタイプの銀行（インターネット銀行等）に分けることができます。なお，長期信用銀行は，長期金融を専門業務とした銀行で，長短分離の考え方のもとで設立された銀行でした。

　都市銀行は，全国規模で支店を持って営業活動を行っている銀行で，みずほ銀行，三菱東京UFJ銀行，三井住友銀行の3つのメガバンクが代表的な都市銀行です。地方銀行は，全国地方銀行協会に加盟している銀行のことで，活動の中心となる地方都市に本店を置き，特定の地域に多くの支店を持った地域社会を金融面で支える金融機関です。今後統合が進むと考えられています。第二地方銀行は，第二地方銀行協会に加盟している銀行のことで，地方銀行と同様に，活動の中心となる地方都市に本店を置き，地域社会を金融面で支える金融機関ですが，相互銀行（相互銀行法に基づいた中小企業向け金融機関のこと。普通銀行と同様の業務を営むが，営業区域を制限され，外国為替業務は営めない）から転換した銀行です。今後統合が進むと考えられています。新しいタイプの銀行は，インターネット専業銀行などのこれまでの銀行とは異なる特徴を持っている銀行で，今後も増えていくことが予想されています。

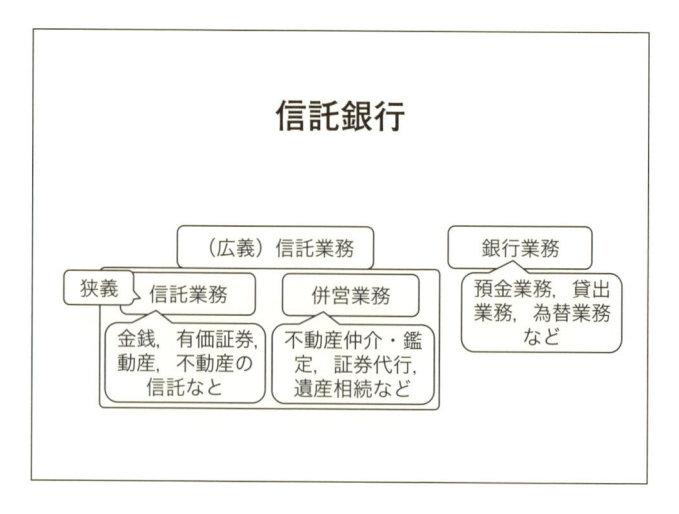

```
┌─────────────────────────────────────────────────┐
│                                                 │
│                  信託銀行                        │
│                                                 │
│        ┌──(広義）信託業務──┐    ┌─銀行業務─┐    │
│     ┌狭義┐                                      │
│     │信託業務│  ┌併営業務┐    ┌預金業務，貸出│  │
│     ┌──────┐  ┌──────────┐  │業務，為替業務│  │
│     │金銭，有価証券，│ │不動産仲介・鑑│ │など      │  │
│     │動産，不動産の │ │定，証券代行，│ └──────┘  │
│     │信託など      │ │遺産相続など  │            │
│     └──────┘  └──────────┘            │
│                                                 │
└─────────────────────────────────────────────────┘
```

信託銀行は，銀行業務と信託業務を行う銀行であり，普通銀行と比較して，業務範囲が広いことが大きな特徴です。信託業務は，広義には「信託の引き受けに係る業務」と「財産の管理・処分等に関する各種サービスの提供」を指し，前者の「信託の引き受けに係る業務」は狭義の信託業務と呼ばれ，金銭の信託，有価証券の信託，金銭債権の信託，動産の信託，不動産の信託などがあります。後者の「財産の管理・処分等に関する各種サービスの提供」は併営業務と呼ばれ，不動産関連業務（売買仲介，鑑定等），証券代行業務（株主名簿管理等），相続関連業務（遺言執行，遺産管理等）などがあります。

ここで，金銭，有価証券，金銭債権，動産，不動産の信託とは金銭，有価証券，金銭債権，動産，不動産を財産として委託する信託のことです。不動産関連業務は不動産の売買の仲介，不動産価格の鑑定等を行う業務であり，証券代行業務は株式の発行会社から株式事務の委託を受けて，発行会社に代わって株式に関する事務処理（株主名簿の管理，株主総会に関する事務，配当金振込に関する事務など）を行う業務です。相続関連業務は遺言書の保管から財産に関する遺言の執行までを行う遺言信託ならびに，相続財産目録の作成，遺産分割手続き等を行う遺産整理を行う業務です。

なお，信託銀行は，「普通銀行の信託業務の兼営等に関する法律」（兼営法と呼ばれることがある）によって，信託業務を兼営することが認められています。

信託の仕組み

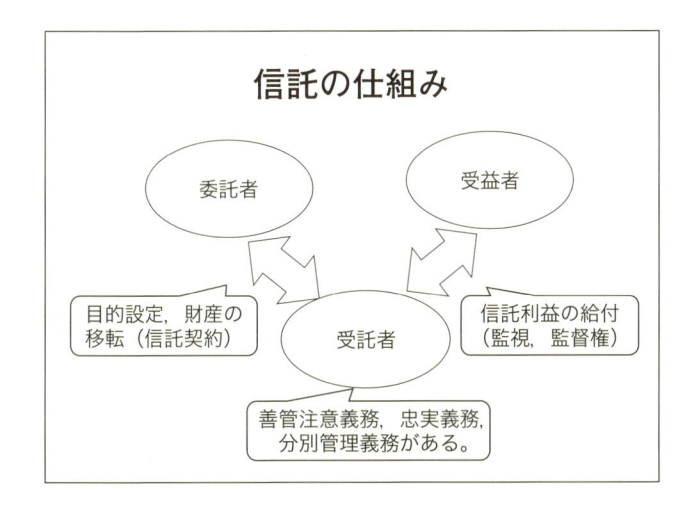

- 委託者 → 受託者：目的設定，財産の移転（信託契約）
- 受託者 → 受益者：信託利益の給付（監視，監督権）
- 受託者：善管注意義務，忠実義務，分別管理義務がある。

　信託とは，「信頼できる相手に託すること」で，財産管理手法の1つとして，資産の保有者である委託者が契約もしくは遺言により，信頼できる相手である受託者に金銭，有価証券，金銭債権，動産，不動産等の信託財産を移転（受託者が信託財産の名義人，すなわち持ち主となります）し，一定の目的（信託目的という）に従って，特定の委託者のために委託された資産（信託財産という）を管理・運用することを指します。委託者，受託者，そして受益者間の信頼関係が前提となった仕組みです。

　委託者は，信託契約，遺言により，信託目的を設定して信託財産の移転を受託者に対して行い，受託者は信託財産を運用・管理して，受益者に対して信託利益の給付を行うことになります。受益者は受託者を監視，監督する権利があります。また，受託者には，善良な管理者の注意をもって信託事務を処理する義務（善管注意義務），受益者のため忠実に信託事務の処理をする義務（忠実義務），信託された財産と受託者自身の財産やほかの委託者の信託財産とを分別して管理する義務（分別管理義務）があり，受益者が保護されています。なお，委託者は受益者と同一である場合もあれば同一でない場合もあります。

　また，受益者には，受益債権と呼ばれる信託利益の給付を受ける権利に加えて，この権利を守るために，受託者に対して帳簿閲覧請求や信託違反行為の差止請求等をする権利を持っています。これらの権利は受益権と呼ばれています。

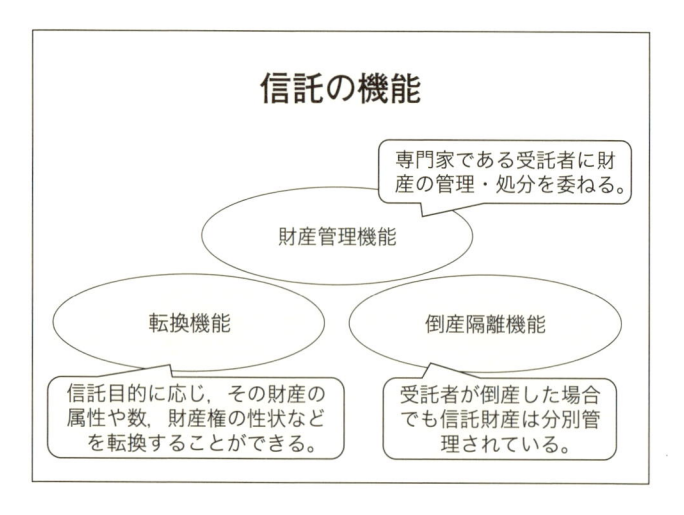

```
┌─────────────────────────────────────────────┐
│              信託の機能                      │
│                                             │
│                    ┌─────────────────┐      │
│                    │専門家である受託者に財│      │
│                    │産の管理・処分を委ねる。│      │
│              ╱─────└─────────────────┘      │
│           ╭─────────╮                       │
│          (  財産管理機能 )                    │
│           ╰─────────╯                       │
│   ╭─────────╮     ╭─────────╮               │
│  (  転換機能  )   ( 倒産隔離機能 )            │
│   ╰─────────╯     ╰─────────╯               │
│  ┌──────────────┐ ┌──────────────┐          │
│  │信託目的に応じ，その財産の│ │受託者が倒産した場合│          │
│  │属性や数，財産権の性状など│ │でも信託財産は分別管│          │
│  │を転換することができる。 │ │理されている。   │          │
│  └──────────────┘ └──────────────┘          │
└─────────────────────────────────────────────┘
```

　信託には「財産管理機能」,「転換機能」,「倒産隔離機能」という3つの大きな機能があり，これらの機能を有効に活用することにより，金融に関する多様なニーズに応えています。

　まず，「財産管理機能」ですが，これは「委託者や受益者に代わって，専門家である受託者に財産の管理・処分を委ねる」という機能です。委託者や受益者は財産の管理に関しては決して専門家ではなく，知識も十分ではありません。そこで，財産管理の専門家である信託銀行が受託者や受益者に代わって財産管理を行うことに意義があることになります。なお，受託者は，信託目的の範囲内で，これを行使しなければなりません。

　次に，「転換機能」ですが，これは「信託することにより信託財産が信託受益権という権利となり，信託目的に応じ，その財産の属性や数，財産権の性状などを転換することができる」という機能です。

　最後に，「倒産隔離機能」ですが，これは「信託された財産は，委託者の名義ではなく，受託者の名義となることから委託者が倒産した場合でも信託財産は影響を受けないだけでなく，受託者が倒産した場合でも信託財産は分別管理されているため影響を受けない」という機能です。

```
信託の分類
┌─────────────────┐  ┌─────────────────┐
│   金銭の信託     │  │  金銭以外の信託   │
├─────────────────┤  ├─────────────────┤
│    金銭信託      │  │   有価証券の信託  │
├─────────────────┤  ├─────────────────┤
│ 金銭信託以外の   │  │   金銭債権の信託  │
│   金銭の信託     │  ├─────────────────┤
└─────────────────┘  │    動産の信託    │
                     ├─────────────────┤
                     │   地上権の信託   │
                     └─────────────────┘
```

　信託にはいろいろなものが存在し，受託財産が金銭である「金銭の信託」と「金銭以外の信託」に分けることができます。まず，「金銭の信託」は信託が終了した時点で信託財産をすべて金銭にして交付する金銭信託と金銭にしないで交付する「金銭信託以外の信託」に分けることができます。この「金銭の信託」は，運用指図の仕方や運用方法により細分化することができます。また，運用指図の方法から，運用の目的物を具体的に特定する「特定金銭信託」，運用の目的物の種類を大まかに指示する「指定金銭信託」があり，さらに細分化して運用の方法から，信託財産を合同で運用する「合同運用」と単独で運用する「単独運用」があります。

　「金銭の信託」の代表的な商品として，企業年金を対象とした年金信託，社会全般の公的な利益を目的とした公益信託，委託者が金銭の運用方法を受託者に具体的に指示する特定金銭信託や投資信託などがあります。

　「金銭以外の信託」の代表的な商品として，信託財産として，有価証券を受け入れる有価証券信託，金銭債権を受け入れる金銭債権信託，動産を受け入れる動産信託，土地およびその定着物を受け入れる土地信託，建物信託などがあります。

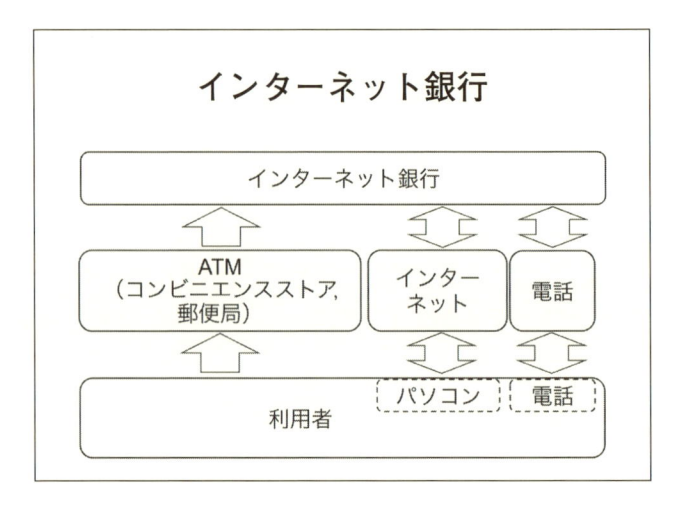

```
┌─────────────────────────────────────────┐
│           インターネット銀行              │
│  ┌───────────────────────────────────┐  │
│  │       インターネット銀行           │  │
│  └───────────────────────────────────┘  │
│       ⇧         ⇩⇧         ⇩⇧           │
│  ┌─────────┐ ┌───────┐ ┌──────┐         │
│  │  ATM    │ │インター│ │ 電話 │         │
│  │(コンビニ │ │ ネット │ │      │         │
│  │エンスストア,│ │      │ │      │         │
│  │  郵便局) │ │        │ │      │         │
│  └─────────┘ └───────┘ └──────┘         │
│       ⇧         ⇩⇧         ⇩⇧           │
│                ┌─────┐ ┌─────┐          │
│                │パソコン│ │電話 │          │
│                └─────┘ └─────┘          │
│  ┌───────────────────────────────────┐  │
│  │            利用者                 │  │
│  └───────────────────────────────────┘  │
└─────────────────────────────────────────┘
```

　インターネット銀行とは，インターネットや電話の利用を前提として，これまでに説明してきた伝統的な銀行にはない業務を行う銀行のことです。一般の銀行は本店と多くの支店を持っていますが，インターネット銀行は，店舗を持たないか，持っていたとしてもわずかな店舗しか持っていません。インターネットを利用して，新しく便利なサービスを提供しています。2000年10月に営業を始めたジャパンネット銀行が最初のインターネット銀行です。

　具体的なインターネット銀行の特徴として，お金の入金，出金は提携機関等（コンビニエンスストアや郵便局）の現金自動預け払い機（ATM）やインターネットバンキングを利用して行うことができるようになっています。一般的には通帳は発行されず，電子情報として確認することができます。また，インターネット銀行は，人件費を含めて店舗にかかるコストを低く抑えることができるため，高い預金金利，低い貸出金利，無料もしくは低価格の振込手数料等各種手数料の安さなど，利用者にとって魅力的な特徴を持っています。

　2016年3月末現在で，ジャパンネット銀行，セブン銀行，ソニー銀行，楽天銀行（旧：イーバンク銀行），新銀行東京，シティバンク，住信SBIネット銀行が，インターネット銀行として営業しています。なお，インターネットを利用したサービスの多くは，インターネットバンキングとして，既存の銀行でも提供されるようになっています。

3.2節　金融機関 (2)

本節の概要

本節の「金融機関 (2)」では，公的金融機関の期待役割と財政投融資の関係，政府系金融機関の統合，役割と問題点について確認し，代表的な政府系金融機関の概要を紹介します。また，非預金取扱金融機関として，証券会社，生命保険会社，損害保険会社，事業者信用会社（事業者金融専用会社，リース会社，ファクタリング会社），消費者信用会社（消費者金融専用会社，信販会社，クレジットカード会社），機関投資家（公的年金資金運用機関，ヘッジファンド会社）の概要について解説し，さらに日本郵政の役割と民営化の流れについて解説します。そして，最後に，これまでの金融自由化の流れを日本版金融ビッグバンを中心に説明します。

ポイント

1. 公的金融機関の必要性と期待役割
2. 政府系金融機関の役割，問題点，統合の流れ
3. 代表的な非預金取扱金融機関の概要
4. 日本郵政の役割と民営化の流れ
5. 日本版金融ビッグバンを中心に，金融自由化の流れ

公的金融機関の役割

```
政府が行う経済活動
├─ 国費による措置 ── 一般会計や特別会計による予算措置
└─ 有償資金による措置 ── 国が有償資金（借金）により資金を調達（財政投融資）
```

公的金融とは
国の信用を背景として，国民から預かった有償資金を財政投融資として活用する一連の仕組み
↑
民間だけでは十分な供給がされにくい分野や公共性が高い分野については，国家としての何らかのサポートが必要

　政府が行う経済活動には，一般会計や特別会計の国費による予算措置によるものと，国が有償資金（借金）により資金を調達（財政投融資）するものがあります。公的金融は，国の信用を背景として，国民から預かった有償資金を財政投融資として活用する一連の仕組みを指します。民間だけでは十分な供給がされにくい分野や公共性が高い分野については，国家としての何らかのサポートが必要であることから，公的金融機関の必要性があるとされています。

　なお，公的金融機関には，先般の金融危機時のような異常事態での適切な対応が期待されています。民間金融機関では，過度なリスク負担には限界がありますが，公的金融機関はリスク許容度が大きく，公的な役割として，必要な時にリスクを負担できるとする考え方です。しかし，公的な金融機関だからといって，市場に介入したとしても，うまくいくとは限りません。公的金融機関の市場への過度の介入は短期的に機能したとしても，やがては落ち着くべき水準に落ち着くことになり，公的金融機関の介入は意味のないものになってしまいます。

財政投融資とは

財政投融資とは，
① 租税負担によることなく，独立採算で
② 財投債（国債）の発行などにより調達した資金を財源として
③ 政策的な必要性があるものの，民間では対応が困難な長期・固定・低利の資金供給や大規模・超長期プロジェクトの実施を可能とするための投融資活動（資金の融資，出資）

出所：財務省ホームページ

　財政投融資とは，①租税負担によることなく，独立採算で，②財投債（国債）の発行などにより調達した資金を財源として，③政策的な必要性があるものの，民間では対応が困難な長期・固定・低利の資金供給や大規模・超長期プロジェクトの実施を可能とするための投融資活動（資金の融資，出資）です（財務省ホームページより）。

　国の経済活動である財政には，「資源配分の調整」，「所得の再分配」，「経済の安定化」の３つの機能があるといわれています。これら３つのうち，財政投融資は「資源配分の調整」と「経済の安定化」の２つの機能を果たしていると考えられています。前者は，市場メカニズムに完全に委ねてしまうと十分に供給されない財・サービスを，政府が国全体の立場に立って供給する機能のことです。後者は，経済情勢の変化に対応して必要な資金供給を行うことにより，経済を安定化させる機能です。

　公的金融機関は，かつては，郵便貯金や簡易生命保険を中心に資金を調達してきましたが，国の信用を背景として財投債（政府が財政投融資のために発行する国債）や財投機関債（独立法人や特殊会社が自分の信用力を使って発行する債券）を発行して，資金を調達するようになりました。

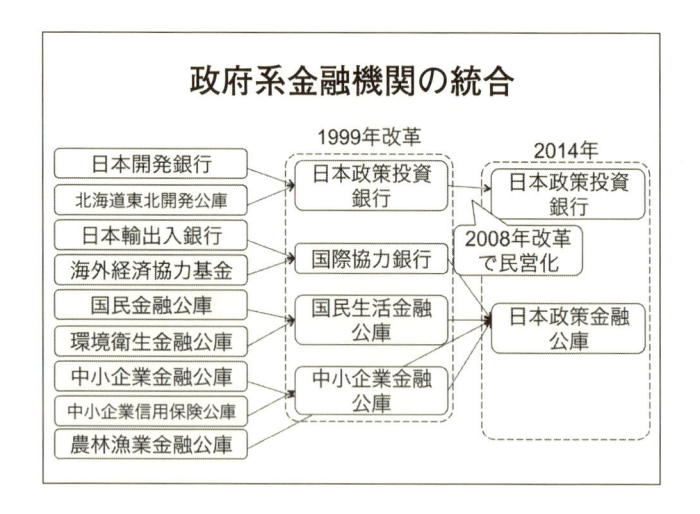

```
                政府系金融機関の統合
                        1999年改革        2014年
    ┌─────────────┐   ┌─────────┐   ┌─────────┐
    │  日本開発銀行    │→  │ 日本政策投資 │   │ 日本政策投資 │
    ├─────────────┤   │   銀行   │   │   銀行   │
    │ 北海道東北開発公庫 │→  └─────────┘   └─────────┘
    ├─────────────┤                  2008年改革
    │  日本輸出入銀行   │→  ┌─────────┐   で民営化
    ├─────────────┤   │ 国際協力銀行 │
    │  海外経済協力基金  │→  └─────────┘
    ├─────────────┤                   ┌─────────┐
    │  国民金融公庫    │→  ┌─────────┐   │ 日本政策金融 │
    ├─────────────┤   │ 国民生活金融 │→  │   公庫   │
    │ 環境衛生金融公庫  │→  │   公庫   │   └─────────┘
    ├─────────────┤   └─────────┘
    │ 中小企業金融公庫  │→  ┌─────────┐
    ├─────────────┤   │ 中小企業金融 │
    │中小企業信用保険公庫│→  │   公庫   │
    ├─────────────┤   └─────────┘
    │ 農林漁業金融公庫  │→
    └─────────────┘
```

　政府系金融機関は，期待役割を果たすことを前提としながらも，特殊法人改革，財政投融資改革，民業補完という大きな流れの中で整理，統合が進んでいます。

　具体的には，1997年，「特殊法人等の整理・合理化方針」が閣議決定され，これに基づいて，1999年に日本開発銀行と北海道東北開発公庫を統合して日本政策投資銀行に，日本輸出入銀行と海外経済協力基金が統合されて国際協力銀行に，国民金融公庫と環境衛生金融公庫が統合されて国民生活金融公庫になりました。また，中小企業金融公庫と中小企業信用保険公庫が統合されて中小企業金融公庫となりました。

　さらに，行政改革法により，2008年には国際協力銀行（国際金融等業務），国民生活金融公庫，中小企業金融公庫，農林漁業金融公庫が統合されて日本政策金融公庫となり，公営企業金融公庫は廃止されました。そして，日本政策投資銀行と商工組合中央金庫は民営化されました。なお，住宅金融公庫は独立行政法人として2007年に住宅金融支援機構となりました。

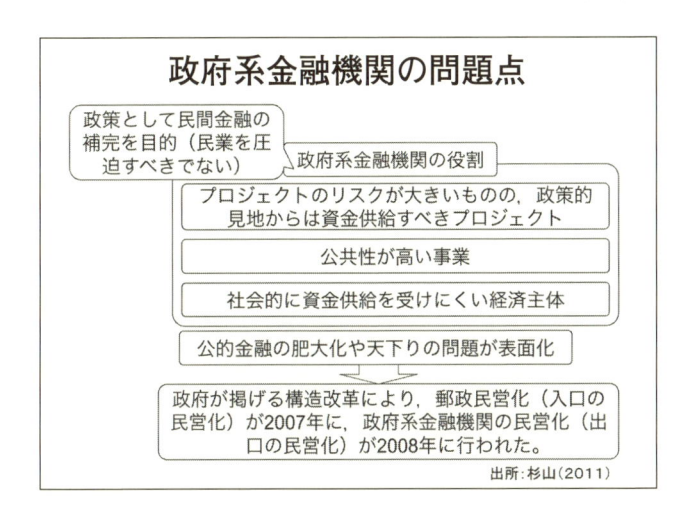

政府系金融機関の問題点

- 政策として民間金融の補完を目的(民業を圧迫すべきでない)
- 政府系金融機関の役割
  - プロジェクトのリスクが大きいものの,政策的見地からは資金供給すべきプロジェクト
  - 公共性が高い事業
  - 社会的に資金供給を受けにくい経済主体
- 公的金融の肥大化や天下りの問題が表面化
  - 政府が掲げる構造改革により,郵政民営化(入口の民営化)が2007年に,政府系金融機関の民営化(出口の民営化)が2008年に行われた。

出所:杉山(2011)

　政府系金融機関は,民間金融の補完を目的として設立されたもので,本来は民間金融機関を圧迫してはならないことが大前提となります。ただし,ビジネスとして民間金融機関が関与することが難しい案件も少なくありません。例えば,プロジェクトのリスクが大きいものは民間金融機関が関与しづらい案件ですし,政策的見地からは資金供給すべきプロジェクトもあります。公共性が高い事業や社会的に資金供給を受けにくい経済主体も存在します。こういった案件に対応することは,採算性をある程度犠牲にすることができる政府系金融機関の期待役割となります。

　一方で,政府系金融機関が巨大化すると,いくつかの問題が生まれます。過去にはこうした問題が発生しています。例えば,公的金融が肥大化して民間金融機関の経営を圧迫したり,公務員の天下り先として政府系金融機関がその受け皿になるという問題が表面化しました。政府が掲げる構造改革により,郵政民営化(入口の民営化と呼ばれています)が2007年に,政府系金融機関の民営化(出口の民営化と呼ばれています)が行われました。

```
┌─────────────────────────────────────────────┐
│        代表的な政府系金融機関の設立の目的        │
│         ┌──────────────┐                    │
│         │  日本政策投資銀行  │                    │
│    ┌────┴──────────────┴──────────────┐    │
│    │ 産業の開発，経済社会の発展に寄与する設備や高度先端技術の │    │
│    │  研究，地域，都市再開発等に必要な長期資金の貸し出し。  │    │
│    └──────────────────────────────────┘    │
│         ┌──────────────┐                    │
│         │  日本政策金融公庫  │                    │
│    ┌────┴──────────────┴──────────────┐    │
│    │ 一般国民向けの国民生活事業，農林水産業者向けの農林水産事 │    │
│    │ 業，中小企業者向けの中小企業事業の金融面での支援を行う。 │    │
│    └──────────────────────────────────┘    │
│         ┌──────────────┐                    │
│         │  住宅金融支援機構  │                    │
│    ┌────┴──────────────┴──────────────┐    │
│    │ 一般の金融機関による住宅建設資金等の貸出しを支援し，さら │    │
│    │ に災害復興建築物の建設等に必要な資金の貸付けを行う。   │    │
│    └──────────────────────────────────┘    │
│        ┌────────────────┐                   │
│        │  沖縄振興開発金融公庫  │                   │
│    ┌───┴────────────────┴─────────────┐    │
│    │ 沖縄における産業の開発を促進するため，政策金融を一元的・ │    │
│    │ 総合的に行い，沖縄経済の振興や社会の開発に資する。    │    │
│    └──────────────────────────────────┘    │
└─────────────────────────────────────────────┘
```

　政府系金融機関にはおのおのの設立目的と期待役割があります。以下に，代表的な政府系金融機関の設立の目的について簡単に説明します。

　日本政策投資銀行は，日本の経済社会政策に金融上の寄与をすること，すなわち産業の開発，経済社会の発展に寄与する設備や高度先端技術の研究，地域，都市再開発等に必要な長期資金の貸し付けを行うことを目的に設立されました。

　日本政策金融公庫（国際協力銀行を含む）は，一般の金融機関が行う金融を補完すること，具体的には，一般国民向けの国民生活事業，農林水産業者向けの農林水産事業，中小企業者向けの中小企業事業の金融面での支援を行う機能を担うことにより，国民生活の向上に寄与することを目的として設立されました。なお，国際金融業務は国際協力銀行の名のもとに行われています。

　住宅金融支援機構は，一般の金融機関による住宅の建設等に必要な資金の融通を支援し，一般の金融機関による融通を補完するための災害復興建築物の建設等に必要な資金の貸付けを行うことにより，住宅の建設等に必要な資金を提供し，住生活向上に寄与することを目的としています。

　沖縄振興開発金融公庫は，沖縄における産業の開発を促進するため，政策金融を一元的・総合的に行い，沖縄経済の振興や社会の開発に資することを目的としています。

証券会社

証券会社の主要業務

- 委託売買（顧客からの有価証券の売買注文を仲介）
- 引受け（有価証券の発行者から証券を取得）
- 自己売買（証券会社自身の勘定で証券の売買を行う）
- 募集（有価証券の発行者から引き受けた証券を販売）

株式や債券などの有価証券に関する取引の仲介
（直接金融では証券会社が金融仲介機関）

非預金取扱金融機関である証券会社は，株式や債券などの有価証券の売買の取次ぎや引受けなどの仲介を中心とした業務を行っていますが，証券会社の主要業務としては，以下に挙げる4つがあります。

第一に，株式を買いたい，あるいは売りたいという投資家の注文を証券取引所に伝えて売買を成立させるという仲介業務（委託売買）があり，「ブローカー業務」と呼ばれています。この業務は，証券会社の業務の中心であり，ここで発生する手数料（株式売買手数料という）は証券会社の利益の中で大きな割合となっています。第二に，有価証券を発行した企業から，証券を買い取る業務（引き受け）があり，「アンダーライティング業務」と呼ばれています。第三に，証券会社は有価証券を売買するための仲介をするだけでなく，証券会社の自己資金で有価証券を売買する業務（自己売買）があり，「ディーリング業務」と呼ばれています。第四に，有価証券を発行した企業から引き受けた証券を売却する業務（募集）があり，これは「セリング業務」と呼ばれています。

なお，証券会社に対する規制は大きく緩和され，株式売買手数料が自由化され，一般企業でも証券仲介業を比較的簡単に営むことができるようになりました。

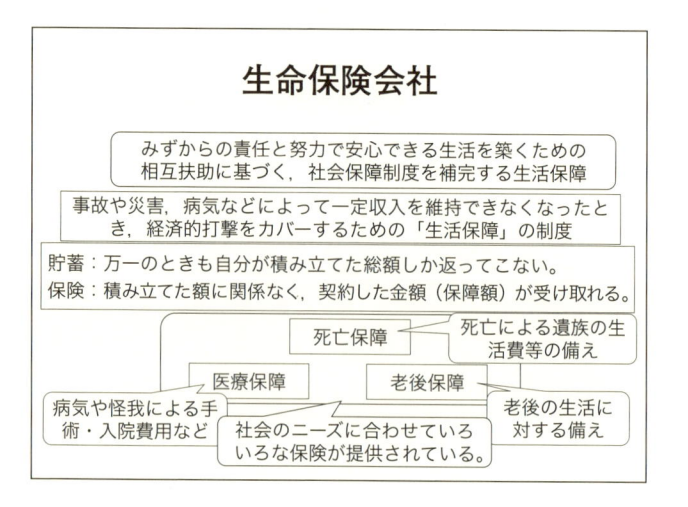

```
┌─────────────────────────────────────────────────┐
│              生命保険会社                         │
│   ┌─────────────────────────────────────────┐   │
│   │ みずからの責任と努力で安心できる生活を築くための │   │
│   │ 相互扶助に基づく，社会保障制度を補完する生活保障 │   │
│   └─────────────────────────────────────────┘   │
│   ┌─────────────────────────────────────────┐   │
│   │ 事故や災害，病気などによって一定収入を維持でき │   │
│   │ なくなったとき，経済的打撃をカバーするための   │   │
│   │ 「生活保障」の制度                          │   │
│   └─────────────────────────────────────────┘   │
│   貯蓄：万一のときも自分が積み立てた総額しか返ってこない。  │
│   保険：積み立てた額に関係なく，契約した金額（保障額）が受け取れる。│
│                                                 │
│              ┌──死亡保障──┐  ┌死亡による遺族の生│
│              │           │  │活費等の備え       │
│       ┌─医療保障─┐      └老後保障┐              │
│   ┌病気や怪我による手│           │老後の生活に    │
│   │術・入院費用など │  社会のニーズに合わせていろ│対する備え│
│   └────────────┘  いろな保険が提供されている。  │
└─────────────────────────────────────────────────┘
```

　保険業法を根拠法として，個人，法人を対象として金融庁の管理・監督のもとで事業を行っていて，非預金取扱金融機関に分類されています。保険料として預かった資金の一部は，資本市場で運用されています。その資金規模は2013年度末時点で，総資産が約350兆円で，そのうちの285兆円が有価証券に投資されており，かつては海外から「ザ・セイホ」と呼ばれるほど資本市場では存在感のある巨額な資金を持った機関投資家としての側面を持っています。

　生命保険自体は，みずからの責任と努力で安心できる生活を築くための相互扶助に基づく，社会保障制度を補完する生活保障のための金融商品です。事故や災害，病気などによって一定収入を維持できなくなったとき，経済的打撃をカバーするための「生活保障」の制度です。生命保険には，万一のときも自分が積み立てた総額しか返ってこない「貯蓄」型と積み立てた額に関係なく，契約した金額（保障額）が受け取れる「保険」型があります。代表的な生命保険の商品として，死亡による遺族の生活費等の備えのための「死亡保障」，老後の生活に対する備えのための「老後保障」，病気や怪我による手術・入院費用などのための「医療保障」などがあります。なお，生命保険会社は，その多くが相互会社と呼ばれる株式会社とは異なる形態が取られていましたが，金融再編の中で，相互会社から株式会社に転換する生命保険会社が増えることになりました。

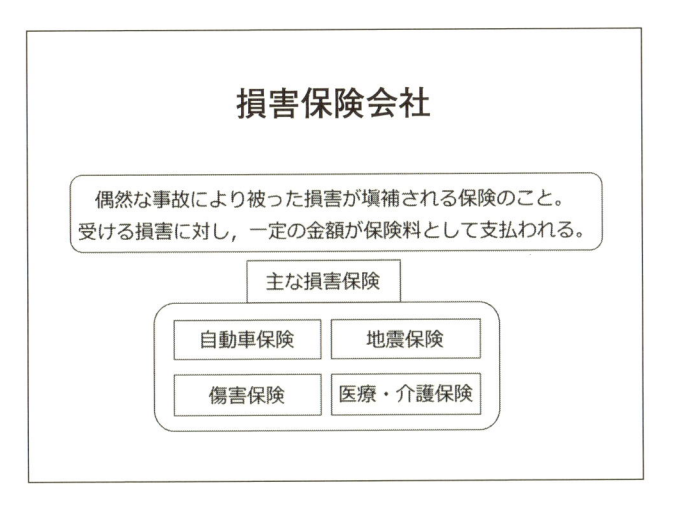

```
┌─────────────────────────────────────────┐
│            損害保険会社                  │
│                                         │
│  ┌───────────────────────────────────┐  │
│  │ 偶然な事故により被った損害が填補される保険のこと。│  │
│  │ 受ける損害に対し，一定の金額が保険料として支払われる。│  │
│  │        ┌──────────┐              │  │
│  │        │ 主な損害保険 │              │  │
│  │  ┌─────┴──────┬───────────┐      │  │
│  │  │  自動車保険  │  地震保険  │      │  │
│  │  ├───────────┼───────────┤      │  │
│  │  │   傷害保険   │医療・介護保険│      │  │
│  │  └───────────┴───────────┘      │  │
│  └───────────────────────────────────┘  │
└─────────────────────────────────────────┘
```

　生命保険会社と同様に，保険業法を根拠法として，個人，法人を対象として金融庁の管理・監督のもとで事業を行っていて，非預金取扱金融機関に分類されています。保険料として預かった資金の一部は，資本市場で運用されています。その資金規模は 2013 年度末で総資産額が約 29 兆円で，そのうちの約 26 兆円を運用資産としています。規模自体は，生命保険会社と比較して 10％程度であり，大きくないものの，機関投資家の側面も持っています。

　損害保険は，自然災害や偶発的な事故により生じた損害が填補される保険のことです。受けた損害の大きさに対し，一定の金額が保険料として支払われるもので，交通事故，火災，地震等を対象とした損害保険と船舶や貨物を対象とした損害保険があります。こういった保険商品を扱うのが損害保険会社です。

　具体的には，交通事故による対人・対物・自損・同乗者などの損害に備えた自動車保険，地震，津波，火山の噴火などの損害に備えた地震保険，海外旅行中，あるいは日常生活でのケガに対しての備えとしての傷害保険，医療，介護にかかる諸費用の支出に備えた医療・介護保険などがあります。

事業者信用会社の特徴

事業者信用会社
中小・零細企業や個人事業主に対する事業性の融資を行う機関。

リース会社
事業者が使用したい設備を，その事業者に代わって購入して，その設備を貸し出すことでリース料を受け取り，利益を得る。

ファクタリング会社
事業者が保有する売掛債権を買い取り，その債権の管理・回収を行う金融業務を営む。

　非預金取扱金融機関で信用供与を行う金融機関，すなわち貸出のみ行う金融機関があります。その1つは事業者を主な対象とした信用会社で，もう1つは消費者を主な対象とした信用会社です。前者には，事業者信用会社，リース会社，ファクタリング会社などがあり，後者には，消費者信用会社，信販会社，クレジットカード会社などがあります。

　事業者を主な対象とした事業者信用会社，リース会社，ファクタリング会社には次のような特徴があります。

　事業者信用会社は，中小企業や個人事業主に対して，事業立ち上げもしくは維持，拡大のための融資を行う機関です。一般的な銀行と比較して，金利が高い上に，資金の回収も厳しかったため，過去には問題となった事業者信用会社もありました。

　リース会社は，事業者が使用したい設備を，その事業者に代わって購入して，その設備を貸し出すことでリース料を受け取り，利益を得る会社のことです。事業者としては設備を購入する資金が手元になくても，その設備を使うことができることになります。

　ファクタリング会社は，事業者が保有する売掛債権を買い取り，その債権の管理・回収を行う金融業務を営む会社のことです。売掛債権を買い取ってもらった事業者は，その資金を活用することで業務の拡大や新規事業への参入が可能となります。

消費者信用会社の特徴

消費者信用会社
消費者に対して使途自由の資金を無担保で融資をする機関。

信販会社
割賦販売法に基づいて，割賦購入斡旋業者として経済産業省に登録されている機関。

クレジットカード会社
クレジットカードを発行して会員に対して立替払取次を行う（イシュアー）とクレジットカードが使える加盟点に関する業務を行う（アクワイアラー）。

消費者を主な対象とした消費者信用会社，信販会社，クレジットカード会社の主な特徴は以下の通りです。

まず，消費者信用会社は，消費者に対して使途自由の資金を無担保で融資をする機関で，住宅，自動車購入のための融資などは特定の目的が決まっていますが，消費者信用会社が融資するお金は使途が自由です。サラリーマンが利用者の中心であるため，「サラ金」と呼ばれることもあります。金利が一般的な銀行と比較して非常に高かったことがあり，社会問題化したこともあります。

信販会社は，消費者が商品を購入時にその場で全額を支払うのではなく，商品を先に得た後で分割して代金を支払うことを可能にした信用供与会社のことです。手元に商品を買うお金がなくても，将来を担保（将来支払う）に商品を手に入れることができることになります。

クレジットカード会社は，クレジットカードを発行して会員に対して立替払取次を行う（イシュアー）とクレジットカードが使える加盟点に関する業務を行う（アクワイアラー）会社です。銀行系，流通系など，いろいろなクレジットカードが存在します。

| その他の非預金取扱金融機関 |
| (機関投資家) |

機関投資家
「業」として投資を行っている大口の企業のこと。「年金基金」,「信託銀行」,「生命保険会社」,「損害保険会社」,「ヘッジファンド運用会社」などが該当。

公的年金資金運用機関
年金積立金管理運用独立行政法人, 国家公務員共済組合連合, 地方公務員共済組合連合会 グループ, 私学共済の2013年度末時点で資産残高は176兆円に達している。

ヘッジファンド会社
巨額な資金がヘッジファンドを運用する会社に流れ, 資本市場での彼らの行動が大きな影響を与えている。資産残高は2014年末時点で2兆ドルを超えているといわれている。

証券市場が重要性を増していく中で, 非預金取扱金融機関の中でも, 機関投資家の存在が大きくなっています。機関投資家とは,「年金基金」,「信託銀行」,「生命保険会社」,「損害保険会社」,「ヘッジファンド」など, 個人ではなく,「業」として投資を行っている大口の企業のことを指します。一般投資家と異なり, 動かす金額も大きく, 資本市場に大きな影響を与える可能性があります。

中でも, 公的な年金資金を運用している年金積立金管理運用独立行政法人（以下ではGPIF）, 国家公務員共済組合連合, 地方公務員共済組合連合会グループ, 私学共済の2013年度末時点での資産残高（時価総額）は176兆円に達しています。特に, GPIFの資産規模は127兆円に達し, 世界的に見てもトップクラスの資産規模を誇る機関投資家となっています。こういった機関投資家が行動を起こすと, 市場に非常に大きな影響を与えることが知られています。

なお, ヘッジファンド（不特定多数の人から資金を集めて空売りを含めたさまざまな手法を駆使して利益を追求する投機的なファンド）運用会社も機関投資家に分類されることがあります。これは巨額な資金がヘッジファンドを運用する会社に流れていることと, 資本市場での彼らの行動が大きな影響を与えているためです。ヘッジファンドの資産残高の推定は難しいのですが, 2014年末時点で2兆ドルを超えていると言われています。

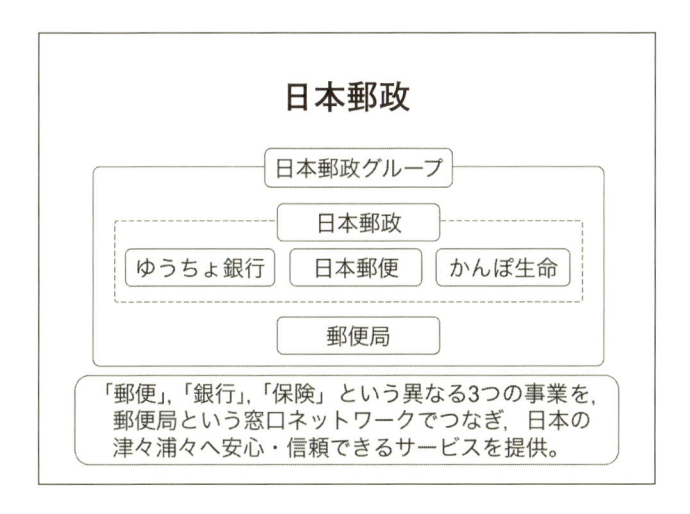

```
┌─────────────────────────────────────────────┐
│                 日本郵政                     │
│   ┌─────────────────────────────────────┐   │
│   │           日本郵政グループ            │   │
│   │   ┌─────────────────────────────┐   │   │
│   │   │         日本郵政             │   │   │
│   │   │ ┌────────┐┌──────┐┌────────┐│   │   │
│   │   │ │ゆうちょ銀行││日本郵便││かんぽ生命││   │   │
│   │   │ └────────┘└──────┘└────────┘│   │   │
│   │   └─────────────────────────────┘   │   │
│   │          ┌──────────┐                │   │
│   │          │  郵便局   │                │   │
│   │          └──────────┘                │   │
│   │ 「郵便」,「銀行」,「保険」という異なる3つの事業を,│
│   │ 郵便局という窓口ネットワークでつなぎ,日本の    │
│   │ 津々浦々へ安心・信頼できるサービスを提供。    │
│   └─────────────────────────────────────┘   │
└─────────────────────────────────────────────┘
```

　日本郵政グループは,2007年10月の郵政民営化関連法により,日本郵政株式会社と4つの事業会社(郵便事業,郵便局,ゆうちょ銀行,かんぽ生命)の5つに分割,民営化されました。そして,2012年4月に郵政民営化法等の一部を改正する等の法律案が成立したことにより,同年10月から郵便事業株式会社と郵便局株式会社が統合され,4社体制へと再編されました。日本郵政グループは「郵便」,「銀行」,「保険」という異なる3つの事業を,郵便局という窓口ネットワークでつなぎ,日本全国をカバーしたサービスを提供することが大きな特徴となっています。

　ゆうちょ銀行とかんぽ生命保険の株式は政府が保有していましたが,2015年にその一部は売却されました。なお,日本郵政株式会社の株式は,2011年11月に成立した「東日本大震災からの復興のための施策を実施するために必要な財源の確保に関する特別措置法」により,復興債の償還費用の財源を確保するため,できる限り早期に処分することになりました。具体的には,(2015年11月段階で)日本郵政の株式は政府の保有割合が3分の1超になるまで,ゆうちょ銀行,かんぽ生命保険の株式は政府の保有割合が半分程度になるまで,段階的に行われることになりました。

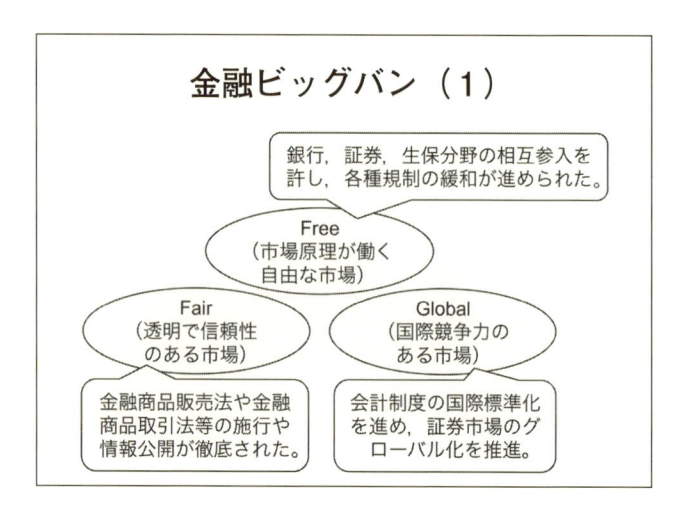

```
┌─────────────────────────────────────────────┐
│           金融ビッグバン（1）                │
│                                             │
│                    ┌─ 銀行，証券，生保分野の相互参入を │
│                    │  許し，各種規制の緩和が進められた。│
│              Free ─┘                        │
│           (市場原理が働く                    │
│            自由な市場)                       │
│      Fair           Global                  │
│   (透明で信頼性     (国際競争力の            │
│    のある市場)       ある市場)               │
│   ┌ 金融商品販売法や金融  ┌ 会計制度の国際標準化 │
│   │ 商品取引法等の施行や  │ を進め，証券市場のグ │
│   │ 情報公開が徹底された。│ ローバル化を推進。   │
└─────────────────────────────────────────────┘
```

「ビッグバン」とは，天文学の用語で宇宙の始まりとされる最初の大爆発のことです。1986年の英国で行われた証券市場革命が「ビッグバン」と呼ばれ，この改革を手本として1996年11月に橋本首相が日本版金融ビッグバン構想を提唱しました。この構想の狙いは，2001年までに東京をニューヨークやロンドンのような国際金融市場にすることでした。そのための具体的な方策として，3つの大原則を掲げ，各種規制の緩和を目指しました。

この3つの大原則とは，第一に「Free（市場原理が働く自由な市場）」であること，第二に「Fair（透明で信頼性のある市場）」であること，第三に「Global（国際競争力のある市場）」であることです。第一の「Free」に関しては，政府が中心となって進めていた護送船団行政からの決別であり，銀行，証券，生保分野の相互参入を許し，株式手数料を自由化するなど，各種規制の緩和が押し進められることになります。第二の「Fair」に関しては，金融商品販売法や金融商品取引法等の施行や情報公開（ディスクロージャー）の徹底が進められました。行政や制度などの透明性の向上を狙いとしたものです。第三の「Global」に関しては，連結決算等の会計制度の国際標準化を進め，証券市場のグローバル規模の監視体制の導入など，日本型金融システムの大幅な見直しが進められることになりました。

金融ビッグバン（2）

日本版金融ビッグバン構想の提唱

他業態への参入規制の緩和が進み，銀行窓口での投信の販売が可能となり，金融持ち株会社が解禁

⇓

メガバンクの3つのグループとりそなグループの4つに再編

金融商品の多様化が進み，銀行の投資信託販売の解禁，外為法の大幅改定により外為業務が幅広く可能に。

証券市場では，株式売買手数料が自由化，証券の取引所集中義務が撤廃，証券会社が登録制へ，証券会社が投資顧問業務を行うことが可能に。

　ビッグバンの前の1993年の金融制度改革法により銀行の証券子会社や，銀行・証券の信託子会社をつくれるようにはなっていましたが，さらにビッグバンではこれらに対する制限の緩和が進められ，銀行の窓口で投信の販売ができるようになり，さらに金融持ち株会社が解禁（例えば三和グループがUFJグループを形成）されるようになり，その後，メガバンクの3つのグループとりそなグループの4つに再編されることになります。

　また，扱える金融商品の多様化が進み，銀行の投資信託販売の解禁だけでなく，外為法の大幅な改定により1998年4月から外為業務が幅広く行えるようになりました。証券市場に関連するものとして，株式売買手数料が自由化，証券の取引所集中義務が撤廃，証券会社が免許制から登録制へ，証券会社が投資顧問業務を行うことが可能になるなどの変化が生まれました。さらに，外資系金融機関の活動も活発化し，株式売買のシェアも上昇することになります。

　さらに，連結決算を重視した制度の導入を進め，時価会計を導入して，含み損益等バランスシート外だった要素をバランスシートに取り込むとともに，退職給付会計を導入して将来支出することがわかっている退職金への備えが不十分であっても，バランスシート外の扱いだったものを会計に正式に反映するようにしました。

> **金融ビッグバン以降の日本の金融改革**
>
> 金融市場の改革はさらに進められ,「貯蓄」から「投資」への後押しが進められた。
>
> 2000年: 金融に関する検査, 監督等を行う金融庁が発足
> 2001年: 「証券市場の構造改革プログラム」を公表
> 　　　　「金融商品販売法」,「消費者契約法」が施行
> 2002年: 「証券市場の改革促進プログラム」が公表
> 2005年: ペイオフが解禁,「預金者保護法」が施行
> 2006年: 「金融商品取引法」が施行
>
> その後も,「投資」への後押しのために, 証券市場を中心とした金融市場の改革と投資家保護が並行して進められている。

　金融市場の改革はさらに進められ,「貯蓄」から「投資」への後押しが進められました。2000年には, 金融に関する検査, 監督等を行う金融庁が発足（金融監督庁が改組）して, 2001年には「証券市場の構造改革プログラム」が, 2002年には「証券市場の改革促進プログラム」が公表され, 金融（証券）市場の改革が進められました。並行して, 2001年には「金融商品販売法」,「消費者契約法」が施行され, 消費者保護が図られました。銀行, 証券, 保険の垣根も低くなり, 保険会社と銀行との相互参入, 銀行による保険商品の一部取扱いや証券仲介業務が解禁されました。

　さらに, 2005年にはペイオフが解禁され,「預金者保護法」が, 2006年には「金融商品取引法」が施行されました。なお, ペイオフとは, 日本の金融機関が破綻したときに, 特に預金者を保護するために, 一般預金等の合計で元本1,000万円までとその利息が保護されるというものです。その後も,「投資」への後押しのために, 証券市場を中心とした金融市場の改革と投資家保護が並行して進められています。

第4章
バブルと金融危機

4.1 節　バブルの歴史

本節の概要

　本節の「バブルの歴史」では，過去に発生した代表的なバブルを概観しながら，バブル発生の要因について確認します。具体的には，1634年にオランダで発生したチューリップ・バブル，1929年に米国で発生した大恐慌前のバブル，1986年頃に発した日本の平成バブル，2007年頃から発生した米国のサブプライムローン・バブルについて説明します。そして，これらのバブルが発生した共通の要因を確認するとともに，これからもバブルは発生するかについて検討します。

ポイント

1. バブルとは何か
2. 過去に発生したバブルの概要
3. バブルの発生原因は何か，予測可能か
4. バブルは繰り返されるのか

バブルとは

> 人間は古来から,みずからの生も含めて,はかないものを水の流れの中で浮かんでは消える泡(バブル)にたとえてきた。

> バブル(bubble)とは,「泡」,「シャボン玉」,「気泡」を意味しており,物理的なもの以外に「泡のような幻想」,「実態のない見せかけのもの」などの意味もあり,いつか弾けてしまう儚いものにもその単語が当てられることがある。

> 投機によって高騰した資産価格が支える経済で,実態経済とはかけ離れた相場や景気のこと,経済が実力以上に泡(バブル)のようにふくらんだ状態のことをバブルという。

人間は,昔からみずからの「生」も含めて,「はかないもの」を水の流れの中で浮かんでは消える泡(バブル)にたとえてきました。バブルとは英語では"bubble"であり,「泡」,「シャボン玉」,「気泡」を意味していますが,物理的なもの以外に「泡のような幻想」,「実態のない見せかけのもの」などの意味もあり,いつか弾けてしまう儚いものにもその単語が当てられることがあります。

本書では,投機によって高騰した資産価格が支える経済で,実態経済とはかけ離れた相場や景気のこと,経済が実力以上に泡(バブル)のようにふくらんだ状態のことをバブルといいます。バブルは,世界中のどこかで,幾度となく発生しては崩壊を繰り返してきました。

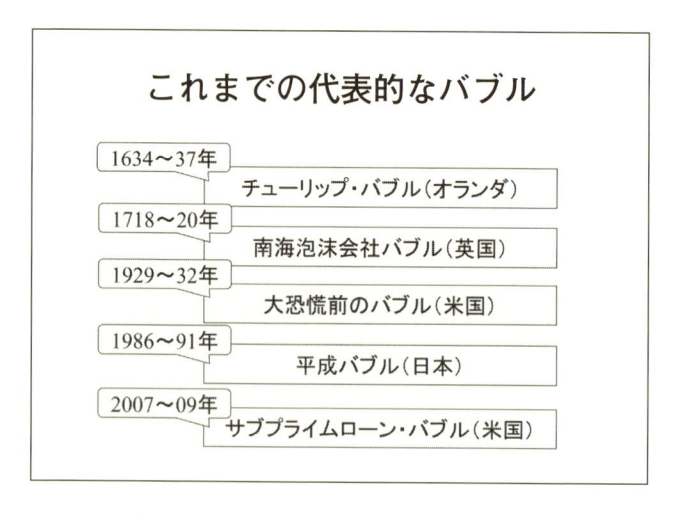

```
┌─────────────────────────────────────────┐
│        これまでの代表的なバブル            │
│                                         │
│   ┌1634～37年┐                          │
│              チューリップ・バブル（オランダ）│
│   ┌1718～20年┐                          │
│              南海泡沫会社バブル（英国）     │
│   ┌1929～32年┐                          │
│              大恐慌前のバブル（米国）       │
│   ┌1986～91年┐                          │
│              平成バブル（日本）            │
│   ┌2007～09年┐                          │
│              サブプライムローン・バブル（米国）│
└─────────────────────────────────────────┘
```

　これまでに，世界中の多くの国々で発生したバブルの中で，最も代表的なバブルが1634年にオランダで発生した「チューリップ・バブル」です。当時，世界経済の中心となっていたオランダで発生したチューリップの球根を対象とした狂気はバブル発生のメカニズムを端的に表している代表例であるといえます。

　その後も，バブルは頻繁に発生しています。1718年にはスペイン継承戦争で勝利して勢力を増した英国で「南海泡沫会社バブル」が発生し，1929年には米国で世界恐慌の引き金となるバブル（本書ではこのバブルを「大恐慌前のバブル」と呼ぶことにします）が発生しています。その後，1986年ごろから世界最大の債権大国へと急成長を続けていた日本で「平成バブル」が発生し，2000年には米国で「インターネット・バブル」が，2007年には「サブプライムローン・バブル」が発生しています。これらのバブル以外にも，中国をはじめ，いろいろな国でバブルの発生と崩壊を繰り返しています。

　バブルの歴史はこれまで繰り返されてきました。バブル発生には共通のいくつかの原因があり，これらの要因がなくならない限り，バブルは繰り返し発生することになります。以下では，代表的なバブルとして，「チューリップ・バブル」，「大恐慌前のバブル」，「平成バブル」，「サブプライムローン・バブル」を取り上げて，その概要と原因について確認することにします。

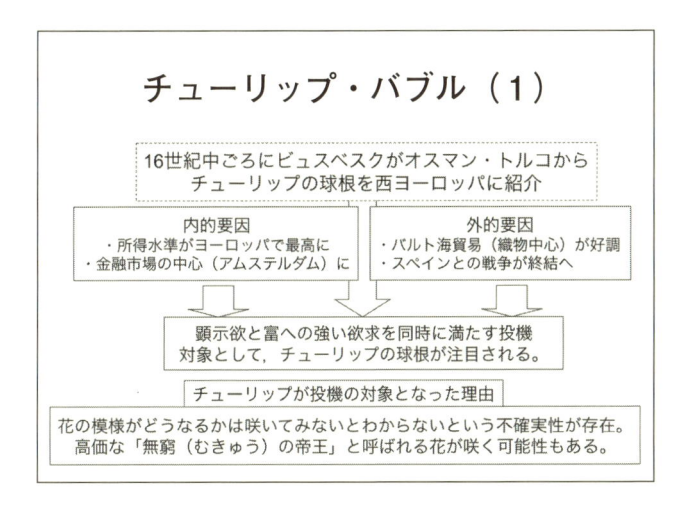

```
┌─────────────────────────────────────────────────────────┐
│              チューリップ・バブル（1）                    │
│                                                         │
│         ┌─────────────────────────────────────┐         │
│         │ 16世紀中ごろにビュスベスクがオスマン・トルコから │         │
│         │   チューリップの球根を西ヨーロッパに紹介        │         │
│         └─────────────────────────────────────┘         │
│  ┌──────────────────────┐  ┌──────────────────────┐    │
│  │    内的要因           │  │    外的要因           │    │
│  │ ・所得水準がヨーロッパで最高に │  │ ・バルト海貿易（織物中心）が好調 │    │
│  │ ・金融市場の中心（アムステルダム）に │  │ ・スペインとの戦争が終結へ  │    │
│  └──────────────────────┘  └──────────────────────┘    │
│         ┌─────────────────────────────────────┐         │
│         │ 顕示欲と富への強い欲求を同時に満たす投機       │         │
│         │ 対象として，チューリップの球根が注目される。    │         │
│         └─────────────────────────────────────┘         │
│         ┌─────────────────────────────────────┐         │
│         │    チューリップが投機の対象となった理由         │         │
│         └─────────────────────────────────────┘         │
│  花の模様がどうなるかは咲いてみないとわからないという不確実性が存在。│
│  高価な「無窮（むきゅう）の帝王」と呼ばれる花が咲く可能性もある。    │
└─────────────────────────────────────────────────────────┘
```

　チューリップ・バブルは，17世紀にオランダを中心に発生したチューリップの球根を対象とした投機による価格の急騰とその大暴落のことを指します。発生と崩壊の経緯は，以下の通りです。

　まず，16世紀中ごろにオスマン・トルコからチューリップの球根が西ヨーロッパに持ち込まれました。当時のオランダはバルト海貿易（織物中心）が好調で，スペインとの戦争が終結し，所得がヨーロッパで最高水準に達していました。この時点で，アムステルダムは世界の金融市場の中心になっていました。このような外部環境，内部環境ともに，何の問題もない順調な経済成長を続けようとしていたオランダでバブルは発生しました。顕示欲と富への強い欲求を同時に満たす投機対象として，チューリップの球根が注目されるようになったのです。

　1634年頃にパリやフランス北部で球根の価格が上昇しているという噂が流れ，多くの投資家が球根を売買する市場に参加するようになりました。1636年後半から1637年初めにかけては，投機熱が最高潮に達しました。価格が上昇し始めるとチューリップには無関心な一般市民も参加して球根を買い始めたのです。投機熱が最高潮に達した背景として，先物取引が登場し，裏づけのない信用による取引が拡大を続けたという点が指摘されています。

チューリップ・バブル（2）

- 17世紀にオランダを中心に発生したチューリップの球根を対象とした投機による価格の急騰とその後の突然の暴落。
- 投機の歴史という意味では紀元前二世紀のローマの共和制時代に遡ることができる。
- 「オランダのチューリップ狂」あるいは「チューリップ・バブル」などと呼ばれている。
- 最初の本格的なバブルといわれている。
- チューリップの「熱狂」が本当にあったかどうかに異議を唱える見方も存在
- バブル発生の典型的な状況を表しているため，バブルの代表例として取り扱われることが多い。

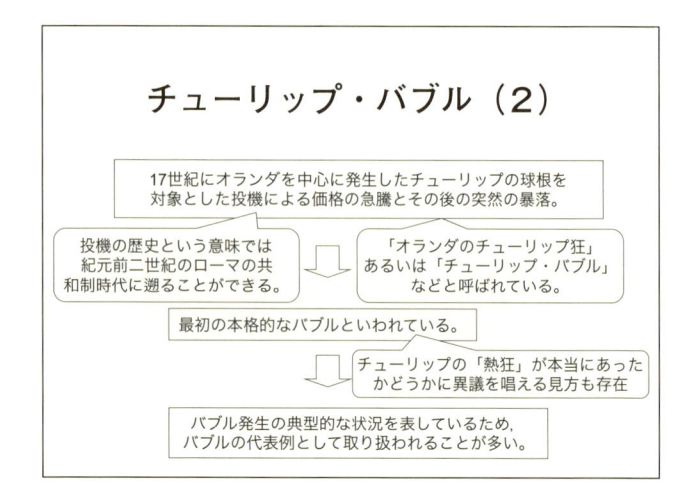

　この時点では，当時のオランダの労働者の平均年収の10倍を超える価格が希少価値のある球根には付けられていたといわれています。常識をはるかに逸脱した価格が球根に付けられていたことになります。

　しかし，このような異常事態は長くは続きません。やがて，暴落が始まります。1637年2月3日には，球根取引の中心地（ハールレム）で買い手が付かなくなったという噂が流れます。すると，翌日の4日にはチューリップ球根市場が大暴落を始めました。先物取引は決済できず，債務不履行が多発しました。バブルの崩壊が始まったのです。その後，球根の値段は暴落を続け，バブル前の価格をも下回ることになりました。

　暴落後は，チューリップは熱狂の対象どころか，愚かさの象徴となり，嫌われた存在となったといわれています。このチューリップ・バブルは，最初の本格的なバブルといわれていますが，チューリップの「熱狂」が本当にあったかどうかについては，異議を唱える見方もあります。しかし，バブル発生の典型的な状況を表しているため，バブルの代表例として，よく取り上げられます。

チューリップ・バブル発生の要因

バブルは何故発生したのか
オランダ経済の奇跡的な成功（「経済の奇跡」）
将来への期待
個人の資金余力の増大
「異常な楽観主義」による誤認（よう想）

アレクサンドル・デュマの小説「黒いチューリップ」の題材として有名

　オランダのチューリップ・バブルが発生した背景にはいろいろな要因が複雑に絡み合っていたと考えられますが，特に要因として，以下に挙げる4つの要因が大きかったと考えられています。

　第一に，「経済の奇跡」と呼ばれるオランダ経済の奇跡的な成功が挙げられます。17世紀の危機に巻き込まれなかったオランダは香辛料貿易，バルト海貿易などで圧倒的に優位な立場に立ち，さらにアムステルダムやロッテルダムでは急激な都市化が進み証券取引所が開設されるなど，金融の中心地としての地位を確立した時代でした。まさに未曾有の経済的発展を遂げている時代でした。

　第二に，オランダの「経済の奇跡」とも関連しますが，自国の「将来への期待」が非常に大きなものになっていたことがありました。オランダが未来永劫，世界の覇権国となり，将来に対する不安はなく，明るい未来に対する期待と自信ばかりが大きくなっていった時代でした。

　第三に，オランダ国民の給与水準の上昇があります。経済の発展とともに，労働者の賃金はヨーロッパで最高水準に達し，国民の余剰資金が急増した時代でもありました。

　最後に，異常な楽観主義が国内中に蔓延していたということがあります。自国の経済の奇跡と将来への楽観的期待，さらにはオランダ国民全体の余剰資金の急増により，異常ともいえる楽観主義による誤認があったと考えられます。

大恐慌前のバブル（1）

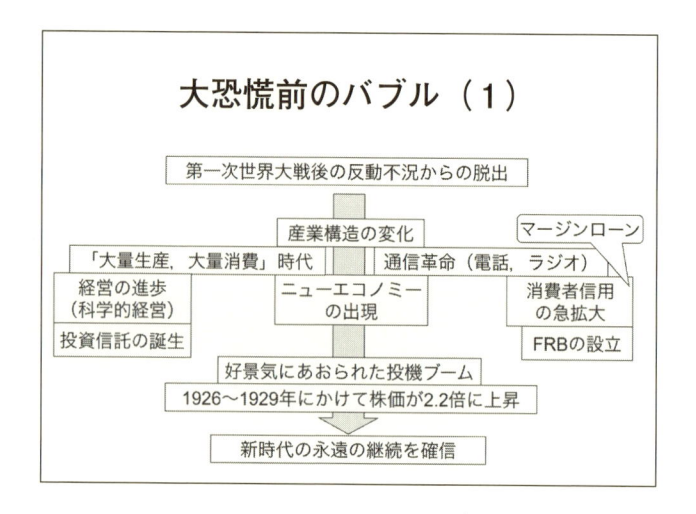

- 第一次世界大戦後の反動不況からの脱出
- 産業構造の変化
- 「大量生産，大量消費」時代
- 通信革命（電話，ラジオ）
- マージンローン
- 経営の進歩（科学的経営）
- ニューエコノミーの出現
- 消費者信用の急拡大
- 投資信託の誕生
- FRBの設立
- 好景気にあおられた投機ブーム
- 1926～1929年にかけて株価が2.2倍に上昇
- 新時代の永遠の継続を確信

　第一次世界大戦後の反動不況から脱出した米国は，産業構造が大きく変化し始めます。第一次大戦後，世界の覇権は英国から米国へと移っていきました。電話やラジオが発明され通信革命が起きます。そして，大量生産，大量消費の時代がやってきました。ニューエコノミー（景気循環が消滅し，インフレーションの起きない理想的な経済成長が続くとする考え方）と呼ばれる新しい考え方が生まれ，好景気にあおられた投機ブームが訪れました。

　1926年から1929年の間に，株価は2.2倍にまで急上昇することになり，米国国民は新時代の永遠の継続を確信しました。マージンローン（株式の値上がり部分を担保としてお金を貸し出すこと）と呼ばれる消費者信用が急拡大し，株価の急上昇を助長することになりました。

　しかし，この1920年代の米国の繁栄から生まれた異常な株式ブームは，突然はじけることになります。1929年10月24日，ニューヨーク証券取引所で株式の暴落が始まりました。「暗黒の木曜日」と呼ばれるバブル崩壊の始まりの日です。それまで，すべての投資家は株価が今後も上昇すると確信していました。誰も株価が暴落するとは考えていなかったのです。賢明といわれた投資家はもとより，高名な経済学者ですらそうでした。マスコミも株式市場が暴落するなどということは一切考えず，むしろ，どこまで上昇するかについて関心が高まっていました。

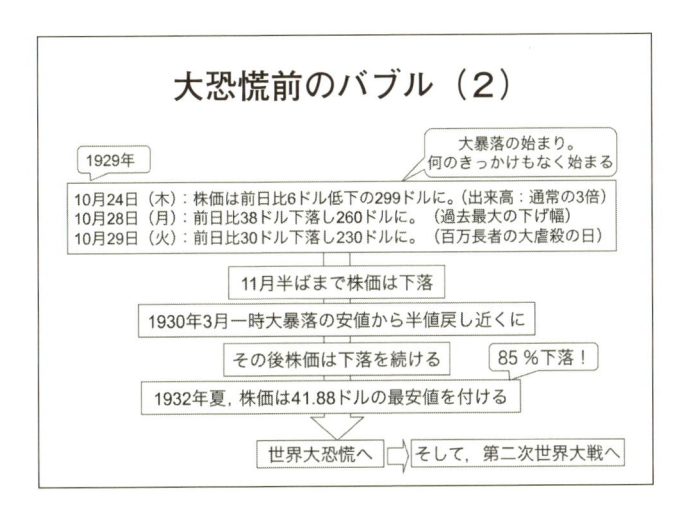

```
┌─────────────────────────────────────────────────────┐
│              大恐慌前のバブル (2)                      │
│                                                     │
│                        ┌──────────────┐             │
│                        │ 大暴落の始まり。│             │
│         ┌──────┐       │何のきっかけもなく始まる│      │
│         │1929年│       └──────────────┘             │
│  10月24日 (木)：株価は前日比6ドル低下の299ドルに。(出来高：通常の3倍)│
│  10月28日 (月)：前日比38ドル下落し260ドルに。(過去最大の下げ幅)│
│  10月29日 (火)：前日比30ドル下落し230ドルに。(百万長者の大虐殺の日)│
│            ┌──────────────────────┐               │
│            │  11月半ばまで株価は下落  │               │
│            ├──────────────────────┤               │
│            │1930年3月一時大暴落の安値から半値戻し近くに│
│            ├──────────────────────┤ ┌────────┐   │
│            │   その後株価は下落を続ける  │ │85％下落！│   │
│            ├──────────────────────┤ └────────┘   │
│            │1932年夏, 株価は41.88ドルの最安値を付ける│
│            └──────────────────────┘               │
│              ┌──────────┐  ┌──────────────────┐  │
│              │ 世界大恐慌へ │⇒│そして, 第二次世界大戦へ│  │
│              └──────────┘  └──────────────────┘  │
└─────────────────────────────────────────────────────┘
```

　何の前触れもなく株価が暴落を始めました。大暴落の始まりです。1929年10月24日（木）には，株価が前日比で6ドル下落（− 2.0％）して終値が299ドルまで下落しました。そして，10月28日（月）には前日比で38ドル下落（− 12.8％）して終値が260ドルとなりました。過去最大の下げ幅です。翌日の29日にはさらに30ドル下落して終値は230ドルにまで下落することになりました。百万長者に自殺者が出たということで，この日は「百万長者の大虐殺の日」といわれています。

　そして，株価は11月半ばまで下落を続けましたが，翌年の1930年3月には，大暴落の安値から半値戻し近くまで一度，値を戻しました。ところが，その後再び株価が下落し，1932年夏には，株価は41.88ドルという最安値を付けることになりました。株価大暴落前の株価と比較すると80％以上もの大暴落でした。

　株価の暴落とともに，米国の経済は急激に悪化することになります。失業者は町中に溢れ，数多くの企業が倒産しました。この影響はすぐにヨーロッパをはじめ世界各国に伝播していきました。大恐慌の始まりでした。そして，世界はあの第二次世界大戦へと進んでいくことになりました。

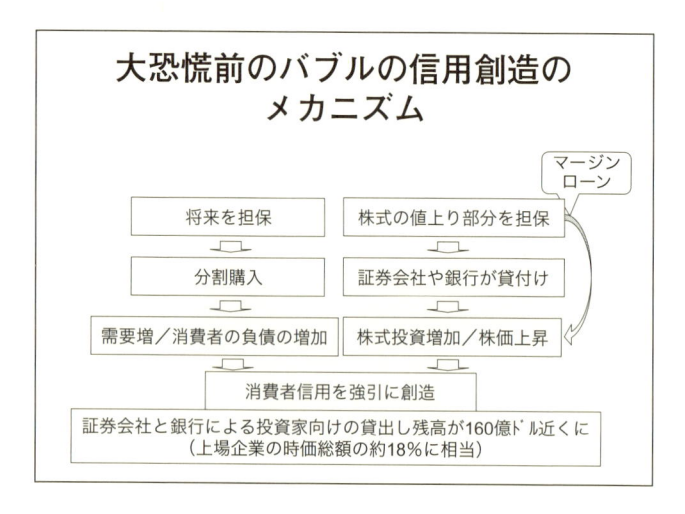

```
┌─────────────────────────────────────────────┐
│     大恐慌前のバブルの信用創造の            │
│           メカニズム                         │
│                                              │
│                              ┌──マージン──┐ │
│                              │  ローン    │ │
│  ┌──────────┐   ┌────────────────┐         │
│  │ 将来を担保│   │株式の値上り部分を担保│   │
│  └────┬─────┘   └────────┬───────┘         │
│  ┌────┴─────┐   ┌────────┴───────┐         │
│  │ 分割購入 │   │証券会社や銀行が貸付け│   │
│  └────┬─────┘   └────────┬───────┘         │
│  ┌────┴─────────┐ ┌──────┴─────────┐       │
│  │需要増／消費者の負債の増加│ │株式投資増加／株価上昇│ │
│  └────┬─────────┘ └──────┬─────────┘       │
│       └────────┬──────────┘                 │
│       ┌────────┴──────────┐                 │
│       │消費者信用を強引に創造│                │
│       └────────┬──────────┘                 │
│  ┌────────────────────────────────┐         │
│  │証券会社と銀行による投資家向けの貸出し残高が160億ドル近くに│ │
│  │    （上場企業の時価総額の約18％に相当）│ │
│  └────────────────────────────────┘         │
└─────────────────────────────────────────────┘
```

　オランダのチューリップ・バブルと同様に，ニューヨークのウオール・ストリートでバブルが発生した背景は，いろいろな要因が複雑に絡み合っています。米国が覇権を取り，経済の好調は未来永劫続くと誰もが考えていました。株価は上昇を続け，国民の多くが株式投資に熱狂していきました。しかし，バブルが大きくなった最大の要因として，信用創造のメカニズムの存在があったと指摘されています。

　この信用創造のメカニズムには，2つの流れがあります。まず，個人は将来（の収入）を担保に「物」を購入することができるようになりました。例えば，今，「物」を受け取り（購入し），支払いは，12回分割して1年かけて支払うという方法です。支払を将来に行い，「物」を今受け取ることで，需要が増える一方で個人の負債が増えることになります。確実に消費が増え，景気は上向きます。もう1つがマージンローンで，証券会社や銀行が積極的に貸出を行いました。株価の値上がり部分を担保にして資金を貸し出し，そのお金がまた株式投資に回されるので，この規模が大きければ，株式投資に資金が回り，株式価格が上昇することになります。上昇すれば，担保の価値が上昇して投資家への融資額が増えるという循環を生み出すことになったと考えられています。

　「将来を担保」にすることと「株式価格の上昇部分を担保」にするという2つの「担保」は，個人の信用を強引に創造して，バブルをつくり出すことになります。

平成バブル（1）

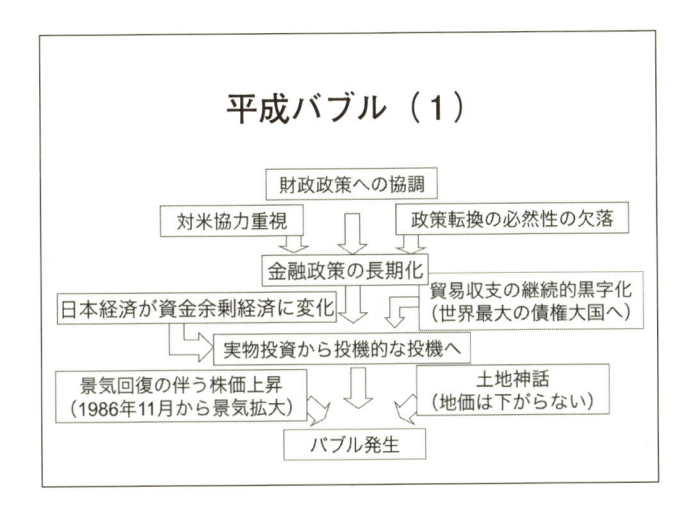

```
                    財政政策への協調
        対米協力重視          政策転換の必然性の欠落
                    ↓  ↓  ↓
                    金融政策の長期化
   日本経済が資金余剰経済に変化  ↓  貿易収支の継続的黒字化
                              （世界最大の債権大国へ）
                    実物投資から投機的な投機へ
   景気回復の伴う株価上昇       ↓      土地神話
   （1986年11月から景気拡大）           （地価は下がらない）
                    バブル発生
```

　プラザ合意以降，「円高不況」に陥った日本経済は，米国からの圧力もあり，400兆円を超える公共投資を行い，内需拡大を図るとともに，日本銀行の低金利政策により金融面での景気刺激策を実施しました。日本銀行の低金利政策は結果的に長期化することになり，日本経済は回復することになりました。低金利政策による貨幣供給量が増大したことで，日本経済は資金不足経済から資金余剰経済に変わってしまいました。この余剰資金は実物投資ではなく株式や不動産といった金融資産への投資へと回ることになります。この時期の日本企業（製造業）の競争力は技術面，価格面の両方で非常に強く，貿易収支も継続的に黒字の状態が続き，日本は世界最大の債権大国となっていました。日本国民が最も将来に対する自信を持っていた時代であったといえます。

　このような時期に日本でバブルが発生しました。地価は下がらないという土地神話と景気回復（1986年11月からの景気拡大）および金余りによる株価の上昇からバブルは大きくなっていきます。政府は，この状態を静観し続け，市場の暴走を食い止めようとはしませんでした。1985年12月時点で13,113.32であった日経平均は，1989年12月末には38,915.87とわずか4年間で3倍近くも上昇したことになります。

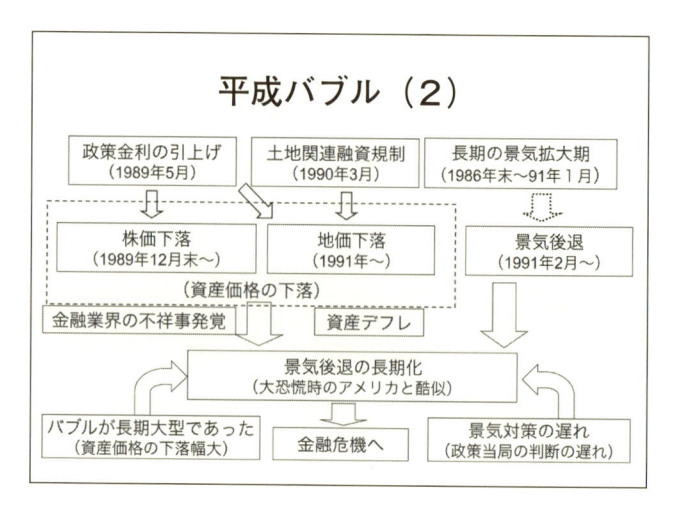

```
┌─────────────────────────────────────────────────┐
│              平成バブル（2）                     │
│                                                 │
│  ┌──────────┐  ┌──────────┐  ┌──────────┐      │
│  │政策金利の引上げ│ │土地関連融資規制│ │長期の景気拡大期│    │
│  │ (1989年5月) │  │ (1990年3月) │  │(1986年末～91年1月)│ │
│  └────┬─────┘  └────┬─────┘  └────┬─────┘      │
│       ↓             ↓             ↓           │
│  ┌──────────┐  ┌──────────┐  ┌──────────┐      │
│  │  株価下落  │  │  地価下落  │  │  景気後退  │      │
│  │(1989年12月末～)│ │(1991年～) │  │(1991年2月～)│    │
│  └──────────┘  └──────────┘  └──────────┘      │
│         （資産価格の下落）                       │
│  ┌─────────────┐  ┌─────────┐                  │
│  │金融業界の不祥事発覚│ │ 資産デフレ │                 │
│  └─────────────┘  └─────────┘                  │
│              ↓                                  │
│         ┌─────────────────┐                     │
│         │  景気後退の長期化   │                    │
│         │(大恐慌時のアメリカと酷似)│                  │
│         └─────────────────┘                     │
│  ┌──────────┐  ┌──────┐  ┌──────────┐          │
│  │バブルが長期大型であった│ │金融危機へ│ │ 景気対策の遅れ │        │
│  │(資産価格の下落幅大) │  └──────┘  │(政策当局の判断の遅れ)│    │
│  └──────────┘            └──────────┘          │
└─────────────────────────────────────────────────┘
```

　平成バブルの崩壊は突然やってきました。バブルの拡大を放置していた日本銀行は1989年5月に長期間続いていた低金利政策を転換して政策金利を引き上げました。政府は1990年3月に，やっと土地関連融資規制を実施しました。この規制をきっかけにしてバブルを終わらせることができたといわれています（この規制が早期に実施されていれば，バブルも小さなもので済んでいたかもしれません）。その結果，日経平均株価は1990年に入って下落を始め，土地価格も1991年以降，下落することになります。資産価格の下落です。この時期に，証券会社を中心とした金融業界の不祥事が発覚して，証券市場に対する不信感を多くの投資家が持つようになりました。

　さらに，1986年11月から続いた景気拡大は1991年2月から景気後退期に入り，バブルが長期的であり，かつ大規模なものであったため，景気後退が長期化することになりました。政策当局の判断の遅れで，バブルを大きくしただけでなく，景気対策の実行も遅れることになったと指摘されています。その結果として，日本はこの後，かつてない長期的かつ深刻な金融危機に直面することになります。「失われた10年」です。

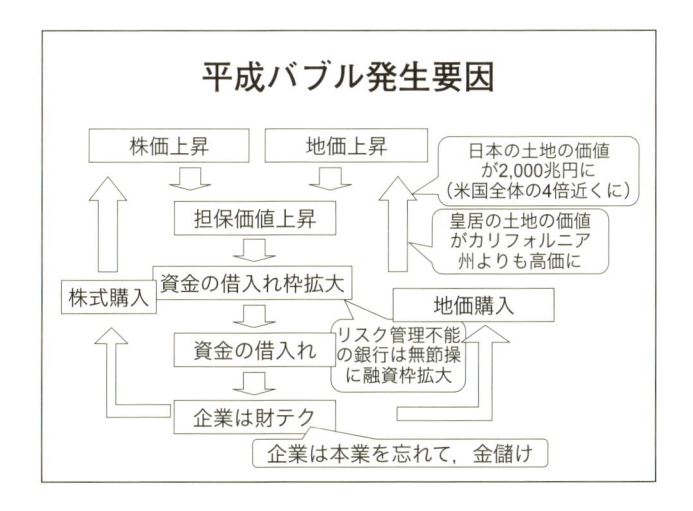

平成バブル発生要因

```
株価上昇 ← 地価上昇     日本の土地の価値
   ↓         ↓         が2,000兆円に
      担保価値上昇      （米国全体の4倍近くに）
         ↓
株式購入 ← 資金の借入れ枠拡大 → 地価購入   皇居の土地の価値
         ↓         ↑             がカリフォルニア
      資金の借入れ   リスク管理不能   州よりも高価に
         ↓         の銀行は無節操
      企業は財テク    に融資枠拡大
         ↓
   企業は本業を忘れて，金儲け
```

　1980年代後半に日本でバブルが発生し，大きくなっていった要因も，これまでに解説したオランダや米国のバブルと類似した要因があると考えられます。これらの中で，平成バブルを特に大きくしたと考えられている要因に，株式と土地を担保とした融資の問題があります。

　これは，保有している株式や不動産を担保として金融機関が資金の借り入れ枠を拡大し，融資額を増やすというものです。この融資されたお金を使い，投資家は株式や不動産を購入します。すると株式価値も不動産の価格も上昇して担保価値が上昇することになります。担保価値が上昇すると金融機関は借入枠を拡大してさらに資金を貸し出すという循環が生まれました。本来であれば，融資枠を拡大する際に，その妥当性を精査する必要があったのですが，銀行を中心とした金融機関はその役割を果たせなかったのです。

　なお，平成バブルの特徴として，一般企業までもが自社の保有する不動産や株式を担保として金融機関から資金の借り入れを行い，さらに不動産や株式に投資して利益を得ることをしていました（「財テク」と呼ばれていました）。企業は本業を忘れて，物づくりで利益を得るのではなく，お金で利益を得ようとしていました。日本で発生したこのバブルのピーク時には，日本の土地の価値が2,000兆円（米国全体の4倍近く）に，皇居の土地の価値がカリフォルニア州よりも高くなるなど，常識では考えられない状況が生じていました。

```
┌─────────────────────────────────────────────┐
│           サブプライムローン・バブル            │
│                                             │
│        ┌─────────────────────────────┐      │
│        │ 海外から米国に大量の資金が流入 │      │
│        │ 低金利政策により，金余り状態が続いた。│ │
│        └──────────────┬──────────────┘      │
│                       ▼                     │
│        ┌─────────────────────────────┐      │
│        │ 空前の不動産ブームが到来。     │      │
│        └──────────────┬──────────────┘      │
│                       ▼                     │
│    ┌─────────────────────────────────────┐  │
│    │ それまで返済能力に乏しく住宅ローンを組むことができ │
│    │ なかった人々も，住宅ローンを組むことが可能になった。│
│    └──────────────┬──────────────────────┘  │
│                   ▼                         │
│    ┌─────────────────────────────────────┐  │
│    │ このような状況下で，不動産価格は2006年頃まで上│
│    │ 昇を続けた。                         │  │
│    └──────────────┬──────────────────────┘  │
│                   ▼                         │
│    ┌─────────────────────────────────────┐  │
│    │ 不動産価格も上昇し続けることはなく，下落を   │
│    │ 始めることになった。バブルの崩壊が始まる。   │
│    └─────────────────────────────────────┘  │
└─────────────────────────────────────────────┘
```

　バブル発生の数年前から，海外から米国に大量の資金が流入し，さらに低金利政策により，金余り状態が続きました。そのため，資金の借り入れが簡単にできる環境が整い，マイホーム購入を夢見る人々が争ってマイホームを購入しようとして，空前の不動産ブームが到来しました。

　それまで返済能力が乏しいとして，住宅ローンを組むことができなかった（米国人の夢でもあるマイホームを持てなかった）人々にも，マイホームの購入のためのローンを組むことが可能になったのです。このローンは，返済能力が低い人向けの住宅を担保とした住宅ローンで，サブプライムローン（信用力が低いローン）と呼ばれました。

　さらにこのローンの多くは，借入れた最初の数年は金利が低く抑えられ，その後，市場金利に連動する，金利の高い変動金利型のローンでした。不動産価格が上昇している場合は，途中で変動金利に切り替わっても，買い替えを行うなどして，大きな問題は生じませんでした。

　このような状況下で，不動産価格は2006年ごろまで上昇を続けました。1996年からの10年間で不動産価格は倍以上となりました。しかし，不動産価格も上昇し続けることはなく，やがて，下落を始めることになりました。バブルの崩壊が始まりました。

```
┌─────────────────────────────────────────────┐
│       サブプライムローン・バブル発生の要因        │
│  ┌───────────────────────────────────────┐  │
│  │ 数多くの住宅ローン債権を集めて合計した資産を裏付けとし │  │
│  │ た証券をつくり，これを細分化して販売（証券化）。    │  │
│  └───────────────────────────────────────┘  │
│                     ↓                         │
│  ┌───────────────────────────────────────┐  │
│  │ いろいろなサブプライムローン債権を集め，リスクの大きさ │  │
│  │ で分割した資産を裏づけとした証券をつくり，細分化して  │  │
│  │ 販売したり，自動車ローンや社債等も集めて，これをリスクの │  │
│  │ 大きさで分割した資産を裏付けとした証券を販売。      │  │
│  └───────────────────────────────────────┘  │
│                     ↓                         │
│  ┌───────────────────────────────────────┐  │
│  │ いろいろなタイプの金融商品を組合せて，分散効果が生まれ， │  │
│  │ リスク低減効果が期待できるため，格付け会社から高い評価 │  │
│  │ を受け，世界中の多くの投資家が進んで購入しようとした。 │  │
│  └───────────────────────────────────────┘  │
│                     ↓                         │
│  ┌───────────────────────────────────────┐  │
│  │ 商品を複雑化させ，複雑でわかりにくい商品になってしまっ │  │
│  │ たことが，問題をさらに悪化させてしまった。        │  │
│  └───────────────────────────────────────┘  │
└─────────────────────────────────────────────┘
```

　サブプライムローン・バブルが発生した背景には，ほかのバブルと同様に，いろいろな要因が複雑に絡み合っています。しかし，サブプライムローン・バブルではこれまでにない新しい手法がバブルをつくり出し，大きくしていったと考えられています。それが，証券化といわれている手法です。この手法自体は単純なもので，数多くの住宅ローン債権を集めて合計した資産を裏付けとした証券をつくり，これを（細分化されている）多くの投資家等に販売する方法を指します。この方法は，その後多くの工夫がされています。いろいろなサブプライムローン債権を集めて，これをリスクの大きさで分割して出来上がった資産を裏づけとした証券をつくり，おのおのを細分化して投資家に販売したり，サブプライムローン以外に自動車ローンや社債等を集めて証券化して投資家に販売することなどの工夫が行われました。

　サブプライムローン債権を中心としてはいるものの，いろいろなタイプの金融商品を組み合わせることで，分散効果が生まれ，リスク低減効果が期待できるこの証券化商品は，格付け会社から高い評価を受け，安全な商品として，世界中の多くの投資家が好んで購入しようとしました。質の悪い商品もつくられ，世界中の投資家がこの商品を購入しました。さらに返済能力の低いローンも組まれるようになり，バブルを大きくしていったのです。商品を複雑化させ，わかりにくい商品になってしまったことが，問題をさらに悪化させてしまったといえます。

> ## バブル発生の共通要因
>
> - 経済面で好調(好調すぎる)な時期に発生(自信過剰な環境下で発生)。
> - 少数の特定の投資家だけでなく,多くの素人を巻き込んだ1つの社会現象となる。
> - うわさがブームを煽(あお)った。
> - 信用取引や先物取引などのレバレッジ効果の高い取引が急拡大。
> - 国家(政府)が,直接的あるいは間接的にバブル拡大を助長(賄賂が絡む場合が少なくない)。

　これまで解説してきた代表的なバブルは,発生時期も発生国もいろいろですが,いくつかの共通要因があります。まず,経済面で好調な時期に発生しているという点です。自信過剰といってもよい環境下で発生しているといえます。二番目として,少数の特定の投資家だけではなく,素人を巻き込んだ1つの社会現象となってバブルをさらに大きくしたといえます。三番目として,うわさがブームを煽ることが多いということです。実態を伴わない事実とは異なることが伝播することで,バブルを大きくしている可能性があるということです。四番目として,信用取引や先物取引などのレバレッジ効果の高い取引が急拡大することで,さらに大規模なバブルをつくり出していることになります。存在しない信用を無理やりつくり出す行為自体がバブルの主因となっています。五番目として,国家が,直接的あるいは間接的にバブル拡大を助長しているという点です。低金利政策を長期化させてしまったり,適切な規制を設けず,放任している間にバブルは巨大化してしまいます。

　ここで挙げたバブルに関する共通要因は,一見,コントロール可能なものもあります。しかし,理屈上はコントロール可能であっても,現実にはバブル発生をコントロールすることは困難であると考えた方が適切で,バブルは将来もどこかで必ず発生するものと考えた方がよいのではないでしょうか。

バブルは繰り返されるのか

```
                    こう言われ出したらバブル始まりの予兆
                    This Time is Different
┌─────────────────────────────────────────────┐
│「我々は新しい時代を迎えようとしている。今度はこれまでとは違う。」│
│「今度ばかりは違う」                          │
└─────────────────────────────────────────────┘
          ⇩
┌─────────────────────────────────────────────┐
│これまでも，この言葉は何度も繰り返し使われてきた。     │
│しかし，実際には言葉通りにはならなかった。          │
└─────────────────────────────────────────────┘
          ⇩
┌─────────────────────────────────────────────┐
│人間（自分自身）は愚かな存在であることを忘れてはならない。謙虚な│
│気持ち，現実を冷静に観ることは，資本市場を考える上でも自分自身│
│の人生を生きていく上でも重要なことである。           │
└─────────────────────────────────────────────┘
┌─────────────────────────────────────────────┐
│みなさんの生きている間に必ず，バブルはやってくると思っていて│
│下さい。そしてその時，過去のバブルの歴史を思い出して下さい。│
└─────────────────────────────────────────────┘
```

ここまで，時期も発生場所も異なるいろいろな国のバブルを見てきました。過去のバブルの歴史を振り返ると，人間の金銭や権力に対する欲望は，時代が変わっても変わるものではないことがわかります。人間は強欲で自己中心的な存在です。過去を振り返ると，人間の弱さと愚かさを思い知らされることになります（逆に，謙虚さの大切さを知ることができます）。

「我々は新しい時代を迎えようとしている」，「今度はこれまでとは違う」，「今度ばかりは違う」。"This Time is Different"症候群といわれる症状です。これまでも，この言葉は何度も繰り返し使われてきました。バブルを正当化する考え方です。こう言われ出したらバブルが始まる予兆だと思ってください。

これらのことから，人間（自分自身）は愚かな存在であることを忘れてはならないことがわかります。謙虚な気持ちで現実を冷静に観ることは，資本市場を考える上でも自分自身の人生を生きていく上でも重要なことです。

バブル発生と崩壊は繰り返されてきました。人間の悲しい宿命ですが，今後も愚かな歴史は何度でも繰り返されます。みなさんの生きている間に必ず，バブルはやってくると思っていて下さい。そしてその時，バブルの歴史を思い出して下さい。

4.2 節　金融危機

―― 本節の概要 ――

　本節の金融危機では，金融危機とは何か，代表的な金融危機の概要（世界大恐慌，平成バブル後の日本の金融危機，世界金融危機）を解説し，金融危機発生の共通要因は何かを確認します。
　さらに，米国を中心とした考え方である市場原理主義の考え方の合理性，問題点，さらに限界を明らかにして，規制が資本市場に与える影響を概観し，さらにモラルハザードの問題についても議論します。
　そして，最後に金融危機からの教訓と金融危機再来はあるかについて解説します。

―― ポイント ――

1. 過去に発生した代表的な金融危機の概要
2. 金融危機発生の原因と対策
3. 市場原理主義の限界と規制の問題
4. 過去の金融危機から得られた教訓は何か
5. 金融危機再来の可能性

金融危機とは

> 景気の悪化や外的な要因などから大規模な失業の発生，金融機関の連鎖的な破綻により金融不安が増大し，主要金融機関が経営悪化して信用収縮を起こし，うわさから取り付け騒ぎが起きるなど，大きな社会不安を引き起こすこと。

> 金融危機が発生すると，金融機関が破綻するだけではなく，多くの企業を巻き込み，景気が急激に悪化することになる。

> 金融危機から脱出するために，他国の援助やIMF等の機関から支援を受けることも少なくない。

　金融危機は，景気の悪化や外的な要因などから大規模な失業が発生し，金融機関の連鎖的な破綻により金融不安が増大するとともに，主要金融機関が経営悪化して信用収縮を起こし，うわさから取り付け騒ぎが起きるなど，大きな社会不安を引き起こします。さらに，企業の倒産も発生して，株価や地価が大幅下落して，失業率もさらに上昇します。すなわち，金融危機は，狭義には金融に端を発した経済危機のことです。金融危機は，バブル発生，拡大の後にバブル崩壊とともに発生することもあれば，バブルとは独立して現れることもあります。

　金融危機が発生すると，その国の経済は大きなダメージを受けることになります。単純に金融機関が破綻するだけではなく，多くの企業を巻き込み，景気が急激に悪化することになります。金融危機から脱出するためには，自国の努力だけでは早期に解決することができず，他国の援助やIMF等の機関からの支援によって進められる場合も少なくありません。

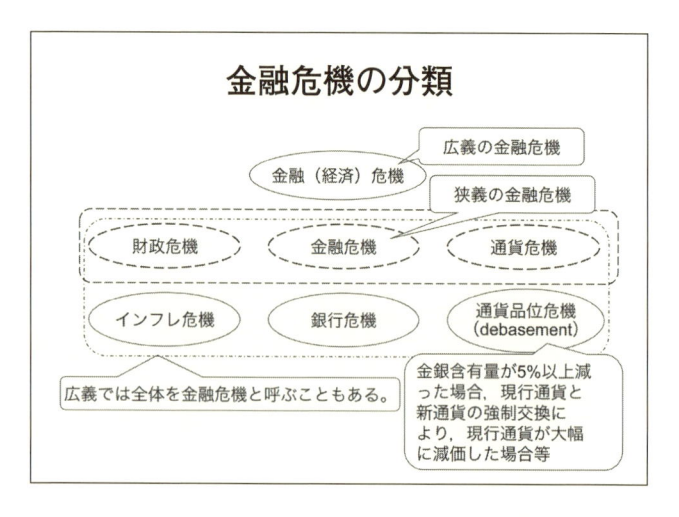

金融危機の分類

- 金融（経済）危機
  - 広義の金融危機
  - 狭義の金融危機
- 財政危機／金融危機／通貨危機
- インフレ危機／銀行危機／通貨品位危機（debasement）

広義では全体を金融危機と呼ぶこともある。

通貨品位危機：金銀含有量が5%以上減った場合，現行通貨と新通貨の強制交換により，現行通貨が大幅に減価した場合等

　金融危機には，広義での金融危機と狭義での金融危機があります。広義の金融危機には，財政破綻を起因とした危機（財政危機），金融機関を起因とした危機（狭義の金融危機），通貨下落を起因とした危機（通貨危機），高インフレを起因とした危機（インフレ危機），銀行の破綻を起因とした危機（銀行危機），現行通貨と新通貨の強制交換により現行通貨が大幅に減価した場合など，なんらかの原因で通貨の質が急落したことに起因した危機（通貨品位危機）があります。

　中でも，財政危機，金融危機，通貨危機の3つは，代表的な狭義の金融危機といわれています。1つ目の財政危機は，その国の財政が破綻することによって起きる危機で，金融機関を含む一国全体が危機状態に陥ってしまう危機のことです。2010年ごろのギリシャ危機はその代表的な危機であり，日本の財政赤字の拡大が今後も続くと，このタイプの危機が発生する可能性があるとの指摘もあります。2つ目の金融危機は金融機関の破綻をきっかけとして生まれる危機で，世界的に影響力が大きい金融機関が破綻することによって生まれる危機（狭義）のことです。3つ目の通貨危機は，ある国の通貨がなんらかの原因で急激に通貨価値が下落してその国の経済，金融に大きな打撃を与えてしまう状況のことです。1995年のタイバーツの急落を起因としたアジア危機はその代表的な例であるといえます。

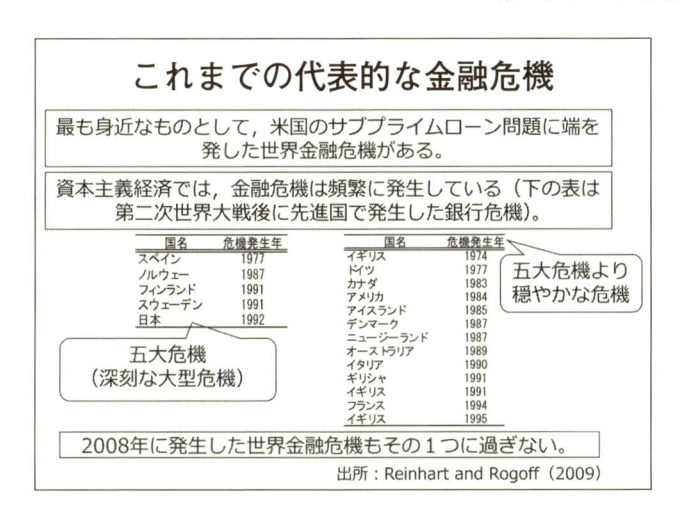

これまでの代表的な金融危機

最も身近なものとして，米国のサブプライムローン問題に端を発した世界金融危機がある。

資本主義経済では，金融危機は頻繁に発生している（下の表は第二次世界大戦後に先進国で発生した銀行危機）。

五大危機（深刻な大型危機）

国名	危機発生年
スペイン	1977
ノルウェー	1987
フィンランド	1991
スウェーデン	1991
日本	1992

五大危機より穏やかな危機

国名	危機発生年
イギリス	1974
ドイツ	1977
カナダ	1983
アメリカ	1984
アイスランド	1985
デンマーク	1987
ニュージーランド	1987
オーストラリア	1989
イタリア	1990
ギリシャ	1991
イギリス	1991
フランス	1994
イギリス	1995

2008年に発生した世界金融危機もその1つに過ぎない。

出所：Reinhart and Rogoff (2009)

　最近の大規模な金融危機として，米国のサブプライムローン問題に端を発して世界的に危機が拡大していった世界金融危機がありますが，その他にも過去には，大規模で深刻な金融危機が幾度となく発生してきています。Reinhart and Rogoff (2009) によると，第二次世界大戦以降に先進国で発生した金融（銀行）危機だけでも13回発生していること，これらの中でも，最も深刻で規模の大きな金融危機で五大金融危機と呼ばれている金融危機があると報告しています。

　例えば，欧州諸国の多くが石油危機発生後の1970年代末までに経済回復をほぼ達成したのに対して，スペインでは独裁体制から民主主義体制への移行期が重なったことにより十分な対策を打つことができず，金融危機が1977年に発生し，回復までに10年近くの時間を費やすことになりました。ノルウェーでは，金融自由化に端を発したバブルの崩壊と資源国である同国の資源価格の下落から金融危機が1987年に発生しています。また，フィンランドとスウェーデンでは，80年代末に金融・不動産バブルが崩壊したこととソ連崩壊とその後の旧ソ連・東ヨーロッパ地域の経済混乱の影響から1991年に金融危機が発生しています。さらに，日本では，平成バブルが崩壊した1992年ごろから金融危機が発生し，回復までに長い時間を要することになりました。2008年に発生した世界金融危機も過去に発生した金融危機の1つに過ぎません。

> **大恐慌**
>
> ウオール・ストリートで発生したバブルとその崩壊とともに，景気が急激に悪化し，多くの企業が倒産，多くの破産者が出る事態に。
>
> ヨーロッパ諸国も米国経済の急激な落ち込みの影響を受け，企業の倒産，失業率の上昇，農産物価格の急落が起こり，危機的状況に。
>
> 植民地を「もてる国」である米国はニューディル政策を実施し，イギリス，フランスは排他的なブロック経済をつくり，植民地を「もたざる国」であるドイツ，イタリア，日本は窮地に追い込まれることに。
>
> 保護貿易主義が強まる中で世界貿易は収縮し，各国の不況は深刻さを増すことに。
>
> 解決策が見出されない中で，第二次世界大戦がはじまることに。

　米国では，1929年頃にニューヨークのウオール・ストリートで発生した大恐慌前のバブルとその崩壊により，景気が急激に悪化し，多くの企業が倒産，多くの破産者が出る事態になりました。金融機関も例外ではありません。多くの金融機関が倒産し，事態をさらに悪化させることになりました。農産物の過剰生産が続いていたこともあり，農産物の価格も暴落することになります。町中に失業者があふれ，海外からの資本も引き上げられ，米国経済はさらに縮小をしていきました。第一次世界大戦からの復興が進んでいたヨーロッパ諸国も米国経済のあまりにも急激な落ち込みの影響を受け，金融機関を含めた企業の倒産，失業率の上昇，農産物価格の急落が起こります。ウオール街のバブル崩壊をきっかけとした危機は全世界へと伝播していきました。世界恐慌です。

　この危機から脱出を図るため，各国は対策を打ちます。植民地を「もてる国」である米国はニューディル政策を実施し，イギリス，フランスは排他的なブロック経済をつくります。しかし，ドイツ，イタリア，日本といった植民地を「もたざる国」は窮地に追い込まれることになります。保護貿易主義が強まる中で世界貿易は収縮し，各国の不況は深刻さを増すことになりました。解決策が見出されない中で，やがて第二次世界大戦がはじまることになります。

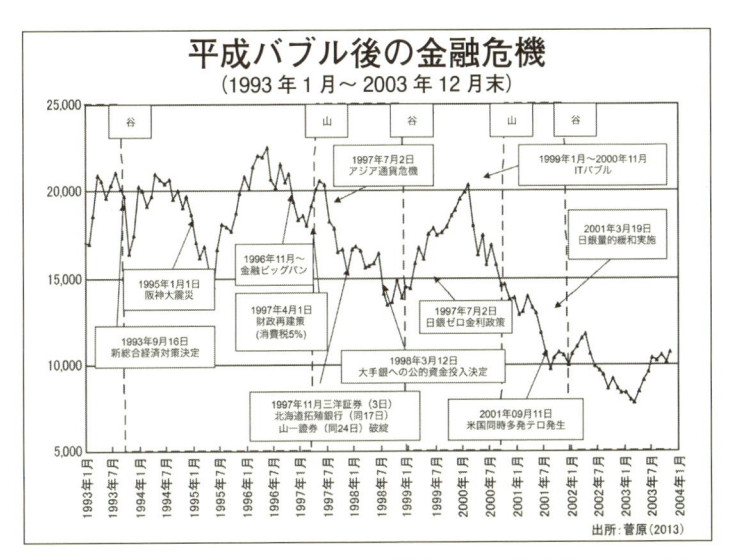

平成バブル後の金融危機
(1993年1月～2003年12月末)

主なイベント:
- 1993年9月16日 新総合経済対策決定
- 1995年1月1日 阪神大震災
- 1996年11月～ 金融ビッグバン
- 1997年4月1日 財政再建策（消費税5%）
- 1997年7月2日 アジア通貨危機
- 1997年7月2日 日銀ゼロ金利政策
- 1997年11月三洋証券（3日）北海道拓殖銀行（同17日）山一證券（同24日）破綻
- 1998年3月12日 大手銀行への公的資金投入決定
- 1999年1月～2000年11月 ITバブル
- 2001年3月19日 日銀量的緩和実施
- 2001年09月11日 米国同時多発テロ発生

出所：菅原 (2013)

　日本では，1989年をピークとした平成バブル崩壊後，日本経済は急激に冷え込み，長い不況の時代に突入します。平成バブルの間に日本企業の多くは，「過剰設備」，「過剰債務」，「過剰雇用」という3つの「過剰」をつくり出し，その解消に苦しむことになります。金融機関も不動産への偏った融資の焦げ付きや含み損の拡大により，膨大な不良債権を抱え，身動きの取れない状態になっていました。

　そして，1995年に住宅金融専門会社（7社）で6.4兆円にものぼる損失が明らかになり，1996年5月には同社の母体銀行が債権を放棄し，さらに一部税金の投入により解決が図られました。また，1997年11月に三洋証券が会社更生法を申請し，さらに山一證券が自主廃業するなど，金融機関の破綻が続き，金融システム不安が深刻化しました。

　さらに，1998年3月に金融再生委員会は大手銀行15行への公的資金注入を正式承認し，10月に金融再生法と早期健全化法が可決され，12月に経営破綻した日本長期信用銀行と日本債券信用銀行が一時国有化されました。政府は過去最大の緊急経済対策を決定し，1999年3月に大手銀行15行に対して7兆4,592億円もの公的資金注入を正式承認し，金融システムの安定化を図りました。しかし，株価は下げ止まらず，1998年10月9日にはバブル崩壊以降最安値となる12,879.97円まで下落しました。

平成バブルが残した不良債権処理の問題

国内銀行が抱えた不良債権の問題点

- 多額の不良債権がすでに存在していた中で、新たな不良債権の存在が徐々に表面化していった点
- 不良債権処理の費用が長期にわたって銀行の収益を上回る金額となり、銀行の経営を圧迫し続けた点
- 不良債権の貸付先が不動産を中心とした特定のセクターに集中していた点
- 不良債権の処理に目途が立ったのは小泉政権の下で不良債権処理に真剣に取り組んだ結果。
- 銀行は、貸し出しに慎重な姿勢を取り、日本経済全体を停滞させる1つの要因となった。

　平成バブルが生んだ負の資産である不良債権を処理するために、金融機関は膨大な資金と時間を要することになります。

　平成バブル崩壊により国内の銀行が抱えることになった不良債権の問題には3つの大きな特徴があったとされています。1つ目として、多額の不良債権がすでに存在していた中で、新たな不良債権が発生し続けていった点、2つ目として、不良債権処理の費用が長期にわたって銀行の収益を上回る金額となり、銀行の経営を圧迫し続けた点、3つ目として、不良債権の貸付先が不動産を中心とした特定のセクターに集中していた点です。

　平成バブル崩壊とその後のデフレにより発生した不良債権の処理に銀行が使った資金は100兆円を超えるといわれ、処理するために10年以上の歳月を要したとされています。この間、銀行は負の資産の処理に追われることになりました。不良債権の処理に目途が立ったのは、小泉政権の下で不良債権処理に積極的に取り組んだ結果であり、時期としては2003年頃と考えられています。この間、銀行は、貸し出しに慎重（貸し渋り）な姿勢を取り、日本経済全体を停滞させる1つの要因になりました。

```
┌─────────────────────────────────────────────────┐
│              世界金融危機（1）                    │
│  ┌───────────────────────────────────────────┐  │
│  │ 2007年7月：米国でサブプライムローン融資の延滞率が上昇 │  │
│  └───────────────────┬───────────────────────┘  │
│                      ▽                           │
│  ┌───────────────────────────────────────────┐  │
│  │ 2008年3月：業界5位の米証券大手ベアー・スターンズが破綻 │  │
│  └───────────────────┬───────────────────────┘  │
│                      ▽                           │
│  ┌───────────────────────────────────────────┐  │
│  │    米国でのサブプライムローン問題の深刻さが明らかに    │  │
│  └───────────────────┬───────────────────────┘  │
│                      ▽                           │
│  ┌───────────────────────────────────────────┐  │
│  │ 2008年9月：連邦住宅金融抵当公庫と連邦住宅抵当公庫が経営│  │
│  │          不安により国有化                        │  │
│  │        ：リーマンブラザースが破綻（リーマンショック）    │  │
│  └───────────────────┬───────────────────────┘  │
│                      ▽                           │
│  ┌───────────────────────────────────────────┐  │
│  │         世界全体を巻き込んだ金融危機へ            │  │
│  └───────────────────────────────────────────┘  │
└─────────────────────────────────────────────────┘
```

　2007年7月に入ると米国でサブプライムローン融資の延滞率が上昇し大きな問題となりました。サブプライムローン問題が表面化して，米国株式市場が下落をしました。世界的な株価の下落が始まり，2007年12月末には日経平均株価も15,307.78円まで下落しました。さらに，2008年3月14日に業界5位の米証券大手ベアー・スターンズが破綻するなど米国でのサブプライムローン問題の深刻さが明らかになり，米国株式市場が下落を続けました。そして，2008年9月7日に低所得者向けの住宅ローン債権を保証していた連邦住宅金融抵当公庫と連邦住宅抵当公庫が経営不安により国有化され，9月15日に，ついにリーマンブラザースが破綻してしまいました（リーマンショック）。

　その後，米国発の世界金融危機を回避するため，2008年9月29日，米国議会下院に金融安定化法案が提出されましたが，否決されたことにより米国株式が急落して，これを追うように世界中の株式市場も急落することになりました。10月3日に修正された金融安定化法案が上院に提出，承認されましたが，株価は下げ止まらず，世界的な金融不安となりました。米国政府は過去最大の経済危機対策を決定するなど対策を講じましたが，2009年4月30日にクライスラー，6月1日にはゼネラルモータースが経営破綻をしてしまいました。この後，この問題は，世界全体を巻き込んだ金融危機を引き起こすことになります。

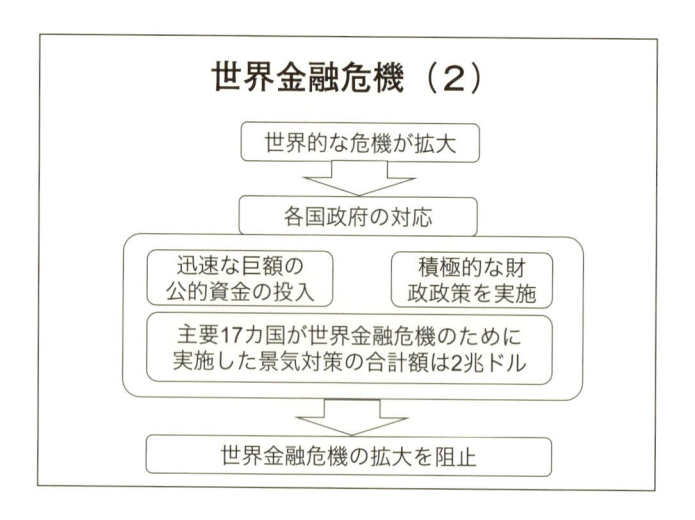

```
┌─────────────────────────────────────┐
│          世界金融危機（2）           │
│                                     │
│         ┌──────────────┐            │
│         │ 世界的な危機が拡大 │            │
│         └──────┬───────┘            │
│                ▽                    │
│         ┌──────────────┐            │
│         │  各国政府の対応  │            │
│         └──────────────┘            │
│    ┌────────────┐ ┌────────────┐    │
│    │ 迅速な巨額の │ │ 積極的な財  │    │
│    │ 公的資金の投入│ │ 政政策を実施 │    │
│    └────────────┘ └────────────┘    │
│    ┌──────────────────────────┐     │
│    │ 主要17カ国が世界金融危機のために │     │
│    │ 実施した景気対策の合計額は2兆ドル│     │
│    └──────────────────────────┘     │
│                ▽                    │
│         ┌──────────────────┐        │
│         │ 世界金融危機の拡大を阻止 │        │
│         └──────────────────┘        │
└─────────────────────────────────────┘
```

　このような世界的な危機が拡大する中で，各国政府は巨額の公的資金の投入を迅速に行い金融機関の救済を行い，さらに景気対策としての積極的な財政政策を実施しました。危機のこれ以上の拡大を阻止するために，いろいろな策が講じられました。例えば，米国では銀行救済のために7,000億ドルという巨額の公的資金導入が決定され，ドイツ，フランス等でも大規模な景気対策や企業の救済を行いました。日本も巨額の景気対策を実施し，中国も4兆元という米国に次ぐ巨額の景気対策を実施しました。中国のこの積極的な行動は当初は驚きを持って受け止められましたが，世界金融危機のこれ以上の拡大を阻止する大きな要因の1つになったと評価されています。

　主要17カ国が世界金融危機のために実施した景気対策の合計額は2兆ドルと言われ，この額はこれら17カ国のGDPの約5.3％に相当すると言われています。こういった迅速かつ巨額な景気対策と公的資金の導入により，世界金融危機は2009年6月頃にはほぼ終息したと報告されています。なお，この世界金融危機により，全世界で約4兆ドルの損失が発生したといわれています。世界各国は多くのことを学びましたが，多くの代償も支払わされることになりました。

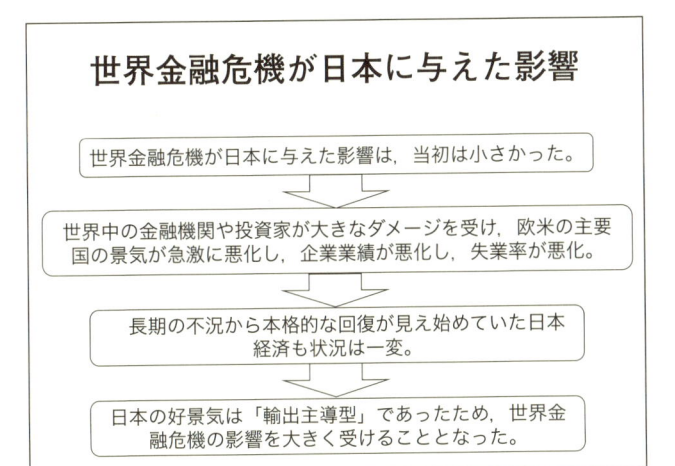

世界金融危機が日本に与えた影響

- 世界金融危機が日本に与えた影響は，当初は小さかった。
- 世界中の金融機関や投資家が大きなダメージを受け，欧米の主要国の景気が急激に悪化し，企業業績が悪化し，失業率が悪化。
- 長期の不況から本格的な回復が見え始めていた日本経済も状況は一変。
- 日本の好景気は「輸出主導型」であったため，世界金融危機の影響を大きく受けることとなった。

　世界金融危機が日本に与えた影響は，当初はそれほど大きいものではありませんでした。企業年金など，一部の投資家はサブプライムローン関連商品を購入していましたが，銀行をはじめとする金融機関の多くはほとんど所有していなかったためです。しかし，世界中の金融機関や投資家が大きなダメージを受け，欧米の主要国の景気が急激に悪化し，企業業績が悪化し，失業率が悪化していくと，日本も決して例外ではなくなります。日本株式市場は暴落し，国内の製造業は減産を余儀なくされ，金融業界も大幅減益となりました。雇用環境も急激に悪化することになり，長期の不況から本格的な回復が見え始めていた日本経済も状況は一変してしまいました。

　実は，世界金融危機が拡大するまでの2002年から2008年は，日本はいざなみ景気と呼ばれる好景気が続いていました。好景気の最大の要因は，米国や中国向けを中心とした「輸出主導型」で，決して「内需主導型」でなかったことが世界金融危機の影響を大きく受ける要因となってしまいました。そのために，世界金融危機は時間差をもって日本経済に深刻な影響を与えることとなり，危機からの脱出に時間を要することになりました。

```
┌─────────────────────────────────────────────────┐
│            市場原理主義とその限界                │
│                                                 │
│   ┌───────────────────────────────────────┐    │
│   │ 市場での自由な競争に任せておけば，価格・生産ともに適切に │    │
│   │    調節され，生活全体も向上するという考え方。      │    │
│   └───────────────────────────────────────┘    │
│                     ▽                           │
│   ┌───────────────────────────────────────┐    │
│   │ サッチャーやレーガンは，市場には自律的な機能があるとする │    │
│   │ 市場原理主義の考え方の下，金融に関する規制を撤廃。    │    │
│   └───────────────────────────────────────┘    │
│                     ▽                           │
│   ┌───────────────────────────────────────┐    │
│   │ 規制の撤廃が進んだ1980年以降，100を超える危機が発生（第 │    │
│   │ 二次世界大戦以降，大きな金融危機が発生しなかった）。  │    │
│   └───────────────────────────────────────┘    │
│                     ▽                           │
│   ┌───────────────────────────────────────┐    │
│   │ 市場にすべてを任せておくことには危険があり，なんらかの規 │    │
│   │           制の必要性が指摘。                 │    │
│   └───────────────────────────────────────┘    │
└─────────────────────────────────────────────────┘
```

　市場原理主義とは，市場での自由な競争に任せておけば，価格・生産ともに適切に調節され，ひいては生活全体も向上するという考え方です。政府による市場への介入や規制などの極小化をすべきであるとする考え方の根拠になっている思想です。

　当時の英国の首相であるサッチャーや米国の大統領であったレーガンは，第二次世界大戦以降，大きな金融危機は発生しておらず，市場には自律的な機能があるとする市場原理主義の考え方の下，金融に関する規制を撤廃していきました。しかし，規制の撤廃が進んだ1980年以降，100を超える危機が発生することとなりました。第二次世界大戦以降，大きな金融危機が発生しなかったのは，規制が存在していたからである可能性が高いという指摘がされています。すなわち，市場にすべてを任せておくことには危険があり，なんらかの規制の必要性があるということになります。

　世界金融危機の影響が残っている時期はこの考え方が支持されていましたが，時間の経過とともに忘れ去られ，規制強化は進んでいない状況にあります。一方で，市場原理主義の考え方では，格差社会を助長するとして，批判が強まっています。

金融危機発生の原因

- バブルが発生し崩壊の過程で発生（例えば世界金融危機）
  バブルとは無関係に発生（例えばギリシャ危機）
- 金融危機が発生する原因は，バブルとの関係があるかないかで異なる。
- 過去を振り返ると，巨大な金融危機発生にはその前段にバブルが存在。
- 金融危機発生の原因は，バブル発生と崩壊の原因と共通している。

　金融危機は，多くの場合，何らかのバブルが発生し，バブル崩壊とともに到来しています。例えば，2008 年のサブプライムローン問題に端を発した世界金融危機は米国の住宅ローンを中心とした不動産（サブプライムローン）バブルから発生したものです。また，1990 年代に日本で発生した平成バブル後の金融危機は，株式，不動産を中心とした平成バブルから発生したものです。

　一方，バブルとは関係なく発生する金融危機もあります。例えば，2010 年に発生した財政破綻に端を発したギリシャの金融危機は，バブルとは関係なく発生しています。

　金融危機が発生する原因は，バブルとの関係があるかないかで異なり，共通の要因を見つけることは難しいことになりますが，少なくとも過去を振り返ると，巨大な金融危機発生にはその前段にバブルが存在しました。例えば，世界恐慌，日本の平成に発生した金融危機，世界金融危機はすべて，その前に大きなバブルが発生していました。したがって，金融危機発生の原因は，バブル発生と崩壊の原因と共通していると考えてよいでしょう。

規制の功罪

- 2010年に米国で金融規制改革法（ボルカールール）が成立。
- この改革法は現時点でも実施されていない。
- 金融業界からの強い反発（規制により一部の企業に資金が流れなくなり、経済全体に悪影響を与えかねないと主張）。
- 今回の危機を見ると、市場に自律的な清浄作用は期待できず、なんらかの規制が必要。
- 資本市場が機能し続けるためには、新しいリスクを創造し続ける必要があり、この創造を妨げることなく、正しく育てていくことが本来重要だが、放任しておけば正しく育つわけではない。

　米国では、2010年に金融規制改革法が成立しました。ボルカールールと呼ばれ、銀行が投機的なリスクの高い金融取引をすることを制限する規制が成立しました。しかし、現時点でも実施されていません。

　その理由は、金融業界からの強い反発があるからだといわれています。彼らは、規制により一部の企業に資金が流れなくなり、経済全体に悪影響を与えかねない（規制は成長を妨げる可能性がある）と主張しています。

　しかし、今回の危機を見ると、金融市場は規制を緩和するにはあまりにも欠陥が多すぎるといえるかもしれません。市場には自律的な清浄作用は期待できず、一部の金融機関や投資家（投機家）は必ず暴走します。そのため、なんらかの規制の必要性が感じられます。

　もちろん、資本市場が機能し続けるためには、新しいリスクを創造し続ける必要があり、この創造を妨げることなく、正しく育てていくことが本来重要ですが、放任しておけば正しく育つわけではありません。現在の金融業界はあまりも問題が多すぎて、市場自体が正常に機能しなくなることがよくあると考えるべきでしょう。

世界金融危機からの教訓

- 現代は，金融経済が実体経済を支配する時代に。
- 金融経済が実体経済を支配することにより，経済成長や変革を後退させてしまう可能性も高まっている。
- 現在の金融市場はグローバルなカジノと化してしまった。
- 金融も一般社会と同様，「誠実さと信頼の上に築かれなければならない」のだが，……。
- 今，必要なことは金融危機の再発を未然に防ぐ手段を考えること。

　最近の世界経済の大きな問題として，「金融経済が実体経済を支配する時代になってしまった」ことがあり，金融経済が実体経済を支配することにより経済成長や変革を推進するのではなく，後退させてしまう可能性も高まっています。

　金融市場はグローバルなカジノと化しており，米国で起きた問題が，ヨーロッパのみならず世界中の人々に影響を与えるようになってしまいました。今回のサブプライムローン問題に端を発した世界金融危機はその典型でした。

　社会は「誠実さと信頼の上に築かれなければならない」はずです。資本主義社会で，金融は社会を構成する重要な要素の1つです。金融も同様で，「誠実さと信頼の上に築かれなければならない」はずです。しかし，現状の金融は，欲望に駆り立てられたグローバルなカジノと化しています。今，必要なことは金融危機の再発を未然に防ぐための手段を考えることです。そのためには，金融業界が反省のもとで，金融機関みずからが主導して行動を起こすべきです。

金融機関の救済とモラルハザード

"Too Big To Fail."「大きすぎて潰せない」
(世界経済に与える影響が大きすぎる企業は救済せざるを得ない)

⇩

世界金融危機時の2008年に発生したAIGやベアー・スターンズ投資銀行が該当。

⇩

金融機関が倒産の危機に曝されても，政府が救済することになれば，金融機関の経営者はリスクを取り，成功すれば大きな利益を得て，失敗しても損をしないことになる（モラルハザードを引き起こしかねない）。

"Too Big To Fail."「大きすぎて潰せない」とは，米国経済だけでなく世界経済に与える影響が大きすぎる企業は救済せざるを得ないということです。世界金融危機時の2008年に発生したアメリカン・インターナショナル・グループ（2008年9月に公的資金により政府が救済された），ベアー・スターンズ投資銀行（2008年5月にJPモルガン・チェース銀行により救済買収された）の倒産が該当します。

　金融機関が倒産の危機に曝されても，政府（納税者が付けを払わされる）が救済してくれることになれば，金融機関の経営者はリスクを取り，成功すれば大きな利益を得て，失敗しても損をしないことになり，モラルハザードを引き起こしかねないという問題が指摘されています。ここで，モラルハザードとは，金融機関や企業の経営者，個人，投資家などが責任感や倫理性の欠けた利益追求に走るような状態のことを指すことにします。例えば，金融機関や企業の経営者，個人，投資家などが「最後は金融当局が救済してくれるはず」と考え，信用供与（融資）や資産の運用等に過度のリスクを取るなどの慎重さを欠いた行動を取ることは大きな問題です。

金融危機の再来はあるか

- 現在，金融危機を脱するために実施された金融緩和策により，投機熱が再燃しようとしている。
- 「Too Big To Fail」から「Too Big To Save」へ
- 金融を取り巻く環境はさらに進み，「救いたくても救えない」ほど，金融機関が巨大化
- このままでは，甚大な被害をもたらす金融危機が再来。再来するという前提の下で，将来を考えておくことが必要。

しかし，今，あの時と同じことが起きようとしています。すなわち，金融危機を脱するために実施された金融緩和策により，投機熱が再燃しようとしています。大規模な金融緩和策によってバブルを招く危険性が高まっているのです。例えば，2012年には「JPモルガン・チェース銀行」で6,000億円もの損失を出す事件が起きています。

「Too Big To Fail」から「Too Big To Save」(大きすぎて救えない)

金融を取り巻く環境はさらに進み，「救いたくても救えない」ほど，金融機関が巨大化してしまっているのです。

現状のままでは，過去に起きた以上に甚大な被害をもたらす金融危機が再来します。危機が近い将来に再来するという前提の下で，将来を考えておく必要があります。

引用および参考文献

Carmen M. Reinhart and Kenneth S. Rogoff, "This Time Is Different : Eight Centuries of Financial Folly" Princeton University Press. Princeton and Oxford, 2009.

Chancellor Edward, "Devil Take the Hindmost: A History of Financial Specuration", 1999.

iFinance ホームページ。

安孫子勇一『知っておきたい金融論』晃洋書房，2006 年。

上野泰也『トップエコノミストが教える 金融の授業』かんき出版，2015 年。

エドワード・チャンセラー『バブルの歴史』日経 BP 出版センター，2000 年。

ガルブレイス『バブルの物語』ダイヤモンド社。

キンドルバーガー，C.P.『熱狂，恐怖，崩壊 金融恐慌の歴史』日本経済新聞社，2004 年。

金融庁ホームページ。

久保田博幸『図解入門ビジネス 最新短期金融市場の基本がよ〜くわかる本 第2 版』秀和システム，2015 年。

黒田晃生『入門金融 第 5 版』東洋経済新報社，2011 年。

公益社団法人 日本証券アナリスト協会編『証券分析・投資運用用語辞典』ときわ総合サービス，2012 年。

斎藤精一郎『ゼミナール現代金融入門』日本経済新聞社，2003 年。

財務省ホームページ。

酒井良清・鹿野嘉昭『金融システム 第 4 版』有斐閣アルマ，2011 年。

島村高嘉・中島真志『金融読本 第 29 版』東洋経済新報社，2014 年。

信託協会ホームページ。

菅原周一『日本株式市場のリスクプレミアムと資本コスト』きんざい，2013 年。

菅原周一・桂眞一『基礎から学ぶ資本市場Ⅰ』創成社，2010 年。

杉山敏啓『金融の基本教科書』日本能率協会マネジメントセンター，2011 年。

生命保険協会「生命保険の動向 2013 年」。

全国銀行協会ホームページ。

損害保険協会ホームページ。

日本銀行ホームページ。

日本経済新聞社編『金融入門 第 7 版』日本経済新聞出版社，2011 年。

日本証券アナリスト協会編『証券アナリスト第 1 次レベル，通信教育講座テキスト 金融と財政』日本アナリスト協会，2014 年。

日本証券アナリスト協会編『証券アナリスト第 1 次レベル 通信教育講座テキスト

経済』日本アナリスト協会，2014 年。
日本証券業協会ホームページ。
原田泰・齋藤誠『徹底分析　アベノミクス　成果と課題』中央経済社，2014 年。
BS 世界のドキュメンタリー「シリーズ　金融破綻その後」，2013 年。
晝間文彦『金融論　第 3 版』新世社，2005 年。
福田慎一『金融論　市場と経済政策の有効性』有斐閣，2013 年。
福田慎一・照山博司『マクロ経済学・入門』有斐閣アルマ，2011 年。
古川顕『テキストブック現代の金融　第 3 版』東洋経済新報社，2014 年。
『Basic 金融入門　第 7 版』日本経済新聞社，2011 年。
「やさしい経済学－お金の物語」（日本経済新聞連載記事 2003.6.6 ～ 6.17）
吉野直行・山上秀文『金融経済　実際と理論』慶應義塾大学出版会，2013 年。
米沢康博『証券市場読本　第 2 版』東洋経済新報社，2006 年。

索　引

A−Z

BIS ·· 98
　　――規制 ································· 98
CD（Certificate of Deposit；譲渡性
　預金証書）·· 21
CP（Commercial Paper）················· 21
DDM（Dividend Discount Model）······ 39
ECB ·· 96
EONIA ·· 96
ETF ·· 122
FF Rate ·· 96
FOMC ··· 96
FRB ··· 96
GDP ギャップ ···································· 94
IPO（Initial Public Offering）········· 35
J-REIT ·· 122
M1 ··· 77
M2 ··· 78
M₂+CD ·· 118
M3 ··· 78
primary market ······························· 23
secondary market ··························· 23
TDB（Treasury Discount Bills）····· 21

ア

相対型取引市場 ································ 10
赤字国債 ··· 131
アジア通貨危機 ································ 57
アナウンスメント効果 ·················· 119
アベノミクス ·································· 123
アメリカン・タイプ ························ 62
アンダーライティング ···················· 37
委託者 ··· 147
委託売買 ·· 37
インターネット銀行 ······················ 150
インターバンク市場 ················ 13，95
インターバンク・レート ················ 54
インフレターゲット ······················ 102
インフレ連動債 ································ 42
売りオペレーション ······················ 104
運営目標 ··· 110
永久債 ·· 42
営業動機 ·· 70
縁故者割当 ·· 36
オイルショック ······························ 117
欧州中央銀行 ···································· 96
オブリゲーションネッティング ······ 74
オープン市場 ···································· 13
オープン・マーケット・オペレーション
　··· 103

カ

買いオペレーション ······················ 104
外国債 ·· 43
改正イングランド法 ························ 97
貸出業務 ··· 144
仮想通貨 ·· 83

株価指標倍率法……………………40
株式市場……………………………13
株式配当……………………………36
株式分割……………………………36
株主割当……………………………36
貨幣需要関数………………………81
貨幣数量説…………………………80
為替業務……………………………144
間接金融…………………………10, 11
機関投資家…………………………162
基準貸付利率および基準割引率……95
基準割引率および基準貸付率……103
基礎的財政収支……………………129
キャッシュフロー割引法……………40
強制通用力…………………………73
銀行業務……………………………146
銀行, 証券の分離…………………142
銀行, 信託の分離…………………141
銀行の固有業務……………………144
金銭以外の信託……………………149
金銭の信託…………………………149
金属主義……………………………71
金本位制……………………………56
金融危機……………185～187, 195, 199
金融政策決定会合…………………91
金融仲介業者………………………135
金融ビッグバン………………164～166
決済機能……………………………143
限界貸出金利………………………96
現金通貨……………………………72
ケンブリッジの方程式……………80
硬貨…………………………………72
公開市場操作………………………103
広義流動性…………………………78

公社債市場…………………………13
公定銀行金利………………………97
公定歩合……………………………95
公的金融……………………………152
────機関……………136, 137, 152
公募債………………………………43
公募増資……………………………36
高利回り債…………………………50
国際決済銀行………………………98
コスト効果……………………105, 119
護送船団方式………………………99
固定相場制…………………………56
コール市場…………………………19
コールレート………………………95
コンソール債………………………42

サ

債券現先市場………………………22
債券貸借（レポ）市場……………21
最後の貸し手………………………114
財産管理機能………………………148
財政危機……………………………186
財政投融資…………………………153
財テク………………………………179
裁量行政……………………………99
サブプライムローン………180, 181, 191, 193, 195,
────・バブル……………170, 180, 181
────問題……………95, 195, 197
事業者信用会社……………………160
資金仲介機能………………………143
自己売買……………………………37
資産価値評価法……………………40
市場介入金利………………………96

市場型取引市場	10
市場原理主義	194
市場メカニズム	25
システミックリスク	76
私設取引市場	37
時点ネット決済	76
自動安定化装置	127
私募債	43
ジャンク債	50
受益者	147
受託者	147
出資総会	85
証券会社	157
証券取引等監視委員会	99
消費者信用会社	161
所得動機	70
新規公開	35
信託業務	146
信託銀行	146
新日本銀行法	85
信用収縮	185
信用創造機能	143
信用リスクプレミアム	6
スティグマ	95
スミソニアン合意	56
政策委員会	91
政府関係機関債	43
政府系金融機関	154～156
生命保険会社	158
世界金融危機	187, 191～193, 195, 197, 198
説明責任（アカウンタビリティー）	91
セーフティーネット機能	86
セリング	37

ゼロ金利政策	120
ゼロクーポン債	42
全銀システム	75
全国銀行データ通信システム	75
操作目標	110
総量規制	118
即時グロス決済	76
損害保険会社	159

タ

大恐慌	188
対顧客レート	54
第三者割当	36
第二次石油ショック	117
短期金融市場	10
単利方式	46
中間目標	110
中銀預金金利	96
チューリップ・バブル	170～173, 176
長期金融市場（資本市場）	10
長短金融の分離	140
直接金融	10, 11
通貨危機	186
ディーリング	37
──取引	20
手形売買市場	19
デュアル・カレンシー債	43
テーラールール	94
転換機能	148
店頭取引	27
投機的動機	70
東京オフショア市場	21
倒産隔離機能	148

取引動機	70	プロテクティブ・プット	64
ドル・コール市場	19	分離主義	138

ナ

ニクソンショック	56, 117
二重通貨建債	43
2段階アプローチ	109
日銀当座預金	87
日本銀行	85
――当座預金	87
日本郵政	163

ハ

ハイイールド債	50
配当割引モデル	39
ハイパワードマネー	79
バーゼル合意	98
発行市場	23
バブル	169〜177, 182, 183
引受	37
非預金取扱金融機関	136
ビルト・イン・スタビライザー	127
フィッシャーの交換方程式	80
フェデラル・ファンド金利	96
不換貨幣	71
複利方式	47
普通銀行	145
プラザ合意	56
ブラックマンデー	57
不良債権	189
プルーデンス政策	113
ブレトン・ウッズ体制	56
ブローカレッジ	37
ブローキング取引	20

平成バブル	170, 177〜179, 189, 190
ベースマネー	79
変動相場制	56
変動利付債	42
包括的な金融緩和政策	122
募集・販売	37
補助貨幣	72
ポリシー・ミックス	126

マ

マイナス金利	16, 82
マーシャルのk	80
マージンローン	174, 176
窓口指導	116
マネーストック	77
マネタリーベース	79
マネーマーケット	18
マルチプル法	40
民間金融機関	136, 137
民間債	43
無償増資	36
名目主義	71
モラルハザード	198

ヤ

有償増資	36
誘導型アプローチ	109
ユーロ円	21
要求払い預金	72
預金業務	144
預金準備率操作	103

預金通貨 ……………………………… 72
預金取扱金融機関 …………………… 136
預金保険制度 ………………………… 114
予備的動機 ……………………………… 70
ヨーロピアン・タイプ ………………… 62

ラ

利付債 …………………………………… 42
流通市場 ………………………………… 23
流動性のわな ………………………… 125
量的緩和政策 ………………………… 121

ルーブル合意 …………………………… 57
レバレッジ取引 ………………………… 58
連邦公開市場委員会 …………………… 96
連邦準備制度 …………………………… 96
　　――理事会 ………………………… 96
ロシア通貨危機 ………………………… 57
ロンバード貸出制度 …………………… 95

ワ

割引債 …………………………………… 42

《著者紹介》

桂　眞一（かつら・しんいち）　担当：第2章

　1980年　早稲田大学理工学部工業経営学科卒業。
　2004年　横浜国立大学大学院国際社会科学研究科博士課程修了，
　　　　　博士（経営学）。
　2009年から現在，近畿大学経営学部商学科教授。

　主要著書
　『基礎から学ぶ資本市場論Ⅱ』（共著）創成社，2011年。
　『基礎から学ぶ資本市場論Ⅰ』（共著）創成社，2010年。
　『合併・買収・再編の企業評価』（共訳）中央経済社，2008年。
　「年金債務が確率的に変動するときの最適年金ポートフォリオ」（共著）
　『現代ファイナンス』No.23，2008年。

菅原周一（すがわら・しゅういち）　担当：第3・4章

　1980年　東京工業大学工学部制御工学科卒業。
　2011年　上智大学大学院経済学研究科博士課程修了，博士（経済学）。
　2013年から現在　文教大学国際学部，大学院国際学研究科教授。
　2015年から現在　近畿大学経営学部客員教授。

　主要著書
　『日本株式市場のリスクプレミアムと資本コスト』きんざい，2013年。
　『基礎から学ぶ資本市場論Ⅱ』（共著）創成社，2011年。
　『基礎から学ぶ資本市場論Ⅰ』（共著）創成社，2010年。
　『合併・買収・再編の企業評価』（共訳）中央経済社，2008年。

結城　淳（ゆうき・あつし）　担当：第1章

　1984年　東北大学工学部卒業。
　1999年　青山学院大学大学院国際政治経済研究科修了，修士（ファイナンス）。
　2003年　東京工業大学大学院社会理工学研究科修了，博士（工学）。
　2005年から2006年　学習院大学経済学部非常勤講師。
　2008年　法政大学大学院経営学研究科非常勤講師。
　　　　　信託銀行に通算24年勤務
　現　在　NPO法人 確定拠出年金総合研究所 特別主任研究員。

　主要著書
　『クロスセクション型多変量モデルによる株式ポートフォリオの構築』日
　　本金融・証券計量・工学学会・ジャフィー・ジャーナル，1999年。
　『国内株式のアノマリーに関する実証研究』（共著）（財）資本市場研究会・
　　月刊資本市場、2004年。
　『よくわかるDC制度の活用法』確定拠出年金総合研究所コラム，2014年～。

(検印省略)

2016年10月20日 初版発行　　　　　　　略称 ─ ファイナンス

ファイナンス論 I

著　者　桂　眞一・菅原周一・結城　淳
発行者　塚田尚寛

発行所　東京都文京区　　株式会社　創　成　社
　　　　春日2-13-1
　　　　電　話　03（3868）3867　　FAX　03（5802）6802
　　　　出版部　03（3868）3857　　FAX　03（5802）6801
　　　　http://www.books-sosei.com　振替　00150-9-191261

定価はカバーに表示してあります。

©2016 Shinichi Katsura　　　組版：トミ・アート　　印刷：エーヴィスシステムズ
ISBN978-4-7944-2485-3 C3034　製本：宮製本所
Printed in Japan　　　　　　　落丁・乱丁本はお取り替えいたします。

―― 経営選書 ――

ファイナンス論Ⅰ	桂　眞一／菅原周一／結城　淳	著	2,300円
基礎から学ぶ資本市場論Ⅰ	菅原周一／桂　眞一	著	3,000円
基礎から学ぶ資本市場論Ⅱ	菅原周一／桂　眞一	著	2,600円
基礎から学ぶコーポレートファイナンス	菅原周一	著	2,500円
やさしく学ぶ経営学	海野博／畑　隆	編著	2,600円
豊かに暮らし社会を支えるための 教養としてのビジネス入門	石毛　宏	著	2,800円
テキスト経営・人事入門	宮下　清	著	2,400円
東北地方と自動車産業 ―トヨタ国内第3の拠点をめぐって―	折橋伸哉／目代武史／村山貴俊	編著	3,600円
おもてなしの経営学［実践編］ ―宮城のおかみが語るサービス経営の極意―	東北学院大学経営学部おもてなし研究チーム／みやぎ　おかみ会	編著／協力	1,600円
おもてなしの経営学［理論編］ ―旅館経営への複合的アプローチ―	東北学院大学経営学部おもてなし研究チーム	著	1,600円
おもてなしの経営学［震災編］ ―東日本大震災下で輝いたおもてなしの心―	東北学院大学経営学部おもてなし研究チーム／みやぎ　おかみ会	編著／協力	1,600円
転職とキャリアの研究 ―組織間キャリア発達の観点から―	山本　寛	著	3,200円
昇進の研究 ―キャリア・プラトー現象の観点から―	山本　寛	著	3,200円
イノベーションと組織	首藤禎史／伊藤友章／平安山英成	訳	2,400円
経営情報システムとビジネスプロセス管理	大場允晶／藤川裕晃	編著	2,500円

（本体価格）

―― 創成社 ――